金融消费者投诉处理法理分析与研究

中国人民银行金融消费权益保护局　编著

责任编辑：吕　楠
责任校对：孙　蕊
责任印制：张也男

图书在版编目（CIP）数据

金融消费者投诉处理法理分析与研究／中国人民银行金融消费权益保护局编著．—北京：中国金融出版社，2019.8
ISBN 978 - 7 - 5220 - 0216 - 3

Ⅰ.①金… Ⅱ.①中… Ⅲ.①金融市场—消费者权益保护法—研究—中国 Ⅳ.①D922.280.4 ②D922.294.4

中国版本图书馆 CIP 数据核字（2019）第 167843 号

金融消费者投诉处理法理分析与研究
Jinrong Xiaofeizhe Tousu Chuli Fali Fenxi yu Yanjiu

出版发行	中国金融出版社
社址	北京市丰台区益泽路 2 号
市场开发部	(010)63266347，63805472，63439533（传真）
网上书店	http：//www.chinafph.com
	(010)63286832，63365686（传真）
读者服务部	(010)66070833，62568380
邮编	100071
经销	新华书店
印刷	北京市松源印刷有限公司
尺寸	169 毫米 × 239 毫米
印张	22.5
字数	288 千
版次	2019 年 8 月第 1 版
印次	2019 年 8 月第 1 次印刷
定价	49.00 元

ISBN 978 - 7 - 5220 - 0216 - 3
如出现印装错误本社负责调换　联系电话(010)63263947

编写：
余文建　马绍刚　尹优平　舒　雄　杨　佩　杨　洋
官梦奚

统稿：杨　洋

张璇、汪天都、张光源、苏怡、白地等为本书的编写提供了资料和帮助，在此一并致谢。

注：本书内容系撰写人个人观点，不代表所在单位意见。

习近平总书记在全国金融工作会议上指出,要加快建立完善有利于保护金融消费者权益、有利于增强金融有序竞争、有利于防范金融风险的机制。习近平总书记关于金融工作的重要论述,为我们做好金融消费权益保护工作提供了根本遵循。

近年来,伴随着我国金融行业不断发展,金融创新日益丰富,各种新型金融业务层出不穷,金融消费纠纷数量也呈现上升态势。为更好地分析金融消费纠纷中的法律关系,指导金融消费纠纷投诉管理,中国人民银行金融消费权益保护局推出行业典型投诉案例会诊会议,定期挑选法律关系复杂、具有典型意义的金融消费纠纷,邀请人民银行分支机构金融消费权益保护部门、金融机构、业内专家等进行专题式会诊分析。经过一定时间的积累,形成了一些初步成果。

推动金融消费纠纷非诉第三方解决机制建设,是党中央、国务院赋予中国人民银行的重要任务。金融消费权益保护局在总行党委的正确领导下,坚决贯彻落实党中央、国务院有关要求,推动金融消费纠纷调解组织建设。在人民银行各分支机构的指导下,不少地方的金融消费纠纷调解组织建立了金融消费纠纷中立评估机制。针对经调解之后不能达成一致意见或反复投诉而未获解决的纠纷，由金融消费纠纷调解组织聘请独立第三方专家提出解决建议，供双方当事人参考。评估报告立足法律法规行业惯例，根据公平公正原则，梳理争议焦点，通过事实与法律之间的"往返穿梭"厘清双方权利义务关系，参考人民法院既有判决，提出纠纷解决建议。由第三方专家撰写的中立评估报告体现出相当的专业性，起到了充分说理、息诉促调的作用。

《国务院办公厅关于加强金融消费者权益保护工作的指导意见》中明确金融机构应当保障金融消费者的财产安全权、公平交易权等八项权利，这是我们开展金融消费纠纷投诉管理的重要依据。我们围绕金融消费者的法定权利，精心挑选了相应投诉案例，并与案例会诊和中立评估相融合，对消费者适当性、银行卡盗刷、飞单、信用卡逾期全额计息等焦点问题进行了规范性分析，也结合既有实践提出建议；此外，结合相关工作推进情况，我们也对金融消费纠纷非诉解决机制建设、投诉形势分析、金融消费者投诉统计分类及编码等内容进行了介绍，最终形成了《金融消费者投诉处理法理分析与研究》。可以说，本书较好地兼顾了理论和实践的统一关系。

本书从策划到最终成稿，凝聚了中国人民银行金融消费权益保护局的集体劳动。承担本书写作任务的成员，都具有积极投身金融消费权益保护理论研究和实践锻炼的热情，也展现出较好的问题意识和学术素养。上海市金融消费纠纷调解中心、广东金融消费权益保护联合会、陕西金融消费纠纷调解中心等组织也为本书编写工作提供了不少帮助。本书中的多数问题，在理论界和实务界仍然没有定论，希望通过本书的出版抛砖引玉，求教于方家。让更多的消费者更加重视自身合法权益，让更多的金融机构更加重视经营行为的合规性，在全社会营造关注金融消费权益保护的良好氛围，也是本书编写组、金融消费权益保护工作从业者的共同心愿。

是为序。

中国人民银行金融消费权益保护局局长　余文建
2019 年 8 月

目录

第一章 金融消费关系中如何有效依据适当性原则明确"买卖双方"责任和义务的边界 ……………… 1

第一节 法理分析:金融消费中的适当性研究 ……… 3

第二节 中立评估意见:客户风险承受能力与所购理财产品之间不匹配时的责任分析 ………… 19

第二章 银行卡盗刷事件中如何界定发卡机构与持卡人的权利义务及其边界 …………………… 29

第一节 法理分析:银行卡盗刷中银行的安全保障义务与当事人的举证责任分配问题 ………… 30

第二节 中立评估意见:银行卡盗刷事件中的银行提醒义务与处理流程规范 …………… 47

第三章　金融机构开展业务时的告知义务分析 …………… 59

第一节　法理分析："飞单"销售中的行为定性及
责任分析 ………………………………………… 61

第二节　中立评估意见：理财产品未达预期收益时的
责任分析 ………………………………………… 77

第四章　信用卡过度授信与金融消费者自主选择权保护分析
　　　　 ……………………………………………………… 85

第一节　法理分析：过度授信问题及其规范 ………… 91

第二节　中立评估意见：疑似被冒名开立信用卡引发
债务纠纷的责任认定 ………………………… 104

第五章　信用卡逾期罚息涉及的公平交易权分析 ………… 111

第一节　法理分析：信用卡逾期全额罚息问题的法律
分析及建议 …………………………………… 112

第二节　中立评估意见：金融机构信用卡利息与
违约金规则的明确性及合理性分析 ………… 129

第六章　金融消费者依法求偿权与金融机构风险提示义务
　　　　分析 ……………………………………………… 138

第一节　法理分析：加强体制机制建设，维护消费者
依法求偿权 …………………………………… 139

第二节　中立评估意见：理财产品转让中金融机构的
信息告知与风险提示义务分析 ……………… 149

第七章　金融消费者的精神损害赔偿诉求及其分析 ……… 163

第一节　法理分析：金融消费中的精神损害赔偿诉求研究 …………… 164

第二节　中立评估意见：未经消费者同意为其开立银行卡并引发征信问题的分析 …………… 180

第八章　金融消费者个人信息保护的规范分析 ………… 185

第一节　法理分析：个人金融信息保护的现状及建议 …………………………………………… 187

第二节　中立评估意见：未妥善保管个人金融信息引发被冒名开卡的责任分析 …………… 203

第九章　网络支付服务提供商的责任边界分析 ………… 214

第一节　法理分析：互联网金融的特点及消费者权益保护 …………… 215

第二节　中立评估意见：客户入金投资中金融机构作为支付通道的责任分析 …………… 233

第十章　网络支付侵权行为地及其行政处罚管辖地分析 … 237

第一节　法理分析：网络支付中的侵权行为地、违法行为发生地的确认及其行政管辖 ………… 238

第二节　中立评估意见：客户入金投资亏损时，金融机构应否承担责任 …………… 250

第十一章　金融消费纠纷投诉处理机制理论与实践 ………… 256

第一节　金融消费纠纷投诉处理机制的构建 ……… 256

第二节　我国金融消费纠纷外部投诉处理机制的发展方向 ………………………………… 268

第三节　澳大利亚的金融纠纷解决机制 …………… 271

第四节　日本的金融纠纷解决机制 ………………… 320

第十二章　2018年人民银行金融消费者投诉形势和典型案例
………………………………………………………… 324

第一节　金融消费者投诉基本情况 ………………… 324

第二节　2018年第四季度投诉典型案例 …………… 330

第三节　投诉管理提示 ……………………………… 334

第十三章　推进金融消费者投诉分类标准的国际经验与我国的实践 ………………………………………… 336

第一节　建立和实施金融消费者投诉分类标准具有重要的现实意义 ……………………… 337

第二节　域外金融消费者投诉分类标准的实践经验 ………………………………………… 340

第三节　我国金融消费者投诉分类标准试点工作取得初步成效 ………………………… 342

第四节　全面实施金融消费者投诉分类标准，切实加强金融消费权益保护工作 ………… 345

第一章　金融消费关系中如何有效依据适当性原则明确"买卖双方"责任和义务的边界

《国务院办公厅关于加强金融消费者权益保护工作的指导意见》（国办发〔2015〕81号）要求"建立金融消费者适当性制度……将合适的金融产品和服务提供给适当的金融消费者"。根据国际清算银行、国际证监会组织、国际保险监管协会2008年联合发布的《金融产品和服务零售领域的客户适当性》所给出的定义，适当性是指"金融中介机构所提供的金融产品或服务与客户的财务状况、投资目标、风险承受水平、财务需求、知识和经验之间的契合程度"。金融消费者适当性原则要求金融机构有义务在对金融产品和消费者进行合理调查的基础上，向消费者推荐符合其投资目的和投资需求的金融产品。该原则的缺失是导致金融消费领域过度授信等问题的重要因素，金融机构将金融产品与服务提供给并不适当的消费者，由此会产生侵害消费者合法权益等一系列问题，因而，对金融消费者适当性原则进行研究十分必要。

 12363 典型投诉案例

（本书12363典型投诉案例中的投诉人和金融机构均使用化名）

【案例1】甲在A银行购买的理财产品亏损后投诉A银行

2016年3月14日，甲致电12363称其妻乙于2015年5月在A银行购买理财产品，后被工作人员误导购买了基金产品，当时银行承诺不会亏损,现产品出现亏损,已向银行反映,银行未处理。甲对此表示不满,要求A银行立即返还其本金并赔偿相应利息。

A银行第一时间联系当事人,甲表示近期股市的行情让他非常担心,同时也担心自己身患疾病可能等不到该基金解套的那一天,因此致电相关部门咨询看是否有途径解决此事。A银行指出甲此前有一定的炒股和购买基金的经历,只是此次没有盈利。

2018年6月12日,甲再次致电12363投诉A银行,称2016年3月16日该行行长来电承诺该行会对客户负责到底,要客户耐心等待。然而客户得知其基金已经亏损一半,其认为该行行长的行为是不负责任的,故再次来电投诉。

该案中甲属稳健型投资者,风险承受能力较差,A银行将风险相对较高的产品销售给了甲,是否存在违背适当性原则的问题值得深入探讨。

【案例2】 丙对B银行代销的第三方资管产品有异议

2016年8月29日,丙来到B银行购买了该行代销的第三方机构资产管理产品"××分级资产管理计划优先级份额",存续期限2年,优先级约定年化收益率为5.4%,该产品为限额特定集合资产管理计划,产品管理人为××基金管理有限公司,投资标的主要是××发行的以××上市股票为标的的可交换债。该产品原计划于2018年8月31日到期,根据产品管理人2018年8月、9月发布的相关提示函,产品未能如期兑付。

丙于2018年9月30日致电12363投诉B银行,称当时购买理财产品时被告知没有合同,只有电子签名,后2017年8月银行理财经理来电要求客户到银行进行补签。2018年底理财产品到期,钱没有到账,丙才知道购买的是××资管产品,该合同没有丙的签名。丙认为被骗,要求银行兑付本金和利息。

B银行表示，该理财产品采用电子签名的认购方式，客户认购该产品无须签署纸质合同，通过调阅该笔销售的录音录像，理财经理明确说明××资管产品为该行代销的基金，为非保本产品，客户的本金及收益可能因市场变动而蒙受损失，客户所购买的产品风险等级与客户的风险承受能力相匹配，投资前客户应详阅产品发行相关法律文件，清楚了解产品全部风险及具体交易规则，充分认识投资风险，谨慎投资。丙确认回答"清楚明白"。作为该行体验客户，丙此次购买是通过该行专属投资账户下单，交易确认书上明确了丙所购买的产品和金额，丙签字确认。购买前，B银行私人银行专属投资账户交易复核员拨打丙电话，向其确认购买产品的名称和金额，并询问丙该行的财富顾问是否向其解读了产品的详细内容、是否了解产品收益的实现、计算以及风险提示，丙表示已知晓。

综上，丙购买该产品时知晓该产品为B银行代销的第三方产品，也明确该行工作人员有向其解读该产品的相关内容，愿意承担相关风险，并非是刚知晓该产品。丙自2011年开始购买B银行代销的信托产品、集合资产管理计划等合计10余次，对该类风险等级的产品具有较为丰富的投资经验。

第一节 法理分析：金融消费中的适当性研究

一、问题的提出

上述的两个案例都指向了三个问题：第一，案例中低风险承受能力客户购买高风险金融产品发生损失时的责任承担问题。第二，案例中在金融机构已经告知客户不适合购买高风险产品，且在客户签字确认购买的情况下，双方合同效力问题。第三，案例中金融机构销售金融产品时，对风险告知义务的履行方式问题。

以上的问题实质上都围绕着本章的主题，即"金融消费的适当性原则"。那么金融消费关系中的适当性原则的规范性内涵与延伸究竟是什么？如何判断有效的适当性原则？如何有效依据适当性原则明确"买卖双方"责任和义务的边界划分，进而均衡好金融机构和消费者之间的利益？应对金融新业态的出现，适当性问题丰富和创新之路在何方？我们对这些问题进行尝试性探索。

二、适当性原则的规范性内涵与延伸

（一）对适当性原则内涵的三层理解

在我国的法律文本中不难发现"适当"一词出现频率较高，归纳起来存在由广义至狭义的三层理解。把握这三层内涵的界限，有助于探究其内涵在现代金融行为中的延伸。

最狭义的理解是，适当性原则仅仅是比例原则的一个子原则。较为广义的理解是，适当性原则相当于比例原则。有学者认为，适当性原则主要由适用性原则、必要性原则和比例原则三部分组成。[①] 最广义的理解是，适当性包括合法性与合理性两个方面，即合法和合理是适当性两个必备条件，缺一不可，这种理解内涵最为丰富，也便于在多个领域进行延伸。伴随着现代金融行为的不断深化，适当性原则的内涵正在金融消费中进行延伸且不断演化，一些新的金融行为正在培育、成熟，因此唯有从最广义的范围加以讨论，才有可能将当前和未来金融消费中的适当性问题尽可能地触及。因此，

---

① 刘夏：《德国保安处分制度中的适当性原则及启示》，载《法商研究》，2014（2）。

我们对适当性原则内涵的理解更倾向于最广义的层次。[①]

(二) 适当性原则内涵在金融行为中的延伸

金融领域中关于适当性原则较早且权威的论述见于巴塞尔银行监管委员会、国际证监会组织、国际保险监管协会的《金融产品和服务零售领域的客户适当性》报告：投资者适当性原则是指金融机构应尽职调查金融产品的风险收益特征和客户的投资状况，向投资者推荐符合其最大利益的金融产品或投资策略。

事实上，适当性原则在金融行为中的延伸是从证券领域发展而来的，作为一项行业自律规范逐渐过渡到法律规定，在制度上体现将适当的金融产品推介、销售给适当的人这一基本内涵，消除金融消费者与金融机构之间的实质上的不平等的关系，从而保护金融消费者的权益。尤其是次贷危机发生后，很多国家和地区进一步认识到其重要性，都强化了投资者的适当性原则。

在现代金融消费领域引入适当性原则是十分必要的，特别是对个体消费者而言，往往面临三个问题：第一是消费者缔约购买前，难以认知商品特性。尤其是面对种类繁多的金融产品时，现有的金融素养不足以正确认知商品特性。第二是金融商品结构复杂，商品信息又比实物商品更具抽象性与复杂性。即便是获得较为详细且非常正确的产品说明，消费者仍难以准确把握其收益与风险。第三是金融商品往往为信用性产品，只有在未来的时点才能确知其效果与影响。消费者容易出现收益与期望不匹配，进而产生金融消费纠纷。

针对以上三个问题，如果金融机构在提供产品服务时没有把握

[①] 管彬：《金融消费者保护的治道变革》，载《经济法论坛》，2011（8）。

好适当性原则,就容易留下隐患。对于金融消费中的适当性问题,当前国内外并没有统一的解释标准(事实上,适当性问题本身也是随着金融行为的深化而不断演化、创新的)。我们认为,适当性是指"金融中介机构所提供的金融产品或服务于客户的财务状况、投资倾向、风险承受水平、财务需求、知识和经验之间的契合程度"。如果用一句话解释适当性原则,那么应该是把合格的金融产品或服务提供给合适的人;人们也选择合适的金融产品或服务来提高自己的效用。

这里要特别强调的是"契合"二字。事实上,契合不仅是指金融产品和顾客需求的吻合,也是体现卖者适当性义务和买者适当性保护之间的权衡。

(三) 国内关于适当性原则的讨论

目前,国内对于适当性原则的讨论,散落于行政法规、规章、交易所规定及行业自律规范中。本文有针对性地选择了具有代表性的规定。

一是在《国务院办公厅关于加强金融消费者权益保护工作的指导意见》关于"规范金融机构行为"的内容中指出:"建立金融消费者适当性制度。金融机构应当对金融产品和服务的风险及专业复杂程度进行评估并实施分级动态管理,完善金融消费者风险偏好、风险认知和风险承受能力测评制度,将合适的金融产品和服务提供给适当的金融消费者。"我们认为,该《指导意见》的提出是国内首次从整个金融行业的角度,提出建立金融消费者适当性制度的概念。关于《指导意见》对推动适当性原则的建立和完善,我们将在下文着重阐释。

二是在银监会、证监会等部门出台的有关行政法规、行政规章以及自律性规定中也对适当性原则做了相关规定。例如，2011年银监会在《商业银行理财产品销售管理办法》中再次要求商业银行销售理财产品，应当遵循风险匹配原则，禁止误导客户购买与其风险承受能力不相符合的理财产品；同时要求商业银行应当对客户风险承受能力进行评估，确定客户风险承受能力评级。又如适当性原则起源的"证券领域"，我国证券市场在证券投资基金销售、证券经纪业务、创业板市场、股指期货投资等方面已经实施了投资者适当性制度，并在有关的行政法规、行政规章以及自律性规则中做了一些规定。[①] 如《商业银行个人理财业务管理暂行办法》第三十七条；《创业板市场投资者适当性管理暂行规定》第四条等。

尽管"适当性问题"已经在以上这些金融监管部门的监管要求中得以体现，但需要强调的是，当前国内法律框架中尚无直接、明确提及金融消费的适当性原则。该原则只是作为监管规则在有关行政规章和自律性规范中得以初步体现，因此，在目前的法律框架下，金融消费者能否直接援引适当性原则来寻求私法救济颇存争议。

与此同时，对比欧美国家，不难发现我国关于适当性原则的规定起步较晚，且分散。也正因为如此，不少业界、学术界人士都认为，存在立法层次较低、概念不清、法律责任单一等问题。

(四) 从《指导意见》看适当性问题

为进一步推进金融消费者权益保护工作，国务院办公厅于2015年出台了《关于加强金融消费者权益保护工作的指导意见》（以下简称《指导意见》），在国家层面对金融安全与金融消费者权益保

---

① 陈洁：《证券公司违反投资者适当性原则的民事责任》，载《证券市场导报》，2012年2月，"首届学术论坛优秀论文选"版。

护作出了相应的规定。《指导意见》的出台一个重要的目的就是规范金融机构行为,切实保护金融消费者合法权益。

我们应当看到,近年来随着金融创新业务的蓬勃发展、金融机构经营规模的迅速扩张,对于其内控制度、风险管理等提出了更高的要求,但部分金融机构未跟上急剧扩张的业务规模,加之缺乏有效的内控机制,导致侵犯金融消费者权益的情况时有发生。很多时候,消费者在购买投资性金融产品或接受相关服务时难以真正理解其中的风险和收益,主要信息来源是依赖产品销售和服务环节的推介和说明。金融市场上的信息不对称加上消费者自身的知识和能力局限造成了一般情况下交易双方缔约能力处于不对等地位。而在这个过程中,有些时候,金融机构又虚置适当性原则,这就为后面的金融纠纷埋下了隐患。

《指导意见》中再次重申金融机构应当对金融产品和服务的风险及专业复杂程度进行评估并实施分级动态管理,完善金融消费者风险偏好、风险认知和风险承受能力测评制度,将合适的金融产品和服务提供给适当的金融消费者。[①]

三、适当性原则和尽责边界

(一) 尽责边界问题的重要性和困难

金融行为往往是一种契约行为,行为一旦发生,无时无刻不伴随着责任的划分问题。比如消费者选择了一款金融产品,就必须要对自己的选择负责,同时也必须对金融行为开展过程中自我行为负责,这是一个基本的共识,也是金融行为得以展开、深化的前提条

[①] 李后龙等:《金融消费纠纷中的疑难问题研究》,载《人民司法》,2017(1):75-85。

件之一。对于商家，也就是金融机构而言，其责任可能更广泛（因为就行为发生的对象数量而言，金融机构往往是一对多），从行为发生的初始到整个行为的结束，金融机构的职责是贯穿的，也是不能有空白的，否则就是责任的缺位。既然买卖双方都需要尽责，且责任不清或履行不到位都极易引发纠纷，那么确定买卖双方尽责边界问题就显得十分重要和迫切了。

然而，在现代金融服务的过程中，买卖双方职责确定还是有一定困难的。特别是伴随着互联网金融的兴起，大量新型、复杂的金融产品涌现，产品的跨地域性、交叉性等特性在不断强化，势必对买卖双方职责边界划分构成新的挑战。这也要求我们更为微观地去探究双方的职责划分，这一点我们将在下文分类讨论。

（二）关于"卖者尽责"

对于卖者而言，"卖者尽责"，主要强调对金融机构的约束。通常来讲，金融机构"卖者尽责"的边界在于：在客户购买金融产品前将能掌控的信息，尽可能顺畅地提供给消费者，并做好风险提示；做好风险管理，帮助客户做好监督，并及时进行信息披露。

以银行为例，当前销售理财产品是各大银行的重要业务之一。在开展该项义务的过程中，银行有义务将产品的相关信息向消费者揭示到位。这就要求银行不仅应说明产品的收益特点，包括收益的期限、产品赎回的方式、产品购买的手续费用等；更重要的是要向消费者阐明产品的风险属性，包括产品的投资标的以及所带来的不确定性风险。在这个过程中，银行不能以追求产品是否销售成功为唯一目的，而不去甄别消费者的特性；换句话说，银行的重要责任在于要辨别消费者，做到将合适的产品通过合适的渠道卖给合适的客户。需要注意的是，在这样的辨别过程中，银行必须是主动的。

目前，一些金融机构在"卖方尽责"的问题上内部管理的水平有待提升，特别是一线客户经理在实际操作过程中，出于对绩效的考虑，可能会出现违反机构的相关规定，对客户做误导销售。

有学者认为，"卖者尽责"最大的难点是卖方对产品投前的尽职调查，投中、投后的风险管理，"特别是投资一些非标资产，要做到尽职调查非常困难，因为项目方总是愿意把最好的一面展示给银行，而且可能隐瞒一些信息，要彻底查清，困难很大。"①

（三）关于"买者自负"

金融交易既然是一种"契约行为"，那么自然就需要具有契约精神。对于买者而言，同样负有责任。

同样以银行的理财产品为例，一直以来，居民购买理财产品时总是盯好预期收益多少，预期收益越高，购买的积极性越高。然而，不少人对理财产品可能存在的风险度承受不足，这就为潜在的纠纷埋下了伏笔。更有一些消费者甚至错误地认为购买理财产品就像另外一种定期储蓄一样，只想收益高，从没考虑过购买理财产品会承担风险。

早在2014年中国人民银行在其发布的《中国金融稳定报告（2014）》中表示，应在风险可控的前提下，有序打破刚性兑付，顺应基础资产风险的释放，让一些违约事件在市场的自发作用下"自然发生"。这无疑给市场释放了这样的信号，"买者自负"的时代正在悄然临近。

事实上，近年来不少金融消费纠纷的涌现，原因在于消费者认为金融机构应负完全责任，而淡化自我责任认定。消费者在追求高

---

① 黄斌：《"卖者尽责"边界何在？投资者教育任重道远》，http://epaper.21jingji.com/html/2018-01/12/content_78441.htm，2018年1月12日。

收益时,却不愿自担风险,这显然也是不合理的。

(四)适当性原则的引入

1. 三条标准的明确

基于上面的分析,下面我们主要讨论在金融消费行为中引入适当性原则的问题。在讨论之初,我们需要明确以下几点。

第一要只有依法确定卖方的适当性义务,才有机会正确处理契约自由与契约正义的关系。前面我们讲到合法和合理是适当性两个必备条件。在金融领域,合法性同样是适当性原则引入的先决条件。如果金融消费者没有机会充分了解风险,或是在了解的基础上缺乏自主决策的机会,这样的契约是非正义的。

第二要明确适当性原则可以成为金融消费者弱势一方的"保护伞",但不应成为推卸责任的"挡箭牌"。要明确买方所应承担的义务。"稳赚不赔""一直涨"本身就是违背市场规律的。买方对这样的风险应该有充分的认识,并对自己的金融行为做出正确、理性的判断。近年来,在实践中,我们也发现一些消费者依然停留在"卖方全责"的认识上,发生纠纷时并不从自身找问题,造成了纠纷调解的困难。

第三要坚持把辨别买者(客户)特性作为金融机构提供金融产品和服务过程中工作是否到位的重要标准,即金融机构在提供金融产品和服务的过程中,要充分利用多种途径尽可能地全面掌握消费者的特性,包括资产能力、风险承受能力、对金融产品的认知能力等。只有在这样认识的基础上,才能针对客户风险承受能力等自身状况,设置不同的门槛,对消费者的金融行为加以正确的引导。与此同时,在实际操作的过程中,要特别注意那些较为激进的消费者,如果不符合购买条件,金融机构应做出合适的应对方式。

2. 适当性原则的正反两个方面

有学者认为适当性原则（从义务的角度又称为"适当性义务"）包含正反两方面，即积极作为的勤勉义务（the duty of care）和消极不作为的忠诚义务（the duty of loyalty）。[①] 该观点是基于金融机构及其从业人员的视角展开的，本文在此基础上更进一步，从买卖双方的两个视角来探讨适当性原则的正反两个方面。

先从"卖者"金融机构的视角来剖析。勤勉义务从正面规定了金融机构及其从业人员履行适当性原则应实施的积极行为。这里包含提供金融产品和服务的合理根据适当性、辨别消费者特质的适当性和数量的适当性。我们常说的"了解你的客户，从而更好地服务"，实质上就是勤勉义务的通俗表述。金融机构及其从业人员应积极、勤勉地实施合理调查以了解所推荐的金融产品或消费策略和消费者的消费能力状况，基于上述了解决定所推荐的金融产品或消费策略是否适合于特定的消费者。

对于"卖者"的忠诚义务而言，是从反面规定了金融机构及其从业人员履行适当性原则不应实施的行为及其防范机制。具体来说，当金融机构向消费者推荐符合其最大利益的金融产品或服务时，不得将消费者以外的其他人的利益（例如金融机构本身）置于消费者的利益之上。我们在实践中往往会发现这样一种情况：一些金融机构（特别是一线从业人员）在向消费者推荐或销售金融产品或服务时，往往倾向于推荐更加有利于自身利益的金融产品或服务，虽然该金融产品或投资策略也适合于消费者（看上去比较合理），但却并不符合消费者的最大利益。

下面从"买者"的角度看适当性原则的正反两面。勤勉义务从

[①] 张敏捷：《投资者适当性原则研究》，载《民主与法治》，2013年5月，第183–186页。

正面规定了消费者在购买金融产品过程中的应尽职责。例如,"买者"首先应基于自身的实际状况,包括投资偏好、资产情况、抗风险能力等,努力地、全面地了解所接触的金融产品或服务。在这个过程中,消费者不应"被动"去接受有关金融产品或服务的信息,更应该"主动"(甚至应该是"勤勉"的)去学习、了解、掌握此类信息。这里还要强调的是,勤勉义务履行完善的重要基础是消费者金融素养的不断提升,金融素养不仅仅是消费者对金融产品、服务的认知能力,还包括对个人金融消费行为的判断能力和掌控能力。

对于"买者"的忠诚义务而言,是从反面规定了消费者在履行适当性原则不应实施的行为及其防范机制。例如,消费者不能为了刻意追求高收益而故意隐瞒或捏造自己的资产能力或风险偏好等。事实上,我们在实践中也发现,一些消费者为了购买高风险产品,故意夸大自己的风险承受能力,甚至将风险评价过程视为"多此一举"。如此一来,其实是在个人金融消费行为过程中损害了金融机构的利益,造成了负效应的溢出。

总而言之,无论对于"卖者"金融机构,还是"买者"消费者,适当性原则的勤勉义务与忠诚义务相辅相成,密不可分。适当性原则的根本目的是更好地维护市场,而不能矫枉过正,成为一边倒地保护"弱者"或被金融机构曲解使用,成为"挡箭牌"。在实践中,对待买卖双方要特别注意不同规则标准的差异,因为差异会使买卖双方都产生迷惑,也给双方漏洞可钻,这与适当性原则使用的初衷相违背。事实上,适当性原则纠纷的出现往往早在消费者风险评估的环节上埋下伏笔,如何处理风险评估和合同效力问题值得思考。

四、适当性原则在金融新业态下的丰富与创新

(一) 金融新业态对金融消费行为的影响

金融行业是一个生机勃勃、日新月异的行业,特别是近年来伴随着数字时代的深化,以互联网金融为代表的金融新业态的出现,不仅大大丰富和创新了金融产品和金融服务,更重要的是深刻地影响了金融机构、金融消费个体的金融行为。而恰恰是金融行为的改变,使很多原本用于解释、指导的理论、原则也在悄然发生着变化,并反过来推动金融业态的"再生长"。

作为金融行为的一个重要分支,金融消费行为受到的影响也是与日俱增的,具体表现在以下三个方面:

一是金融新业态丰富了金融消费行为的方式。借助新技术和新理念,一些新的金融交易方式走进人们生活,例如移动支付,现在已经极大地改变了消费者支付的模式。再例如,网上理财,消费者无须再通过复杂、耗时的人工模式去抢购理财产品,而是利用一个手机、点击 APP,就轻松完成了基金等理财产品的申购或赎回。

二是金融新业态改变了金融消费行为的期望。期望对于金融消费行为而言是十分重要的。如果从效用论的角度,期望可以用来测算每一次金融消费行为给予人们潜在的效用。需要强调的是,不仅仅是个体消费者有期望,金融机构同样存在着期望;并且这种期望不仅仅是对自己,也是对交易对手(即消费者对金融机构或金融机构对消费者)。金融新业态的出现大大丰富了买卖双方的关系,也在一定程度上重新界定了风险和收益的关系,自然就影响了金融消费行为的期望。

三是金融新业态给金融消费行为带来了新的风险。新金融业态

的很多金融产品或金融服务,往往具有产品交叉性、跨地域性和信息隐蔽性,与此同时,一旦发生纠纷又往往触发涉众性。这无疑也给金融消费行为埋下了新的风险。事实上,近年来,以互联网理财平台跑路事件为代表的问题并不少见,也为适当性原则的应用提出了挑战。

(二) 适当性原则的丰富与创新

德国诗人歌德曾经说过:"理论都是灰色的,唯有生命之树常青。"事实上,如果把过去或当下适当性原则在金融消费行为中的应用就此固定下来,束之高阁,恐怕用不了多久就会成为"灰色的",而无法适用于金融新业态的实操中。金融消费者的适当性原则同样需要在"生命的历练中"常青,这就需要我们去思考适当性原则的丰富与创新,更重要的是去思考金融机构、消费者及监管方如何去正确使用适当性原则。这里本文给出几个思考的方向,供大家一起探讨。例如,在适当性原则的维护过程中,金融监管机构应该扮演什么样的角色?在适当性原则下,建立对买方客户尤其是中小消费者个体的倾斜性利益保护机制是否必要?当前环境下,是否依然需要倾斜性的判决引起对金融消费权益保护的重视?种种问题的回答,不仅需要我们理论的积累,更需要在实践中加以探索、运用。

五、结论与建议

随着国民金融财富的不断增加和我国金融业的进一步发展,金融机构与金融消费者的联系越来越密切。金融消费者在享受各项金融产品和服务的同时,其合法权利的保障日益成为重要的议题。考虑到金融消费者与金融机构在金融交易过程中的弱势地位和我国金融消费者金融知识方面的相对缺乏，笔者认为，在适当性原则下，应当进一步规范和强调金融机构的适当性义务，实现对作为弱势一方的金融消费者的倾斜保护，有效保障金融消费者知情权。以下主要结合适当性义务，从监管部门、金融机构的视角，分别探讨相应的完善建议。

（一）对监管部门的相关建议

适当性原则关涉两方面的重要价值，即金融体系的稳定安全和金融消费者利益的保护。不当销售不仅会侵害金融消费者的合法权益，还可能影响金融消费者对金融市场的信心、引发金融机构信誉风险和业务发展，甚至对整个金融体系的安全稳定发展产生影响。所以，金融监管部门在保障和促进金融机构健康发展的同时，应该进一步完善相应监管举措，进一步落实金融机构的适当性义务，加强对金融消费者知情权等合法权益的保护。

1. 进一步加强金融监管部门之间的合作

在金融机构适当性义务监管领域，大多数的金融理财产品是由证券公司、基金公司、保险公司等专业金融机构开发设计，然后通过商业银行出售给金融消费者。因此，单一监管模式不足以满足现有的经济模式的需要，证监会、银保监会、人民银行等监管机构应该密切配合，实现对金融理财产品的开发设计到柜台出售，以及售后纠纷解决的全程监控。[①]

2. 进一步完善具体监管规范，推动专业评级机构发展

在美国等国家的相关立法中，详尽地规定了专业评级机构在监督金融机构中的权利和义务，从而增强不同机构之间的相互制约，

---

① 宋凯强：《我国金融机构适当性义务分析及完善建议》，载《法制与经济》，2015 (3)，第110页。

平衡金融机构和金融消费者之间的利益。我国目前可以在先将评级机构置于监管之下的基础上,未来进一步探索中立权威的评级机构建设,并接受监管部门监管。

3. 进一步加强执法监督,对金融机构加强持续的适当性评估义务的要求

适当性义务要求金融机构对自己销售的产品予以持续关注,对客户信息的变化有所回应,审慎检查自身所推荐的产品是否仍然适用于客户。普通法的观点认为:适当性义务对经纪商施加了一种持续性的义务要求,即使在交易开始时经纪商因履行了该义务而可以主张免责,但一旦交易继续发展,而经纪商未能对持续交易的适当性进行继续追踪,导致投资者损失的发生,则此时交易已经从适当的转变为不适当的,应由经纪商承担责任,即使投资者自己存在过错也不能完全抵消这种责任的存在。[1] 所以,金融监管部门在执法监督过程中,应该加强对金融机构全程性、适当性义务的要求和监督。

(二) 对金融机构的相关建议

对于金融机构而言,适当性义务要求金融机构在追求业绩、利润的同时,以金融消费者和金融产品适当为前提,充分保障金融消费者知情权。面对当前金融消费纠纷的多发态势,从适当性原则的视角,笔者认为,金融机构应该重点在人员和机制方面进一步提高。

1. 强化对勤勉义务和忠诚义务的要求

前文具体分析了适当性原则下勤勉义务和忠诚义务的要求。现

---

[1] See In re Peterzell v. Charles Schwab&Co., N. A. S. D. Docket No. 88 - 02868, 1991 WL 202358, at 2 (June 17, 1991). 转引自王锐:《论金融机构的适当性义务——基于行为要件的分析》,载《北方法学》,2014 (4),第52页。

实中因为适当性原则而引发的金融消费纠纷中,适当性原则下金融机构的勤勉义务和忠诚义务履行不全面是重要原因。

作为金融机构而言,应当有责任向金融消费者提示购买金融产品的风险、提示金融市场的风险以及及时通知和提醒金融消费者有关重要事项。在我国目前金融消费者金融知识相对缺乏的情况下,金融机构更需要准确无误地向金融消费者介绍并提醒金融消费方面的权利、义务和风险,金融机构应当采用适当的方式和渠道,向金融消费者详细介绍相关知识。金融机构应该通过加强对员工的培训、强调业绩考评的同时,注重对从业人员勤勉义务和忠诚义务的要求,通过内部的奖惩制度,落实监管部门对适当性义务的要求,促进从业人员专业意识和专业素质的提高,形成良好的企业文化。

2. 强化全面、科学的适当性评估制度建设

适当性义务要求金融机构了解金融消费者财务状况、投资目标、风险承受能力、投资需求及知识和经验等与金融产品是否匹配,让金融机构了解客户,以便将适当的产品卖给适当的消费者。金融机构的适当性评估不应该片面突出风险适当性的要求而忽视其他相关方面的适当性评估。金融机构应该在注重风险适当性评估的同时,也要注重对其他相关事项如交易目的、知识与经验、财务状况的适当性等进行全面评估。

域外立法中以欧盟的适当性评估制度最为典型。欧盟以客户分类为基础,将适当性制度细化为两种针对不同金融服务类型的具体评估要求,一种为适当性测试(assessment of suitability),要求提供投资顾问与资产管理服务的金融机构须评估推荐产品是否符合客户的投资目标、财务能力、风险承受能力、经验与知识;另一种为妥当性测试(assessment of appropriateness),要求提供非投资顾问或资产管理服务的金融机构须评估推荐产品是否符合客户的投资知识与经验,由此将原本抽象的金融机构适当推荐义务转化为具有评判可能的确定的行为要求。① 我国的金融机构也可以结合机构内部业务的相关数据,总结适当性义务落实的经验和教训,使金融产品和服务提供前的适当性评估机制进一步精细化、科学化,从而推动评估要素和内容的全面化,确保向金融消费者提供产品和服务的过程中,充分履行了适当性义务,保障金融消费者的知情权等合法权益。

第二节 中立评估意见:客户风险承受能力与所购理财产品之间不匹配时的责任分析

关于申请人赵某与某银行基金购买纠纷的评估书

2017年11月1日,上海市金融消费纠纷调解中心应申请人赵某和某银行股份有限公司第一支行的调解申请,就双方的基金亏损纠纷事件开展了调解,最终双方意见未达成一致,调解结束。

2018年1月4日,申请人赵某就此纠纷提出评估申请,2018年1月5日上海市金融消费纠纷调解中心受理此评估,特邀中心中立评估专家对本纠纷开展评估,现将评估结果提供给当事双方,供参考。

一、当事双方

申请人:赵某

---

① 王锐:《论金融机构的适当性义务》,载《北方法学》,2014(4),第49页。

银行：某银行股份有限公司第一支行

二、当事人陈述及证据

（一）申请人陈述及主张

申请人赵某（身份证号××××××××××××××）陈述：在本案系争纠纷发生前几年，其一直在某银行第二支行（以下简称某银行）购买低风险银行理财产品。2015年4月，其在办理之前购买的理财产品到期延续业务时，银行客户经理向其推荐本案系争产品，并称该产品是该银行自行开发的理财产品，产品为五年期，第一年执行结果年化利率超过14%，但是要凑足100万元人民币，且要在2015年4月21日、22日两日内购买。其在向客户经理了解产品风险时，客户经理称该产品为本行高端客户设计，如有问题某银行也不要办了，其看到产品名称为"B基金–某银行–××1号"，又是在银行贵宾室办理，出于对银行的信任，就在2015年4月21日去银行办理购买事宜，银行当日打印了一份纸质电子合同给申请人，申请人单方在纸质合同上签名后自行带回，但当日并未支付购买款。2015年4月22日，其去银行办理付款，银行出具的显示时间为14：35分的电子合同交易单上备注"风险不匹配"，客户经理称电脑进不去，要去另一柜台操作，14分钟后，即14点49分时银行又出具的业务单据上显示了"购买基金产品与风险承受能力相符"，这样才办完了全部购买手续。

后申请人到银行询问赎回事宜，客户经理答复系争产品是封闭型的，中途不能办理退出，一年中有两个开放日可以办理。其虽有疑惑，但还是听从上述意见，到了2016年4月产品一年到期时去银行查询，发现已亏损15%，银行多方解析，提出改进措施，要申请人继续等待扭亏时取出,其考虑到已经亏损,只能等银行设法扭亏。

2017年4月系争产品又一年到期时,申请人发现又亏损15%,在和银行交涉过程中,基金公司人员到场向其解释称系争产品为私募产品,其才初次知晓自己购买的被银行称为自行开发的开放式基金产品,实为私募产品。其找朋友看了产品合同后,才知道系争产品是资管计划产品,根本不是银行理财产品。截至2018年1月3日,系争产品的净值为706217.34元,损失近30万元。

申请人认为:1. 银行对其进行风险承受能力评估时未尽到合理审慎义务;2. 银行向无相关交易经验的金融申请人主动推荐市场风险较大产品,且夸大收益,违反规范性文件规定;3. 银行未提供产品投资说明书等重要风险材料,未按照规定进行充分的风险揭示;4. 银行未将涉及购买代销产品的重要销售环节的录音录像提供于申请人,且其中存在大量违法违规行为;5. 银行向申请人宣称申请人购买的是开放式基金,但最终的产品却是私募的资管计划。基于上述理由,申请人申请对造成申请人重大损失的责任,银行应当向申请人进行的赔偿作出中立评估。

(二) 申请人提供的证据

申请人为证明其主张,提供了以下证据:

1. 赵某身份证照片;

2. 某银行企业信息公示截图;

3. 2015年4月21日银行出具的《风险评估业务受理单》;

4. 2015年4月21日银行出具的《基金个人账户开户业务受理单》;

5. 2015年4月22日银行出具的《基金个人账户开户业务受理

单》;

6. 2015年4月22日银行出具的《个人基金产品购买业务受理单》;

7. 2015年4月22日银行出具的《某银行电子签名合同业务申请表》;

8. 《B基金－某银行－××1号资产管理计划资产管理合同》;

9. 银行出具的《B基金－某银行－××1号－产品当期净值单》。

（三）银行陈述及主张

某银行第一支行陈述称：申请人为该支行辖属第二支行客户，于2015年4月22日在网点购买了100万元系争产品，截至2018年1月26日本金亏损27.7%。

银行在接到投诉后，高度重视，成立了工作小组，进行了内部自查，和申请人进行了沟通。

对于申请人主张的"在进行风险承受能力评估时未尽到合理审慎义务"，银行经调阅凭证显示，产品销售是在4月22日，申请人在产品销售的前一天，即4月21日签订"电子签名约定书"时，风险评估的结果是"进取型"，申请人进行了签字确认，且风险评估显示申请人"有投资经验"。

对于申请人主张的"未提供产品投资说明书，未进行风险揭示"等，银行进行了查验，业务受理单上显示"本人声明：本人已知晓基金契约、最新公开说明书、基金业务规则及基金公司的其他信息，接受基金契约、公开说明书中载明的所有条款，自愿在某银行办理上述开放式基金业务，自愿承担投资风险，保证本人所提供资料真实有效……"并有申请人签字确认。银行经查阅2015年4

月22日产品销售的监控录像,认为该笔业务存在的瑕疵主要有:由于购买产品时要求的风险等级与原风险等级不匹配,操作人员在指导客户重新进行风险评估时存在瑕疵。

(四)银行提供的证据

银行为证明其主张,提供了以下证据:
1. 2015年4月21日的《电子签名约定书》;
2. 《业务受理单》;
3. 《某银行理财客户风险评估问卷》。

三、听证和质证

为查明情况,经评估专家提请,并经申请人和银行双方同意,调解中心于2018年3月6日召集各方当事人召开了听证会。听证会上对各方陈述及主张进行了确认,对申请人提供的证据一一进行了举证和质证。银行对申请人提供的证据真实性不持异议,但认为业务受理单上已经进行了风险提示。另申请人所持的纸质《B基金-某银行-××1号资产管理合同》,是银行打印给申请人供申请人参考使用的纸质版本,双方签署的是电子合同。

听证会时及听证会后,银行提供了上文所述的证据,然而申请人并不认可该证据的真实性,认为评估文件上申请人的署名并未签署日期,另根据申请人此前了解到的情况,评估当时申请人受到了明显诱导,不能客观反映申请人的风险承受能力,且银行方面自始至终不肯提供评估及购买时的录音录像,更加证明了其诱导性评估的事实。

四、案件情况

根据双方当事人陈述和提交的证据材料以及听证和质证情况,

认定本案基本情况如下。

申请人赵某于2015年4月21日其理财产品期满到银行办理业务、银行理财经理向其提供理财服务时，推荐其购买由本行代销的"B基金－某银行－××1号资产管理计划"，在当日的办理业务过程中，银行向申请人出具了流水号分别为"20150421××××"和"20150421××××"的两份《业务受理单》，并打印了一份《B基金－某银行－××1号资产管理合同》纸质文件给申请人，上述三个文件申请人均亲笔签名确认，其中流水号尾号为××××的《业务受理单》上显示"客户风险等级：稳健型"，申请人于当日将上述三份文件带回家中。

2015年4月22日，申请人到银行继续办理系争业务时，银行向申请人出具了流水号为"20150422××××"和"20150422××××"两份《业务受理单》，两份业务受理单上均有申请人亲笔签名。双方还签署了《某银行电子签名合同业务申请表》。其中，显示时间为当日14点35分21秒的《某银行电子签名合同业务申请表》上备注内容为"风险不匹配"，显示时间为当日14点49分47秒的《业务受理单》上风险匹配一栏显示为"购买的基金产品与风险承受能力相符"。当日，银行和申请人签署了电子合同，申请人支付了100万元购买款。

五、本案争议焦点

1. 申请人购买系争产品时的风险承受能力是否与其所购买的产品相匹配，其是否为相关法律法规所规定的合格投资者。

2. 银行在向申请人提供理财顾问服务时，是否合法合规，是否侵犯了申请人的法定权利。

3. 银行是否依法依规向申请人揭示了风险，申请人自身是否存

第一章 金融消费关系中如何有效依据适当性原则明确"买卖双方"责任和义务的边界

在过错。

六、评估意见

综合双方的陈述和主张以及提交的证据，依据我国相关法律、法规、规范性文件以及《上海市金融消费纠纷调解中心中立评估规则》，出具以下评估意见：

（一）关于第一个争议焦点问题，申请人购买系争产品时的风险承受能力是否与其所购买的产品相匹配，其是否为相关法律法规所规定的合格投资者。

银行于 2015 年 4 月 21 日出具的《业务受理单》显示申请人的客户风险等级为"稳健型"，银行于 2015 年 4 月 22 日出具的《某银行电子签名合同业务申请表》显示备注为"风险不匹配"。虽然银行称 4 月 21 日对申请人进行了风险评估，评估结果为"激进型"，并出示了相关风险评估文件的复印件或照片，但在申请人不认可其真实性的情况下，银行并未能够出示证据原件，且在申请人和评估专家均提出要求其出示相关风险评估的录音或录像的情况下，其最终并未提供该等录音或录像，根据《上海市金融消费纠纷调解中心中立评估规则》第十四条的相关规定，则应推定申请人的主张成立。结合上述双方均认可真实性的《业务受理单》和《某银行电子签名合同业务申请表》，则可以认定申请人在购买系争产品时的风险等级为稳健型，与其所购买的产品风险并不匹配。根据《中华人民共和国证券投资基金法》2012 年修订版第八十七条规定，申请人并非"合格投资者"。

（二）关于第二个争议焦点问题，银行在向申请人提供理财顾问服务时，是否合法合规，是否侵犯了申请人的法定权利。

系争纠纷是申请人在前次银行理财产品到期办理业务时，银行客户经理主动向申请人推荐代销产品，应属银行向申请人提供理财顾问服务，则应遵守相应理财顾问服务的法律法规。

中国银行业监督管理委员会印发的《商业银行个人理财业务风险管理指引》的通知，第二十二条"商业银行向客户提供财务规划、投资顾问、推介投资产品服务，应首先调查了解客户的财务状况、投资经验、投资目的，以及对相关风险的认知和承受能力，评估客户是否适合购买所推介的产品，并将有关评估意见告知客户，双方签字"。第二十三条"对于市场风险较大的投资产品，特别是与衍生交易相关的投资产品，商业银行不应主动向无相关交易经验或经评估不适宜购买该产品的客户推介或销售该产品"。

根据上述部门规章，银行在申请人并非合格投资者的情况下，主动向其推荐系争高风险产品，侵犯了申请人的法定权利。

（三）关于第三个焦点问题，银行是否依法依规向申请人揭示了风险，申请人自身是否存在过错。

申请人亲笔签名的四份《业务受理单》及《某银行电子签名合同业务申请表》，均显示有以下提示内容"本人已知晓基金契约、最新公开说明书、基金业务规则及基金公司的其他信息，接受基金契约、公开说明书中载明的所有法律条款，自愿在某银行办理上述开放式基金业务，自愿承担投资风险、保证本人所提供的资料真实有效，并已认真核对本交易银行打印栏中内容正确无误"。

上述分两天出具的共5份文件上申请人均亲笔签名确认。且银行已于2015年4月21日，即双方签署电子合同及支付钱款的前一天，打印了全套基金合同纸质文件给申请人，并由申请人亲笔签名确认，并带回家中。因此，申请人主张的"银行未充分揭示风险，以及不知所购买的产品为定期开放的资产管理计划"难以成立。

七、评估建议

综上所述，由于申请人并非系争产品的合格投资者，银行在提供理财顾问服务时未能根据相关法律法规的要求履行其注意义务，主动向申请人推荐了系争高风险产品，应承担主要责任。同时，申请人作为具有完全民事行为能力的自然人，在银行多次向其提示风险，并明知其风险等级为稳健型，其风险等级与所购买产品不匹配的情况下，仍然决定购买系争产品，其自身也存在过错，应承担次要责任。综合考虑双方的陈述和主张以及举证和质证情况，建议系争双方在确定申请人具体损失数额的前提下，由申请人承担损失的百分之四十，由银行承担损失的百分之六十。

附：本案系争纠纷所适用的相关法律规定

一、《中华人民共和国证券投资基金法》（2012年修订）

第八十七条 非公开募集基金应当向合格投资者募集，合格投资者累计不得超过二百人。

前款所称合格投资者，是指达到规定资产规模或者收入水平，并且具备相应的风险识别能力和风险承担能力、其基金份额认购金额不低于规定限额的单位和个人。

合格投资者的具体标准由国务院证券监督管理机构规定。

二、中国银行业监督管理委员会《商业银行个人理财业务风险管理指引》（银监发〔2005〕63号）

第二十二条 商业银行向客户提供财务规划、投资顾问、推介投资产品服务，应首先调查了解客户的财务状况、投资经验、投资目的，以及对相关风险的认知和承受能力，评估客户是否适合购买所推介的产品，并将有关评估意见告知客户，双方签字。

第二十三条 对于市场风险较大的投资产品,特别是与衍生交易相关的投资产品,商业银行不应主动向无相关交易经验或经评估不适宜购买该产品的客户推介或销售该产品。

三、《中华人民共和国侵权责任法》

第二十六条 被侵权人对损害的发生也有过错的,可以减轻侵权人的责任。

第二章 银行卡盗刷事件中如何界定发卡机构与持卡人的权利义务及其边界

我国《消费者权益保护法》第7条规定："消费者在购买、使用商品和接受服务时享有人身、财产安全不受损害的权利。消费者有权要求经营者提供的商品和服务，符合保障人身、财产安全的要求"。在金融消费领域，近年来，随着信用卡、ATM、POS机、网上支付等设备和技术的进一步发展普及，消费者办理相关业务、购买产品和服务得到了极大的便利，但与此同时，信用卡盗刷、密码泄露、伪卡交易等问题也不断出现，构成对金融消费者财产安全权的威胁和挑战。

12363 典型投诉案例

【案例1】甲持有的A银行信用卡被盗刷

2015年9月11日凌晨4:30左右，甲持有的A银行信用卡发生美元成功授权3笔，金额共计1701.32美元，A银行在发现异常后第一时间将其卡片冻结。9月12日8时许3笔交易均成功入账，甲于9月22日致电A银行反馈，A银行第一时间为甲发起调单并提示甲到当地营销中心填写非本人交易的情况说明。在争议处理期间，A银行同意甲暂不做还款。后续收单机构提供了有效的交易凭证，无法通过拒付的方式为甲挽回经济损失。A银行表示，甲反馈的交易为挂失之前交易，根据A银行信用卡领用合约规定，持卡人对于挂失生效前他人使用该卡、伪造签字、利用密码等所形成的风险和损失承担责任。

2016年1月13日,甲致电12363投诉A银行,称于1月6日接到A银行法务部黄小姐电话,被告知其信用卡有1万余元人民币未归还。甲对此表示不满,称银行客服未做正确引导,且银行至今没有处理结果,要求A银行尽快给予明确答复、不得影响其征信记录并承担未正确引导的不利后果。

2016年2月28日,A银行经核实后作出决定,认定被盗刷款项为疑似伪卡交易,同意甲不还入盗刷款项。

【案例2】 乙投诉B银行信用卡中心

2019年5月5日,乙致电12363称其B银行信用卡于4月27日晚上被盗刷人民币4523元,要求B银行进行拒付并协助追回钱款,其已报案。B银行于4月30日联系乙,称其反馈的交易为无卡自助交易,自主识别模式完成,需验证卡片信息及发送至客户手机的验证码验证通过后才能完成交易,乙表示是点击不明链接泄露信息导致被骗。B银行告知乙交易实时完成,无法拦截,需要本人还款,建议后续报警处理。截至5月10日,乙追回被盗刷款项未果。

第一节 法理分析:银行卡盗刷中银行的安全保障义务与当事人的举证责任分配问题

一、银行卡盗刷问题的提出

(一)银行卡等非现金支付工具发展迅猛

随着国民经济的高速发展与电子信息技术的不断进步,我国的

第二章　银行卡盗刷事件中如何界定发卡机构与持卡人的权利义务及其边界

支付手段日趋多样化，银行卡等非现金支付工具呈迅猛发展之势。根据中国人民银行2018年3月5日发布的《2017年支付体系运行总体情况》，截至2017年末，全国银行卡在用发卡数量66.93亿张，同比增长9.27%；2017年，全国共发生银行卡交易1494.31亿笔，金额761.65万亿元，同比分别增长29.41%和2.67%，日均4.09亿笔，金额2.09万亿元。随着银行卡交易迅速发展而来的还有银行卡纠纷的日益凸显，比如2014年末北京市西城区人民法院发布的《银行卡审判白皮书》显示，近9年，该院受理的信用卡案件增长50余倍。据此，可以管窥银行卡纠纷迅速增加的现状。

(二) 银行卡盗刷犯罪手段多样，责任存在模糊

从犯罪的具体手段来看，银行卡盗刷案件可分为三类：第一类是因银行过错导致银行卡号、密码等信息被违法行为人或犯罪嫌疑人截取，如在ATM附近安装摄像头等设备盗取持卡人信息、在ATM上安装吞卡装置、截取真卡后盗取卡内资金等。第二类是因持卡人自己的过错导致银行卡信息泄露，比如因持卡人自己遗失银行卡和密码、持卡人未尽到妥善保管密码义务等。第三类是违法行为人或犯罪嫌疑人持伪卡冒领而银行卡信息泄露的原因却无法查明，如银行交易系统遭遇黑客攻击等。① 在无法找到盗刷者或其无力赔偿的情况下，盗刷的损失将按照过错由银行或持卡人承担。第一类情况出于银行的过错，由银行承担主要责任；第二类情况持卡人也有明显过错，持卡人和银行应根据过错分担损失；最具争议的是第三类情况，由于某些案件事实无法查明，在归责上出现一定困难，是本文讨论的重点。

---

① 冯辉：《论银行卡盗刷案件中银行赔偿责任的认定与分配——基于司法判决的类型化分析》，载《社会科学》，2016 (2)，第88页。

(三) 银行卡跨境盗刷频发也成为一大特点

早在2013年6月20日,《人民日报》就对银行卡跨境盗刷事件进行过专题报道,"去东南亚刷过卡的,银行喊你回家换卡"。实际上,不仅是东南亚,在境外其他地方使用过银行卡的消费者,甚至一些从未出境的人,也都可能遭遇信用卡在几万公里之外的某国被刷的经历。[①]

在12363金融消费权益保护咨询投诉电话所接收的投诉中,银行卡盗刷案件也占据了一定的比例。自"12363"电话开通以来,上海地区接到多起涉及盗刷的投诉其中不乏跨境盗刷案件。

不同于境内的盗刷案件,银行卡跨境盗刷发生后,由于大多数国内持卡人对跨境的维权手段不了解,往往可能拖延通知止付的时间,同时错过一些时效节点;加上跨境的案件涉及两个以上的国家,而各国的法律规定可能不尽相同或者不被当事人所知晓,实际运作时程序也较为烦琐复杂,以致跨境维权的难度很大。如果仅在境内维权,法院往往判决银行承担全责,或者由被盗刷人、银行分担责任,但对实际盗刷人的追偿几乎不可能实现,最终损失仍需由国内的相关当事人承担,出现国际损失的"国内化",侵害我国整体金融安全利益,加重我国金融机构和金融消费者的负担。

伴随着我国公民境外消费、投资的快速增长,妥善解决跨境盗刷成为金融消费权益保护工作实践中的重要问题。

---

① 《用它,那就多了解它》,《人民日报》,2013-06-20,http://paper.people.com.cn/rmrbhwb/html/2013-06/20/content_1256949.htm。

第二章 银行卡盗刷事件中如何界定发卡机构与持卡人的权利义务及其边界

二、银行卡盗刷纠纷的法律分析

（一）同案不同判现象

我国各级人民法院已审结多起银行卡盗刷纠纷案件，但由于不同法院、不同法官对一些关键问题的态度不一，造成了银行卡盗刷案件同案不同判的现象。

如在案件一：张某与 A 银行借记卡纠纷案①中，原告在未出境的情况下，其银行卡被人在境外盗刷 11085 元。本案中法院认为：持卡人成功办理取现业务的必要条件有两个，一是使用真实有效的银行卡，二是输入正确的密码。被告 A 银行未能识别伪卡，对原告张某的资金损失负有一定的责任，应作出相应的赔偿。而谨慎保管涉案银行卡的密码是原告张某的义务，在无证据显示被告对涉案银行卡密码的泄露存在过错的情况下，应认定原告对密码泄露负相应的责任，其对其本人的资金损失也应负一定的责任。对原告的涉案资金损失，本院酌情判定原、被告分别承担 30% 和 70% 的责任。

而在案件二：董某与 B 银行信用卡纠纷案②中，同样是在原告未出境的期间内，其银行卡在境外发生了几笔消费。但本案中法院却认为：被告应保证其计算机信息系统的运行安全来保障储户存款的安全，除非银行卡的所有人有非法行为，否则银行对储户银行柜台外交易所产生的损失应承担赔偿责任。本案现有证据不能证明取款人或消费人是使用原告的银行卡取款和消费，也无证据证明原告故意或过失泄露其自己设定的密码，故对原告银联卡内的存款被支

---

① 广东省中山市第二人民法院；案号：（2014）中二法民二初字第 861 号；审判时间：2014 年 11 月 10 日。
② 河南省辉县市人民法院；案号：（2010）辉民初第 1952 号；审判时间：2010 年 9 月 20 日。

取和消费的款额,与原告存在储蓄存款合同关系的银行应承担相应的赔偿责任,因此原告要求被告赔偿其银联卡内被支取和消费的存款 18211.03 元符合法律规定,应予支持。因此在本案中被告承担了 100% 的责任。

对比以上两个案件,在案件事实相似的情况下,两个法院作出了思路并不一致的判决,关键就在于法院对于银行的安全保障义务和疑似密码泄露的举证责任分配这两个关键问题的观点不同。故下文将对这两个问题展开分析。

(二) 银行的安全保障义务

1. 安全保障义务的性质

违约责任和侵权责任是自罗马法以来就已经形成的两类不同性质的民事责任。违约责任的承担者违反了约定义务,侵权责任的承担者违反了法定义务。约定义务是基于当事人在合同中的约定所产生的义务。法定义务是基于法律、行政法规规定所产生的义务。① 随着理论研究的深入,虽然这种二元划分方法的合理性受到一定程度的挑战,但仍为我们分析银行的安全保障义务提供了基本的分析思路。

从约定义务与法定义务的角度来看,银行的安全保障义务主要有两个来源:一是银行与持卡人签订合同后,基于《合同法》的规定产生的附随义务;二是基于《商业银行法》《消费者权益保护法》等的规定而产生的法定义务。

附随义务作为合同义务之一种,是指合同当事人依据诚实信用原则所产生的,根据合同的性质、目的和交易习惯所应当承担的通知、协助、保密等义务。相对于给付义务而言,附随义务只是附随

---

① 龙著华、王荣珍:《合同法专题研究》,第 143 页,中国商务出版社,2004。

的，但这并不意味着附随义务是不重要的。相反，在很多情况下，违反附随义务将会给另一方造成重大损害，甚至可构成根本违约。① 《合同法》第六十条规定："当事人应当按照约定全面履行自己的义务。当事人应当遵循诚实信用原则，根据合同的性质、目的和交易习惯履行通知、协助、保密等义务。"此条的第二款即是关于合同附随义务的规定。在银行与持卡人的储蓄合同中，虽没有关于安全保障义务的明确规定，但出于合同目的，银行应负有安全保障这一附随义务。

法定义务是因法律明确规定而产生的义务，就银行的安全保障义务而言，《商业银行法》第六条规定："商业银行应当保障存款人的合法权益不受任何单位和个人的侵犯。"《消费者权益保护法》第七条规定："消费者在购买、使用商品和接受服务时享有人身、财产安全不受损害的权利。"上述规定都是对银行安全保障义务的规定。根据这两部法律的明文规定，银行对持卡人财产的安全保障义务，已经上升为法定义务。

银行的安全保障义务究竟是附随义务还是法定义务，其区别的意义在于：如果仅作为附随义务，那么在储蓄合同这一格式合同中，银行作为格式合同的提供方，很可能利用其优势地位加入相应条款，以减轻甚至免除这一附随义务；而如果作为法定义务，则不由合同中的约定而任意减损。如在"上诉人某银行与被上诉人宋某借记卡纠纷案"② 中，《某银行借记卡章程》第七条规定："凡使用密码进行的交易，发卡银行均视为持卡人本人所为。"如果按照这一条款，出现伪卡盗刷时，视为持卡人本人操作，银行不承担责

---

① 王利明等：《合同法教程》，首都经济贸易大学出版社，2002，第 93 - 94 页。
② 江苏省南京市中级人民法院；案号：(2016) 苏 01 民终 116 号；判决时间：2016 年 2 月 23 日。

任。这对处于弱势方的持卡人是不公平的,故此判决中二审法院根据《中华人民共和国商业银行法》第六条、第三十三条的规定,认定了商业银行对储户存款具有安全保障义务,判决银行承担全部责任。

民法以意思自治为核心,但民法的现代化则出现了追求实质正义、限制意思自治的观念,根据《商业银行法》《消费者权益保护法》的相关规定,将银行的安全保障义务认定为法定义务,以限制其在合同中对附随义务的免除,有利于对持卡人利益的保护,促进实质正义的实现。

2. 安全保障义务的限度

虽然上述法律中将银行的安全保障义务作为法定义务进行了规定,但安全保障义务的具体内容和限度还是不明晰的。涉及安全保障内容的相关措施全属银行的义务,还是根据实际情况有相应的限制?各方的考虑并不相同。

银行认为,安全保障义务在基于银行卡交易时应有适当的界限。如在"孙某与某银行储蓄存款合同纠纷案"[①] 中,银行上诉称:片面要求银行承担识别银行卡真伪的安全保障义务是不合理的,也是与银行卡的交易规则相违背的。银行卡在自助机具进行交易时,银行仅能核对磁条信息及密码是否一致,并无可能对银行卡进行识别。银行最大限度的安全保障义务,也就在于核对磁条信息与密码是否一致。

然而来自银行的这种抗辩似乎不能完全得到法律的支持。我国《商业银行法》第十二条第一款规定:"设立商业银行,应当具备下列条件:(五)有符合要求的营业场所、安全防范措施和与业务有关

---

① 北京市第二中级人民法院;案号:(2015)二中民(商)终字第 02262 号;判决时间:2015 年 4 月 15 日。

的其他设施"。《银行卡业务管理办法》第十三条规定:"商业银行开办银行卡业务应当具备下列条件:(五)安全、高效的计算机处理系统"。故银行对其计算机处理系统及相关防范措施的安全性进行保证也是其法定义务,而且是作为设立和开办银行卡业务的基础条件之一。

司法实践中的法院态度也并不支持银行的观点,主要原因在于,银行作为经营存贷储蓄业务的金融企业,是储蓄凭证的发证机构,这要求其应当掌握银行卡的制作技术和加密技术,并且具备识别真伪的技术能力和硬件设施,故应当承担对银行卡真伪的实质审查义务。这也是出于危险控制理论的要求,"根据危险控制理论,谁能更经济、合理和有效地控制危险,谁就有承担控制潜在危险的义务。银行作为经营者对自己的服务设施、设备性能和服务场所的安全情况比储户有更多的了解,也具有更加强大的力量和更为专业的知识,更能预见可能发生的危险和损害,更有可能采取必要的措施防止危险的发生。"[①] 银行所认为的其安全保障义务仅限于核对磁条信息与密码一致,过于限缩了其义务的内容,使持卡人的合法权利可能遭受不必要的过大风险。

概而言之,银行安全保障义务并不会漫无边界,但其仍旧应做到以下基本要求:(1)首先对所发的银行卡本身的安全性予以保障,包括银行卡防伪技术的改进、降低持卡人账户信息被盗取的风险等。(2)应保证其服务场所、系统设备安全适用,包括交易中对伪卡的识别等。

---

① 高鑫娟:《银行卡盗刷案件中金融机构的法律责任与义务》,载《河北金融》,2015(10),第17页。

(三) 疑似密码泄露的举证责任分配

在案件基本事实相同，无证据证明持卡人是否故意或过失泄露银行卡密码的情况下，案件一、案件二的法官作出了不同的判决，实际上是对疑似密码泄露的举证责任分配不同所致。

举证责任包括行为责任和结果责任，其中结果责任就在于，对于某一项争议事实，如果没有证据或证据不足，事实真伪难以确定，由负举证责任的一方承担不利后果。案件一中法院认为"谨慎保管涉案银行卡的密码是原告的义务，在无证据显示被告对涉案银行卡密码的泄露存在过错的情况下，应认定原告对密码泄露负相应的责任"。这一论述实际上是把疑似密码泄露的举证责任分配给了原告。而案件二中法院指出"无证据证明原告故意或过失泄露其自己设定的密码"，要求银行承担原告所损失金额的全部赔偿责任，其实就是把疑似密码泄露的举证责任分配给了被告。

"谁主张，谁举证"的完整表述是，谁主张积极事实，谁承担举证责任。在疑似密码泄露的争议中，被告主张的是原告自己故意或过失泄露了密码，原告主张的是自己没有泄露密码，显然被告主张的是积极事实，根据"谁主张、谁举证"这一原则，应由被告对疑似密码泄露的事实承担举证责任。而这也与实际情况较为符合，在跨境银行卡盗刷中，犯罪集团利用国外网站，雇佣黑客攻击国内银行、商场等的数据库，窃取大量交易信息。因此，简单地推断密码泄露是持卡人的责任也会失之片面。

根据"谁主张，谁举证"的一般原则，对于银行是否未尽到安全保障义务的举证责任，应当由提出此主张的持卡人进行举证，如果持卡人举证不能将可能承担不利后果。对该问题，司法实践中更多采用"举证责任减轻"或"举证责任倒置"来分配举证责任；

基于持卡人作为普通储户相较于银行的弱势地位以及相关金融、技术信息不对称等因素，根据公平和诚实信用原则，应由举证能力更强的被告对其已尽交易安全保障义务并且对原告存在违约使用借记卡的法律事实承担举证责任。《最高人民法院关于民事诉讼证据的若干规定》第七条对此进行了规定："在法律没有具体规定，依本规定及其他司法解释无法确定举证责任承担时，人民法院可以依据公平原则和诚实信用原则，综合当事人举证能力等因素确定举证责任的承担。"

三、域外对银行卡盗刷纠纷的规定及其救济

（一）域外对银行卡盗刷纠纷的规定

1. 美国。美国对商业银行监管的法案中，《诚实借贷法》和《电子资金划拨法》对未经消费者授权的转账和银行卡使用有相关的规定。美国1969年生效的《诚实借贷法》，其理论基础就是认为持卡人中绝大多数都是诚实可靠的，出现恶意欺诈的只是极少数，而且由于缺乏相应的专业知识、信息不对称等原因，持卡人在银行面前处于弱势地位，强调银行的谨慎审查义务。根据该法案规定，银行卡因丢失、被盗、伪造等被盗刷的情况，持卡人最多只承担50美元的责任。[1] 虽然该法案所假设的持卡人大多为诚实可靠有些过于理想，但其在专业知识和信息上的不利地位是的确存在的，故对于银行责任的加重是利益衡量的结果。

而1978年的《电子资金划拨法》作出了更详细的规定，在盗刷现象发生后，消费者在不同时间段内进行反应和处理，承担不同

---

[1] 赵嘉辰：《我国银行卡盗刷案件中持卡人的权益保护》，中国社会科学院研究生院硕士学位论文，2014年，第10页。

程度的责任限额。消费者在发现未授权消费后两个营业日内及时通知金融机构的，只承担50美元限额；如在两个营业日内未通知，在60个营业日内通知的，承担500美元的限额；在60个营业日内未通知，承担无限制责任。即使是在无限制责任下，消费者承担的金额也仅为60个营业日内的500美元限额或更小的划拨金额，再加上60天后直至通知时的划拨金额总和。① 这种对消费者承担损失限额的规定，是对处于弱势地位的消费者的倾斜性保护，同时也鼓励了消费者在盗刷发生后尽早联络金融机构，以便金融机构掌握情况，共同减少损失。

2. 日本。日本有存款保险制度，起初是在金融机构破产清算的情况下，为存款人提供一定限额的保险金偿付。② 后来逐渐演变，范围不断扩大。其《存款人保护法》规定：因伪造卡或账号盗窃而产生的损失，金融机构须全额赔偿该非正常提款。其将银行卡盗刷的损失规定由银行全额承担，是高度重视金融消费者权益保护的体现。

3. 国际组织。MasterCard（万事达）和Visa（维萨）作为美国最著名的国际银行卡组织，对美国乃至全世界的持卡人权益保护工作都作出了重要的贡献。它们参与制定的"EMV标准"为世界各国所采纳，推动了世界范围内银行卡从磁条卡向芯片卡的升级换代，为很多国家防范银行卡盗刷的法律风险，保护持卡人合法权益提供了强有力的技术支持。③ 2000年4月，Visa推行零责任制规

---

① 高鑫娟：《银行卡盗刷案件中金融机构的法律责任与义务》，载《河北金融》，2015（10），第18页。
② 李友申：《日本存款保险制度：演变与启示》，载《现代日本经济》，2004（5），第1-2页。
③ 赵嘉辰：《我国银行卡盗刷案件中持卡人的权益保护》，中国社会科学院研究生院硕士学位论文，2014年，第10-11页。

第二章　银行卡盗刷事件中如何界定发卡机构与持卡人的权利义务及其边界

则，客户不再对于 Visa 系统上发生的欺诈性交易负担任何责任。

(二) 域外对银行卡盗刷纠纷的救济

1. 美国。银行卡盗刷纠纷发生后，首先可以由银行自行解决，银行无法直接解决的，才交由联邦储备委员会、货币管理局、联邦存款保险公司、储蓄监督局等监管机构处理。① 美国根据《多德—弗兰克华尔街改革与消费者保护法案》成立了金融消费者保护局（CFPB），负责监督管理大型的美国金融机构，银行卡如果发生被盗刷现象，消费者可以通过网络、电话、邮件等多种方式向消费者金融保护局进行投诉。除投诉之外，消费者还可以选择司法性质的方式解决纠纷，比如向侵权人或金融机构所在地的法院提起诉讼，在双方一致同意的前提下申请仲裁，或向第三方调解组织申请调解等。

2. 日本。在金融领域，日本非常重视诉讼外的纠纷解决机制，日本国会在 2009 年通过了《关于金融领域的裁判外纠纷解决制度（金融 ADR）》，为金融纠纷的解决提供了多种非诉方式，包括仲裁、调停、斡旋等。具体的处理是，当银行卡盗刷的纠纷出现时，可向金融厅、银行协会等各大组织投诉，这些机构的职责是将投诉的内容分送至相应的服务机构。必要时，金融厅也可以督促该服务机构给出相应的处理办法，如果同意，则宣告结束；反之，进入纠纷解决程序，若消费者仍不接受，可提起诉讼。② 我国现在也开始重视并发展金融消费领域的替代性纠纷解决机制特别是在线争议解决机制，日本 ADR 的相关制度如监管组织在纠纷处理中所起的督

---

① 林宏山，白清松，孔雷霞：《美国金融消费者权益保护制度的借鉴与启示》，载《福建金融》，2010（8），第 39 页。
② 丁亚琼：《我国银行卡消费者权益保护研究》，华中科技大学硕士学位论文，2016 年，第 31-32 页。

促作用对我国有一定的借鉴价值。

四、基于保证安全、分散风险的实践建议

(一) 加快磁条卡更换芯片卡的进度

我国现行的银行卡仍有大量磁条卡,磁条卡技术简单,磁条信息非常容易被复制。比如盗刷者使用磁条信息盗录装置复制银行卡磁道信息,或通过网上银行等电子渠道窃取持卡人敏感信息,再通过针孔摄像机在 ATM 终端上偷录持卡人密码等,就可以伪造磁条卡,盗刷卡内资金,给持卡人、发卡机构造成巨额损失。[①] 但 IC 卡信息不易被复制和盗取,安全性能高,故中国人民银行在 2011 年 3 月发布了《中国人民银行关于推进金融 IC 卡应用工作的意见》。根据该《意见》,商业银行在 2015 年后发行的应为 IC 卡,但出于过渡期刷卡终端系统的升级需要一定时间的考虑,很多银行发行了芯片磁条复合卡。但是使用这种复合卡,磁条上的信息仍旧可以被犯罪分子轻易盗取,IC 卡的安全优势就没有得到发挥。故到 2017 年 5 月 1 日,银行全面关停了芯片磁条复合卡的磁条交易,但纯磁条卡的使用不受影响,因而 2015 年之前发行的很多磁条卡仍在使用。

在前述域外经验中,银行卡国际组织启动风险转移政策将发卡行承担银行卡欺诈风险改由发卡行收单行中未采取 EMV 迁移的一方承担。如果我国参照其规定,因磁条卡盗刷造成的损失全部由银行承担的话,将会提升银行主动换卡升级的积极性与执行力,降低盗刷风险,维护金融秩序。

---

① 《中国人民银行有关部门负责人就〈中国人民银行关于推进金融 IC 卡应用工作的意见〉有关问题答记者问》,http://www.pbc.gov.cn/redianzhuanti/118742/118681/119135/2850916/index.html,2011 年 3 月 30 日。

（二）提高和统一芯片卡的标准

1. 银行卡盗刷的新情况

目前，中国内地的芯片卡标准与境外标准并不相同，这也给消费者境外刷卡取现或消费后被盗刷留下了隐患。比如，以下曾出现过的一些芯片卡盗刷案例：王女士持有 H 银行借记卡，于 2015 年 7 月前往中国台湾地区游玩时使用该卡在自动取款机上取现。回我国内地后，2016 年 10 月某一天晚上收到取款的短信提示，立刻拨打 110 电话，并于第二天早晨前往营业网点打印交易流水，显示为在中国台湾地区被取款。王女士认为，自己除在取款机上取款外，从未在网上或其他途径使用该卡，且该卡为芯片卡，安全系数应有保障却仍然发生这种事件可以推定，王女士 2015 年在境外使用该卡取款时，很可能被预先安装的不法设备盗取了卡号、密码等信息，而后"克隆"出伪卡，在王女士账户内有资金时进行盗刷。另有北京的赵先生，其持有的 C 银行国际信用卡也被境外网站盗刷了 759 英镑，该卡也是属于更新换代后的芯片卡。类似案例近年来逐渐增多，由此可以发现，磁条卡的安全性虽然一直广受诟病，但随着盗刷技术的不断升级，以更安全作为卖点的芯片卡也受到了不小的挑战。

导致芯片卡盗刷的原因主要还是我国内地的芯片卡标准与境外标准不同，致使消费者在境外取款、刷卡消费时，被降级交易，存在较大隐患。我国内地目前发行的芯片卡中部分是属于磁条芯片复合双界面卡，这类卡磁条中的信息仍易被盗取，使用该种芯片卡在境外取现时，仍需机器读取磁条卡信息，这为不法分子复制银行卡信息提供了便利，故该问题值得监管部门、银联公司、商业银行、消费者个人共同关注，应推进芯片卡标准的提高和统一，进一步加强卡片安全系数,保障消费者财产安全权。

2. 加快单芯片卡完全替代磁条芯片卡的进程

根据我国银行卡芯片化计划要求,2005年3月13日,人民银行发布第55号文,正式颁发了行业标准《中国金融集成电路(IC)卡规范》(JR/T 0025—2005)(即PBOC2.0),确定了我国银行卡EMV迁移的基本框架。PBOC2.0中允许存在降级迁移的磁条芯片卡,这是受金融IC卡受理环境改造进度及ATM磁条预判等的限制。一方面是因为市场上银行卡受理终端种类较多、数量庞大,有POS和ATM、非现金支付终端、电话支付终端等,改造工作需逐步完成。另一方面,为避免ATM进卡口被非银行卡等异物破坏,在受理银行卡时ATM要进行磁条预判。[①] 随着盗刷技术的升级,磁条芯片卡安全性不够高的缺点就暴露了出来,为此,2013年2月5日,央行正式发布了PBOC3.0规范,该规范删除了降级迁移的磁条芯片卡,即要走完全迁移的路线,磁条芯片卡复合卡将逐渐消失,单芯卡片将成为主流。各金融机构应当在PBOC3.0规范的指引下,加快推进单芯片卡替代磁条芯片卡的进程。

3. 推动中国芯片卡标准在境外的普及

中国支付行业处于高速拓展与高速增长时期,越来越多的消费者对境外消费的支付安全提出了更高的要求与期望,推动中国芯片卡标准在境外普及不仅有利于促进我国和其他国家、地区支付产业的合作,也有利于惠及亚太居民的跨境支付。推动芯片卡标准在境外的普及应当包括国家的普及与产业的普及。2016年10月,银联宣布与亚洲支付联盟(Asian Payment Network,APN)7家会员机构达成芯片卡标准授权合作,新加坡、泰国、韩国、马来西亚、印度

---

① 王雪玉:《央行:单芯卡片将成为金融IC卡唯一标准》,载《金融科技时代》,2012(11),第2页。

尼西尼、菲律宾等国家的主流转接网络将把银联芯片卡标准作为受理、发卡业务的技术标准。① 这有利于亚太区域形成互联互通的支付网络，消费者在这些国家使用芯片卡消费时，不必担心因国内外标准不一致而导致的交易安全的降级问题，且通过在境外普及中国芯片卡标准也能促使某些仍使用磁条卡的行业进行更换升级，进而保护消费者的信息安全。

(三) 尝试推行银行卡盗刷险

除技术升级之外，也可以尝试为相应风险投保，起到分担损失、提高纠纷解决效率的作用。如平安银行就率先尝试推行了银行卡盗刷险，由银行先向保险公司购买盗刷险，然后以赠送的方式提供给客户。对四种情形可进行赔付，包括：银行卡因被他人盗刷、复制而导致的资金损失；银行卡被他人在银行柜面及 ATM 机器上盗取或转账导致的资金损失；网银账户被他人盗用导致的资金损失；客户在被歹徒胁迫的状态下，将银行卡或网银账号及密码透露给他人导致的资金损失。

但在实践中，有关保险合同的免责条款、保费的负担方式等具体问题，仍需进一步探索。关于保费的负担，是参照平安银行将盗刷险作为赠送产品全部由银行负担；还是由持卡人自愿购买并负担费用；还是要求银行与持卡人按一定比例分担并进行统一规定，应从更多实践经验中加以总结。而关于免责条款，一些银行卡盗刷险可能规定了如下免责事由不进行赔付：被保险人将银行卡交予家庭成员以外的人保管而被盗用；非实名的银行卡被盗用；伊拉克、利

---

① 牛娟娟：《银联技术标准走出去再获新进展——新增亚太六国转接机构使用银联芯片卡标准》，载《金融时报》，2016 年 10 月 13 日，第 001 版。

比亚等国家不在其保险范围内等。① 如果因为被盗刷事实难以认定，或因为免责条款过多而使持卡人最终很难获得赔付的话，这一险种就很难发挥其预期的作用。在实践中建立相应制度的过程中，考虑到金融消费者与金融机构的不平等性等情况，应遵循权利倾斜配置的基本原则，探索有利于金融消费者权利保障的银行卡盗刷险机制。

（四）建立事前防范和排查机制

在制造伪卡进行盗刷的犯罪中，一些犯罪分子在资金盗取前，会有在 ATM 或其他终端机具上多次查询余额或试密码的行为。因此，针对这种短时间内有多次查询余额、试密码的异常行为，银行可设置自动短信发送至持卡人手机，确认是否本人操作，如果持卡人回复非本人操作，则同时授权银行暂停此卡的交易行为。若出现此异常情况，银行应收集进行异常操作的终端信息，定时汇总，以便在公安机关侦查已发生的银行卡盗刷案件时作为辅助线索。

（五）出台司法解释，促进裁判统一

由于对银行卡盗刷案件的多方面理解不同，实践中出现了许多同案不同判的现象。因此出台相应的司法解释，对相关问题进行统一的明确与细化，有利于增强司法判决的统一性。在司法解释中，应规定"受理和管辖、举证责任、权利及抗辩、法律适用、法律责任"等内容。② 比如对银行的安全保障义务加以明确，规定其应采取的防范措施；以及举证责任方面，明确疑似密码泄露的举证责任由银

---

① 《投保盗刷险首选"跟人"型产品》，http://finance.ifeng.com/a/20131016/10861041_0.shtml，2013 年 10 月 16 日。
② 张韩：《银行卡安全体系的法律保障研究——基于银行卡盗刷案件的视角》，载《福建江夏学院学报》，2013（6），第 60 页。

行承担，同时出于对双方能力、信息的考虑，为实现公平，将银行是否尽到安全保障义务的举证责任也倒置由银行承担；对于盗刷所致损失的责任分担，是由银行承担全部损失，还是由持卡人在一定限额内与银行共同承担，也应有明确的规定。

第二节　中立评估意见：银行卡盗刷事件中的银行提醒义务与处理流程规范

关于消费者余某（刘某）与某银行信用卡中心信用卡盗刷纠纷的评估书

消费者余某（刘某）从 2017 年 6 月起，多次通过人民银行 12363 热线投诉某银行信用卡中心，要求其承担信用卡盗刷责任，并对相关投诉处理人员进行查处。

2017 年 10 月 24 日，上海市金融消费纠纷调解中心接受委托对本次纠纷进行中立评估。上海市金融消费纠纷调解中心受理此评估事项后，特邀中心中立评估专家对本纠纷开展评估，现将评估结果提供给当事双方，供参考。

一、当事双方

消费者：余某（刘某）（以下单独称"余先生"或"刘女士"，合称"消费者"或"客户"）

银行：某银行信用卡中心（以下有时简称"银行"或"某行"）

二、当事人陈述及证据

(一) 当事人陈述及主张

消费者余先生诉称,其妻刘女士于2016年5月16日接收到号码为9××××、自称是某行信用卡中心的短信,声称经过某行综合信用评估可以给其提升永久额度,并提供了提额操作链接,要求按相应提示进行操作。基于对某行9××××短信平台的信任,客户点击短信中的链接并按照网站的提示填写了相关信息,信息填写完毕后收到了消费短信,一共2笔,金额共计3397.66元(其中17:50一笔1998元,17:51一笔1399.66元)。客户随后联系某行客服报告此事,咨询该怎么办,客服说无须做任何事情,静等消息就好。次日,客户觉得不放心,再次拨打客服电话,客服告知调查结论是卡片被盗刷,客户问是否需要报警,银行这时才说要的,可以去报警。过了半个月,银行打电话告诉客户,此次盗刷责任需要客户全部承担。随后客户与某行多次沟通协调,包括在未破案的情况下申请被盗刷的账单延期、协商被盗刷的责任划分问题等,但被某行一口回绝,某行部分客服和号称处理投诉的工作人员如工号×××还武断地把盗刷责任全部推卸给客户,并说客户对他们的投诉是"欲加之罪何患无辞",遭客户反问后又立即改口不承认,回复客户称处理客户的投诉但却不知道客户投诉的是什么问题。因此,客户认为银行多次无视客户在某行和人民银行平台的投诉,态度极为恶劣。投诉期间,客户坚持每月按最低还款额度还款,目前已基本还清所有被盗刷额度。

余先生(刘女士)诉求:1. 要求银行承担一部分盗刷责任;2. 要求银行返还客户支付的利息和手续费;3. 要求银行返还盗刷

后收取的"用卡无忧"功能费;4. 要求银行对当初处理投诉的两名员工进行查处。

余先生(刘女士)陈述理由:

1. 客户使用该信用卡期间,没有收到过银行提醒防范不法分子诈骗的信息,卡片盗刷事件发生后,银行没有尽到提醒义务且其回复存在误导,致使客户丧失通过报案及时追回被盗刷资金的最佳时机;

2. 为不影响自身征信,客户每月坚持按最低还款额度还款,截至投诉时,累计已还3000多元,实际还款数额已接近被盗刷金额;

3. 信用卡遭盗刷后,客户已经申请停用之前开通的"用卡无忧"业务,但银行方面却仍然继续收取其功能费用;

4. 银行相关客服人员在与客户沟通的过程中态度恶劣,"欲加之罪何患无辞"等措辞暴露出银行方面深深的恶意。

银行处理意见:不同意消费者诉求。

银行陈述理由:

1. 经过调查,银行认为,发生信用卡被盗刷的根本原因是客户自己泄露了卡号、有效期、动态验证码等安全敏感信息,因而信用卡信息被不法分子利用,导致发生了两笔三星Pay交易。根据银行信用卡章程及领用合约的相关规定,该损失应由客户自己承担;

2. 经过调听全部客服电话录音,未发现客服与客户沟通过程中有态度恶劣、言语威胁的情形。

(二)证据

消费者为支持其主张,提供了如下证据材料:

证据1:被诈骗时的短信截图。证明客户是因收到"9××××"发送的短信才被骗。

证据2：受案回执和接警证明。证明客户资金被盗。

证据3：两封电子邮件。证明客户就本次纠纷情况向有关方面进行投诉，陈述事发过程，并提出相关主张。

银行为支持其主张，提供了如下证据材料：

证据1：官网发布的用卡指南相关内容（包括安全贴士、安全漫画等）。证明银行进行了电信诈骗安全防范教育和提醒。

证据2：银行短信流水查询单。证明诈骗短信并非银行发送，且事件发生时，银行通过短信进行了提醒。

证据3：官网公布的《某银行信用卡章程》和《某银行个人信用卡领用合约》。证明合约中对信用卡安全管理进行过约定。

证据4：官网公布的"云闪付"申请、激活及消费操作流程。证明客户被人盗刷的两笔消费是需要事先输入动态密码、信用卡卡号、信用卡有效期以绑定设备、激活云闪付，在交易时需输入交易密码。

证据5. 客服电话录音。证明涉案信用卡盗刷事件发生后，银行客服与客户进行沟通的情况。

证据6. 银行关于客户办卡的核查回复，证明客户是通过网络渠道办理的某银行信用卡。

三、案件情况

根据双方当事人陈述及所提交的证据材料，本案基本情况为：2016年5月16日，消费者余先生的爱人刘女士收到了显示为"某银行9××××"短信平台发送的关于可以提升信用卡永久额度的短信。基于对某行9××××短信平台的信任，刘女士点击了短信中的链接并按照网站的提示填写了相关信息，随后即发现自己的信用卡被他人盗刷了2笔资金，累计3397.66元。刘女士随后立即拨打银行客服电话,咨询此事该怎么处理,客服回复说,银行已经记录好,目前,客户无须做什么,静等消息就好。5月17日,刘女士觉得不放心,再次拨打客服电话,客服告知调查结论是卡片被盗刷,客户问是否需要报警,银行说要的,可以去报警。半个月后,银行电话通知客户,由于此次盗刷是因客户自己向不法分子泄露了卡号、有效期、动态验证码、密码等安全敏感信息所致,因此,盗刷的责任需要由客户全部承担,客户需按银行账单提示金额还款。客户为此质疑银行,要求银行至少应该承担一部分的责任,但被银行拒绝。考虑到自身征信问题,在之后的漫长时间里,客户一边投诉,一边主动按照每月账单显示的最低还款额进行还款,截至上海市金融消费纠纷调解中心收案时,客户称自己已总共还款3000多元,该实际还款数额已经接近被盗刷金额。另外,信用卡盗刷事件发生后,客户已经口头向银行提出申请,要求停用之前开通的"用卡无忧"业务。客户还多次拨打过银行客服热线投诉此事,要求银行承担责任,并及时查处其认为态度恶劣的银行员工。但以上问题均未得到圆满解决。从录音听取情况来看,在与客户沟通的过程中,银行客服人员表现良好,未发现有态度恶劣、言语威胁的情形。

四、本案争议焦点

本案争议的问题主要有两个:
1. 盗刷事件本身的责任如何认定(焦点在于银行是否尽到提醒义务,是否应当承担相应的法律责任);
2. 银行后续处理过程中是否存在问题。

五、评估意见

综合双方提供的证据,依据我国相关法律法规的规定,出具评估意见如下：

(一) 就第一个争议焦点而言，消费者及银行（某银行信用卡中心）均有责任

余先生（刘女士）在该起信用卡盗刷纠纷中属于典型的金融消费者，根据某行信用卡章程及领用合约的规定，银行向消费者（客户）制作发行信用卡后，对消费者信用卡账户内的资金负有安全保障义务。根据消费者的陈述及其所提供的证据，表明消费者是在点击了显示为"某银行短信平台9××××"发送的提额短信通知之后才导致信用卡被盗刷的。虽然银行提供的证据显示，银行客观上并未向消费者发过该涉案提额短信通知，消费者所接到的所谓短信通知应是犯罪分子非法利用现代高科技手段（伪基站）所为，但是综合本案情况而言，完全由消费者自己来承担本次盗刷的损失有悖公平及诚信原则。简析如下：

一方面，消费者余先生的妻子刘女士未尽到安全用卡义务，泄露了个人信用卡信息、验证要素、交易密码等敏感信息，应承担一部分责任。刘女士于2013年通过网络渠道申领某行个人信用卡时，应该与银行有签署过电子版的信用卡领用合约，对于合约中所规定的相关内容，包括"信用卡安全管理"方面的内容（详见银行提供的"证据3"：《某银行个人信用卡领用合约》的第五条），应该事先已经有所了解并予以遵守，尽到妥善保管信用卡信息、验证要素、交易密码等敏感信息的安全用卡义务。然而，事发当时，刘女士对其所收到的名为"某银行9××××"短信平台发送的关于可以提升永久信用额度的短信（详见消费者提供的"证据1"：被诈骗时的短信截图），并没有尽到最大的注意义务去分析判断其内容的真实性及其具体来源，而是选择了轻信短信内容，进而根据其中提示直接进入钓鱼网站，并一步步泄露自己的信用卡卡号、信用卡

第二章　银行卡盗刷事件中如何界定发卡机构与持卡人的权利义务及其边界

有效期、交易动态验证码、交易密码等重要信息，最终导致自己信用卡被不法分子恶意利用结果的发生（即发生了2笔三星Pay盗刷交易）。对此不利后果的发生，消费者自身存在一定的过错，应当担负一定的责任。

另一方面，银行未能证明自己已经尽到了足够的安全用卡提醒义务，依法也应承担一定的责任。银行虽然公开发布过个人信用卡领用合约，且其中对于信用卡安全管理过程中银行与消费者（客户）彼此间的权利及义务有过明确的约定（详见银行提供的"证据3"：《某银行个人信用卡领用合约》的第五条），但是，现实生活中，由于普通消费者自身专业知识的固有缺陷，很难做到对层出不穷、花样翻新的各种最新诈骗手段和诈骗伎俩都全天候保有足够清晰、准确的判断能力，不可能完全杜绝一切认识及操作失误的出现。就本次纠纷所涉及的诈骗短信而言，通常情况（即没有事先得到银行等专业机构或专业人士的特别提醒或辅导的情况）下，一般人即便抱有足够的谨慎和小心，也确实很难一下子就判断出其为诈骗短信，加上后续银行所发送的关于交易动态密码的真实短信竟然与诈骗短信出现在同一短信平台下（详见消费者提供的"证据1"：被诈骗时的短信截图，以及银行提供的"证据2"：银行短信流水查询单），就更进一步增大了客户辨识该诈骗短信真伪的难度。西谚有云，"法律不强人所难"。因此，基于《电子银行业务管理办法》（注：其第三十九条第二款规定，"在电子银行服务协议中，金融机构应向客户充分揭示利用电子银行进行交易可能面临的风险。"）及相关法律法规的规定，如果银行不能举证证明自己已经就该类涉案诈骗短信及诈骗内容、诈骗方式等事先进行过适当的告知或特别提醒，则绝不能说自己已经完全尽到了前述信用卡领用合约中所规定的银行方面所应当承担的信用卡安全管理义务或责任。就

53

本次纠纷而言，银行目前所提供的相关证据（注：主要是银行官网所发布的信用卡用卡指南相关内容，包括安全贴士、安全漫画等）显示，事发前，银行确实曾经通过其官网，面向不特定消费者（客户），就电信诈骗安全防范的相关知识及金融消费风险等相关内容进行过必要的提示和提醒，但是，这种提示和提醒信息是否以适当方式供金融消费者余先生（刘女士）确认其已经完整接收到，则现有证据尚不足以证明。据此，结合《中国人民银行金融消费者权益保护实施办法》第十五条（注：该条规定，金融机构对金融产品和服务进行信息披露时，应当使用有利于金融消费者接收、理解的方式。对涉及利率、费用、收益及风险等与金融消费者切身利益相关的重要信息，应当根据金融产品和服务的复杂程度及风险等级，对其中关键的专业术语进行解释说明，并以适当方式供金融消费者确认其已接收完整信息）以及我国民法有关合同格式条款法律效力的相关规定（如《合同法》第三十九条、第四十条等）精神，对于本次信用卡盗刷事件的发生，银行负有一定的过错，应当承担相应的责任。

（二）就第二个争议焦点而言，银行（某银行信用卡中心）后续与客户的沟通工作并非完美无缺

消费者认为，银行在信用卡被盗刷后，没有尽到提醒义务且回复存在误导，导致其丧失了报案及追回盗刷资金的最佳时机，且与银行沟通过程中，银行态度恶劣。而银行方面却认为，其后期沟通处理中并未发现有客服态度恶劣的情形。对此，在认真听完银行所提供的全部客服录音（详见银行提供的"证据5"：客服电话录音）后，本书认为，尽管消费者所述并非完全属实，但银行方面的工作也并非完美无缺，确实还存在某些亟待改进的地方。简析如下：

一方面，银行的态度并非不好，更不是像消费者所说的那样

"态度恶劣"。客观地说,纠纷后续处理过程总共涉及一百多通电话,全部听下来后,并未发现哪一位或哪几位客服的态度是"很恶劣"的。相反,面对消费者余先生(刘女士)的一次次投诉,几乎所有客服都能冷静处理,礼貌应答。所不同者,只是个别客服因为受到消费者的"特别关照"而在某一通或某几通电话里情绪多少有点失控,回答问话时的音调略微偏高或语速略微过快,有时甚至跟消费者抢话筒,由此给消费者带来非常不好的用户感受(或体验)。尽管确实存在这种现象,该问题也确实有待改进,但这跟服务态度恶劣应该是两码事,不宜将二者进行简单等同。至于说客服答复的内容(比如说代表银行所给出的盗刷事件解决方案)总是不能让消费者满意,则更不能说是态度问题,不能把一方(银行)坚持自己立场的行为都认为是态度差,而将放弃原则、委曲求全认为是态度好。

另一方面,银行后续处理过程中确实存在某些过错,由此导致彼此间的矛盾一步步升级。银行客服作为专业的金融从业人员,当消费者咨询时应给予专业、正确的指导,防止损失进一步扩大,而非仅仅服务态度好就可以。如前所述,银行的服务态度其实并不"恶劣",客户被盗刷后与银行沟通的第一通电话,客服的服务态度不仅不恶劣,甚至还可以说是相当地好,有一种让消费者如沐春风的感觉,但却存在过失。本案消费者被盗刷后第一时间寻求银行客服帮助,得到答复竟然是"什么都不用做","静等(银行)消息就好"。一般来说,当消费者自认自己卡片被盗刷并向银行客服咨询处理方案时,提醒消费者立即报警是银行的当然义务,但该客服并未做到这一点,其回复存在明显瑕疵。虽然,不能确定客户一定能通过及时报案追回被盗刷资金,但是,考虑到一般来说报案的黄金时间确实是在盗刷事件刚刚发生之后的数小时,因此,作为专业人员的客服,接到客户咨询电话后首先应该建议的就是及时报警,而不是静等银行内部调查结果。从这一点来说,银行第一位客服的服务水平确实还有待提高。本来,对于被盗刷资金的损失该由谁来承担这个问题,从电话沟通内容来看,消费者的心理最初是忐忑的、不安的,是不确定的。但是,客服的回答却给了她一种非常明确的暗示,即银行应该或可能会替其埋单,否则不会让其什么也不做只要耐心等待银行处理结果就好。此外,消费者后续投诉过程中,由于银行内部工作流程等方面的失误,有些客服人员因为事先并不清楚事情的原委,接通投诉电话后也未及时浏览过往通话记录,导致沟通时一遍又一遍地让消费者重复相同的投诉内容,套用消费者的话来说就是,"(客服)回复客户称处理客户的投诉但却不知道客户投诉的是什么问题,多次无视客户在某行和人行平台的投诉,态度极为恶劣"。如果银行工作人员的服务水平更专业一些,这些尴尬局面的出现,其实是可以避免的。

(三)评估结论:银行承担的责任份额应当不少于消费者承担的份额

综上所述,对于本次信用卡盗刷事件所带来的资金损失,从公平、公正及诚实信用的原则出发,(1)消费者和银行应当各自承担一定的责任,但是,相比较而言,银行承担的份额应当不少于消费者承担的份额,相关利息及手续费损失双方也应当比照该原则进行分担处理;(2)关于盗刷事件发生后银行收取的"用卡无忧"功能费返还问题,由于客服录音显示客户早就已经提出过取消申请,因此,银行应该没有理由再行收取,所收取的费用应全额退还消费者;(3)关于银行是否须处分相关客服工作人员,则属银行内部事务,消费者无权过问。

六、该纠纷的启示

本次纠纷中,消费者对于银行工作人员的服务质量及服务态度均存在不满,如没有尽到必要的安全保障提醒义务导致消费者卡片被犯罪分子盗刷,客服人员没有及时、专业地处理投诉耽误了消费者追回损失的最佳时机等。针对该等问题,银行一方面要把金融消费权益保护的理念贯彻到一线的全体员工,通过有效的服务管理切实提升员工尤其是一线员工的服务意识水平;另一方面要苦练内功,不断提升员工的专业服务技能,持续改善客户的消费体验,积极主动地满足客户的核心诉求,即个人金融资产的保值增值。为此,银行要不断提高业务团队的专业服务能力、资产管理能力和风险控制能力,最大限度地保障客户的金融消费受益权,同时要促使员工向专家型转变,培育一批理财专家、私人银行家,以为客户提供更多更好的专业服务,一步步提升银行的市场份额。

附:相关法律规定

一、《电子银行业务管理办法》

第三十九条 金融机构应当与客户签订电子银行服务协议或合同,明确双方的权利与义务。

在电子银行服务协议中,金融机构应向客户充分揭示利用电子银行进行交易可能面临的风险,金融机构已经采取的风险控制措施和客户应采取的风险控制措施,以及相关风险的责任承担。

二、《中国人民银行金融消费者权益保护实施办法》

第十五条 金融机构对金融产品和服务进行信息披露时,应当使用有利于金融消费者接收、理解的方式。对涉及利率、费用、收益及风险等与金融消费者切身利益相关的重要信息,应当根据金融产品和服务的复杂程度及风险等级，对其中关键的专业术语进行解释说明，并以适当方式供金融消费者确认其已接收完整信息。

三、《合同法》

第三十九条　采用格式条款订立合同的，提供格式条款的一方应当遵循公平原则确定当事人之间的权利和义务，并采取合理的方式提请对方注意免除或者限制其责任的条款，按照对方的要求，对该条款予以说明。

格式条款是当事人为了重复使用而预先拟定，并在订立合同时未与对方协商的条款。

第四十条　格式条款具有本法第五十二条和第五十三条规定情形的，或者提供格式条款一方免除其责任、加重对方责任、排除对方主要权利的，该条款无效。

第五十二条　有下列情形之一的，合同无效：

（一）一方以欺诈、胁迫的手段订立合同，损害国家利益；

（二）恶意串通，损害国家、集体或者第三人利益；

（三）以合法形式掩盖非法目的；

（四）损害社会公共利益；

（五）违反法律、行政法规的强制性规定。

第五十三条　合同中的下列免责条款无效：

（一）造成对方人身伤害的；

（二）因故意或者重大过失造成对方财产损失的。

四、《最高人民法院关于适用〈中华人民共和国合同法〉若干问题的解释（二）》

第十四条　合同法第五十二条第（五）项规定的"强制性规定"，是指效力性强制性规定。

第三章　金融机构开展业务时的告知义务分析

金融消费者的知情权是指金融消费者在进行金融产品交易之前、之中及之后所享有的要求金融机构向其全面、准确、及时、透明地披露有关信息的权利。知情权的保护一方面是金融消费者与金融机构权利义务关系的体现，另一方面则是追求公平正义价值的体现。[①] 我国《消费者权益保护法》第八条规定："消费者享有知悉其购买、使用的商品或者接受的服务的真实情况的权利。"但是，由于金融消费者与金融机构之间的信息不对称问题以及专业性差异等因素，实践中金融消费者知情权受侵犯的情况时有发生。

 金融消费权益保护舆情典型案例

【案例1】某银行员工误导销售致巨亏　买保本理财变成分级基金[②]

2015年6月2日，张女士来到某银行购买理财产品。据张女士所说，在银行购买保本理财产品过程极其简单：将卡递给客服经理、输入银行密码，便完成了购买理财这一"大事"。在购买理财约4个月后，张女士才发现当时明确指出要购买的保本理财，如今

---

① 彭真明、殷鑫：《论金融消费者知情权的法律保护》，载《法商研究》，2011（5），第12页。

② http://www.henan100.com/finance/2017/691352.shtml，2017年3月10日。

竟成了分级基金，8万元的本金，亏损高达一半。据张女士银行账户流水显示，银行客户经理所买的是某基金，是紧密跟踪股票市场某一指数的分级基金。从6月15日起，受股市波动影响，该基金追踪的指数一路暴跌。2016年12月底张女士赎回基金，在扣除赎回费之后，最初的8万元只剩下43892元，亏损高达45%。业内人士分析，分级基金母基金普遍为指数型基金，具有高风险高收益特征，适合具备较强风险承受能力以及对市场有一定把握能力的投资者。该投资经理除了在擅自操作上明显不合规，其所投产品与投资者的理财初衷以及风险偏好也明显不匹配。

【案例2】租房变网贷还上了央行征信　某消费金融公司背后"搭桥"？①

央广网2017年12月27日报道，多名租客通过房屋中介机构租房，所交纳的房租却在不知情的情况下"被网贷"变为消费贷款。调查发现，某消费金融公司作为分期平台"分付君"的"资金提供方"，租客通过"分付君"申请"贷款"将房租一次性交付给资金"受托方"房屋中介；某消费金融公司将上述贷款录入央行征信系统。有舆论认为，某消费金融公司对贷款租客应当尽到告知义务。也有舆论认为，某消费金融公司将亿元贷款提供给房屋中介，易形成资金池，隐患大。该舆情反映出社会公众对个人信用、网络贷款以及消费者知情权的高度关注。

---

① http://finance.cnr.cn/gundong/20171226_524077349.shtml，2017年12月27日。

第一节 法理分析:"飞单"销售中的行为定性及责任分析

一、问题的引出

随着我国经济持续快速增长,居民的收入得到迅速提高,理财与投资意愿不断增强,使我国理财市场呈现出蓬勃发展之势。但同其他成熟市场国家相比,我国理财市场起步较晚、相关法律法规也相对滞后。一方面,投资人(投资者)在受到不恰当的引导或者盲从的情况下倾向于单纯地追求高收益,对自己购买理财的行为没有尽到合理的注意义务,对签署的理财合同文本往往也不了解其中的权利和义务。另一方面,商业银行的内控制度不够完备和严格,在执行上也会流于形式,银行内部员工可能会受利益的驱使,利用手上的优质客户资源,以银行的名义私自销售理财产品,导致近年来银行"飞单"事件频发。

下述 A 银行"飞单"案,发生在 2012 年底,时间较早,是银行业员工私售"飞单"造成纠纷并爆发的首个完整案例,在行业内和社会上都掀起了讨论。2011 年 11 月起,A 银行陆续销售了四期"理财产品",募集期共半年,计划筹资超过 1.5 亿元,实际出售 1.19 亿元。后该 4 期"理财产品"均无法兑付,A 银行通告投资人:该产品不属于该行销售的产品,该行也没有销售过该款理财产品。购买客户纷纷来到银行要求银行履行合同约定,兑付认购协议中的承诺。① 此后银监会发了一系列文件加强对理财产品的销售监管，但银行"飞单"销售并没有终结，先后又爆出甲银行767万元飞单案，② 乙银行员工私售理财产品案③以及丙银行30亿元"飞单"案④等案件。

【案例】A 银行"飞单"案

2011年11月起，原A银行高级业务经理濮某陆续向客户销售名为"北京B投资中心（有限合伙）入伙计划"的理财产品。该理财产品共四期，管理人均为C资产管理公司（以下简称"C"），担保方为D投资担保有限公司（以下简称"D"）。四期募集期共半年，计划筹资超过1.5亿元，实际出售1.19亿元。

四期产品中，2011年11月的第一期募集4000万元，投资于河南省商丘市E典当有限责任公司的股权；同年12月，第二期募集2000万~2500万元，投资于河南郑州F汽车销售服务有限公司（马自达4S店）的股权；2012年初的第三期募集5500万元，投资于河南省G汽车销售有限公司（奥迪4S店）的股权；2012年3月第四期募集3500万~4000万元，投资于河南H文化娱乐投资有限公司的装修。自然人认购金额门槛分50万元、100万元和300万元三档，相应承诺11%、12%和13%三档预期收益率。据投资者统计的名单显示，合同投资者约80人——但实际上，很多投资人达不到门槛，一般都是几位到十几位亲戚、朋友和同事凑单购买。

"B系列"理财产品的第一期按计划应于2012年11月25日到期兑付。但2012年11月26日，销售该产品的濮某告知投资者们，

---

① http://finance.qq.com/a/20121207/006375_all.htm#page1，2017年4月26日。
② http://news.xinhuanet.com/legal/2015-07/15/c_128023337.htm，2017年4月26日。
③ 陈颖婷：《亿元理财产品血本无归 银行"飞单"谁之过》，载《上海法治报》，2016-01-18，第A02版。
④ http://www.gold678.com/dy/A/1090136，2017年4月27日。

产品有问题,如果希望挽回损失可以自费聘请律师。投资者们拒绝聘请律师,直接找到 A 银行,但交涉无果。2012 年 11 月 28 日,首期产品的客户联系了其他三期的客户告诉他们产品可能无法兑付。

2012 年 12 月 2 日,A 银行发出公告称"北京 B 投资中心(有限合伙)入伙计划"不是本行理财产品,本行也从未代销过该产品。"B 系列"理财产品的合同上,托管账户一栏写的是"北京 B 财富投资中心(有限合伙)",而非 A 银行。濮某目前也已经离职。

2012 年 12 月 3 日,A 银行方面与 10 位投资者代表面谈,A 银行方面承认,银行在管理上确有疏忽。希望投资者给银行两个月时间进行调查,寻找一个双方都认可的解决方案。投资人则要求银行书面承诺两个月内拿出方案,还要求归还全部本金,A 银行未能接受。①

2013 年 1 月双方经商讨达成赔偿协议。1 月 10 日至 11 日,投资者陆续在协议上签字。14 日,投资者到 A 银行领取了支票,拿回了全额本金。在赔偿协议达成后,A 银行当场向这些投资者提出,银行可让他们认购一年收益 6% 的内部理财产品,作为对他们的补偿,想购买的投资者当场就可以把钱转过去,希望客户继续把钱放在银行。但客户都纷纷拒绝。② 至此,该案件的民事部分基本得到解决。

本案还有案中案,2011 年 9 月至 10 月,王某、李某分别受聘担任 C 的总经理、副总经理。同年 10 月至 12 月,王某等人先后在 C 的负责人魏某的安排下注册成立了北京 B 财富投资中心、北京 B 迅捷投资中心和北京 B 财富通航投资中心三家有限合伙企业,以吸

---

① 陈颖婷:《亿元理财产品血本无归 银行"飞单"谁之过》,载《上海法治报》,2016 – 01 – 18,第 A02 版。

② http://finance.caixin.com/2013 – 01 – 22/100485018.html,2017 年 5 月 14 日。

收有限合伙人出资入伙的名义分别对商丘市 E 典当有限责任公司、郑州 F 汽车销售服务有限公司、河南省 G 汽车销售有限公司以及河南 H 文化娱乐投资有限公司四个投资项目进行股权投资。王某还联系了 D 担保对上述四个项目出资人的本金和约定收益进行担保。A 银行濮某销售的"B 系列"理财产品即上述"入伙计划"。然而 C 的魏某为募集资金填补巨额亏空而设立，设立后主要从事涉案犯罪活动，上述四个投资计划也并不存在。投资项目的相关情况投资人完全不知情，A 银行濮某也是在第一期产品快到期时才得知资管人已经倒闭。法院最后认定该案非法吸收公众存款罪成立，因与本文无关在此不做详细分析。①

二、案例分析

（一）"飞单"理财产品销售中存在的问题

1. 风险提示缺失

《商业银行理财产品销售管理办法》（中国银行业监督管理委员会令 2011 年第 5 号）第 17 条规定：理财产品宣传材料应当在醒目位置提示客户，"理财非存款、产品有风险、投资须谨慎"。按照银监会的要求，商业银行本行开发设计的理财产品：保证收益理财产品风险揭示应当至少包含以下表述："本理财产品有投资风险，只能保证获得合同明确承诺的收益，您应充分认识投资风险，谨慎投资"；保本浮动收益理财产品的风险揭示应当至少包含以下表述："本理财产品有投资风险，只保障理财资金本金，不保证理财收益，

---

① 王文明非法吸收公众存款二审刑事判决书（2013）沪二中刑终字第 726 号，2017 年 5 月 14 日，http://www.itslaw.com/detail?judgementId=84ca544b-21c7-4dd8-b45f-ae0ff6b9d8b0&area=1&index=2&sortType=1&count=2&conditions=litigant%2B1993654%2B1%2B。

您应当充分认识投资风险,谨慎投资";非保本浮动收益理财产品的风险揭示应当至少包含以下内容:本理财产品不保证本金和收益,并根据理财产品风险评级提示客户可能会因市场变动而蒙受损失的程度以及需要充分认识投资风险,谨慎投资等内容。

而代销理财产品的风险提示程度,往往依赖代销产品本身的规定,如保险产品、信托产品、基金产品等。"飞单"产品本身来路不明,也以引诱客户购买为目的,风险提示环节必然是缺失的。A银行案"B系列"理财产品《B系列一号股权投资计划书》,没有任何风险提示内容。在某银行案中,张某及相关工作人员向投资人推荐称,该产品保本保息,因"原投资人急于回款,愿意放弃利息,一年期产品原本年化收益率4.2%,还有半年到期,相当于年化8.4%的回报"。

2. 银行内控管理存在漏洞

根据中国人民银行2014年修订的《商业银行内部控制指引》第六条:"商业银行应当建立健全内部控制体系,明确内部控制职责,完善内部控制措施,强化内部控制保障,持续开展内部控制评价和监督。"第七条:"商业银行应当建立由董事会、监事会、高级管理层、内控管理职能部门、内部审计部门、业务部门组成的分工合理、职责明确、报告关系清晰的内部控制治理和组织架构。"第十四条:"商业银行应当建立健全内部控制制度体系,对各项业务活动和管理活动制定全面、系统、规范的业务制度和管理制度,并定期进行评估。"第二十七条:"商业银行应当建立贯穿各级机构、覆盖所有业务和全部流程的管理信息系统和业务操作系统,及时、准确记录经营管理信息,确保信息的完整、连续、准确和可追溯。"第三十四条:"商业银行内部控制评价是对商业银行内部控制体系建设、实施和运行结果开展的调查、测试、分析和评估等系统性活动。"第四十三条:"商业银行内部审计部门、内控管理职能部门和业务部门均承担内部控制监督检查的职责,应根据分工协调配合,构建覆盖各级机构、各个产品、各个业务流程的监督检查体系。"商业银行内部控制的框架必须包含五个要素:内部控制环境,风险识别与评估,内部控制措施,信息交流与反馈,监督评价与纠正。①

A银行案中,客户在购买"B系列"理财产品时,整个购买过程都是在银行网点完成的,购买时间也是工作时间,客户向银行官方客户咨询银行是否在销售"B系列"理财产品时,得到的答案也是肯定的。无论濮某销售"B系列"理财产品是银行默许还是如银行公告所说,"北京B投资中心(有限合伙)入伙计划"不是本行理财产品,本行也从未代销过该产品。A银行在该理财产品销售的前后一年多时间里内控制度管理是存在漏洞的。而某银行案则表现得更加明显,支行行长带头销售"飞单"产品。《中国某银行理财产品转让协议》上盖有"某银行支行储蓄业务"的公章,但却要求转让款由"新投资者"直接打到"原投资者"个人账户中,该公章的真实性还在调查中,可能涉嫌私刻公章,若确定为实,则行为人除了承担相应的民事责任以外,还触犯了《刑法》第二百八十条第二款的伪造企业印章罪,依法应当判处三年以下有期徒刑、拘役、管制或者剥夺政治权利,并处罚金。

(二)"飞单"事件发生的原因

1. 销售"飞单"产品利益驱使

在传统银行业务无法满足银行的盈利要求的背景下,商业银行

---

① 李若山、吴锐:《审计与理财》,2010(1),第10页。

希望通过"影子银行"业务获得利润,通过前期调查研究开发设计理财产品进行销售,再将募集到的资金投入金融市场,可从中获得一定的收益。第三方理财产品因其资金来源广泛,并且给商业银行带来可观的差额收益备受青睐。[①] 而一些希望脱离监管和银行内控制度管理的"飞单"产品也应运而生,银行销售人员私售第三方理财产品往往是受高额佣金回报诱惑,某银行案中,银行销售人员濮某即获利186万余元。然而收益越高风险越大,"飞单"理财产品的投资风险最终转嫁给了对此并不了解的投资者,"飞单"事件案发后,银行销售人员也因此获刑。

2. 投资者金融素养有待提高

投资者在接收金融产品和服务时往往过于依赖和信赖银行销售人员,比起自己所签署的理财产品销售合同、某某入伙计划等,更加信赖银行销售人员的口头承诺。但不可否认的是,银行理财产品销售人员的营销能力过于强大,客户往往被其引导或者诱导而不重视自己签署的合同。很多购买"飞单"理财产品的都是理财经理的老客户,对理财经理完全信赖,在其指导下完成产品的购买过程。

也有一些客户对收益和风险成正相关等基础的金融知识缺乏概念,对高出银行正常理财产品收益一倍多的"飞单"产品没有抵御能力,存在跟风、从众心理等行为偏差,仅仅因为"大家都在买""银行内部人员也在买"等传闻,就降低警惕,忽视了高风险与高收益之间的关联,过分强调高收益,最终造成重大损失。

三、理论探讨

商业银行工作人员私售"飞单"案中,争议焦点主要有两个:

---

① 冒丁丁:《H银行"飞单"事件案例分析》,辽宁大学硕士学位论文,2016年,第15页。

一是商业银行工作人员销售"飞单"的行为如何认定，是员工个人行为还是构成表见代理或者职务行为。二是销售"飞单"人员和商业银行在案件中应当承担什么样的法律责任。

(一) 商业银行工作人员销售"飞单"的行为如何认定

1. 销售"飞单"的行为是否构成表见代理

关于表见代理，《合同法》第四十九条有比较明确的表述，"行为人没有代理权、超越代理权或者代理权终止后以被代理人名义订立合同，相对人有理由相信行为人有代理权的，该代理行为有效。"《民法总则》第一百七十二条采纳了《合同法》第四十九条的表述。表见代理的四个构成要件：第一表见代理人不具有代理权；第二无权代理人存在有权代理的假象；第三相对人应当为善意且无过失；第四相对人与无权代理人完成民事法律行为。

在A银行案中，表见代理的第一和第四个构成要件显然是符合的。第二个构成要件，即无权代理人存在有权代理的假象，可以从濮某销售理财产品的时间、地点等因素综合判断。如产品的销售期限很长，并非趁行长出差偷偷进行销售。濮某作为A银行的高级理财经理、个人业务部负责人，是在上班时间、上班地点向客户推荐产品，该款产品前前后后加起来共四期，银行将近一年的时间都在进行销售，作为支行行长的领导都购买了产品等。基本可以确定无权代理人存在有权代理的假象。

比较有争议的是第三个构成要件，即相对人是否为善意。笔者认为，民法上的善意是指，行为人在从事民事行为时，不知道或无法知道其行为缺乏法律依据，而认为其行为合法或其行为的相对人有合法权利的一种主观心理状态。有观点认为作为特定金融产品的投资人，应具有相应的知识储备和风险承受能力，当慎重做出购买何种的理财产品的决定。"B 系列"理财产品收益比正常理财产品高出一倍多,投资者没有尽到合同审查的义务,存在过失,不应当认定为善意。① 笔者认为投资人是否为善意且无过失要结合具体的案件事实,但是金融产品相对复杂,具有一定的特殊性,应当对消费者适当倾斜保护,从本案的情况看让投资人甄别理财产品的真实性存在一定困难,由此可以认定相对人为善意。

某银行案中,表见代理的构成要件更加明显,投资者在购买"×资产管理保本第 176 期"产品时需签署《中国某银行理财产品转让协议》。转让协议盖有"某银行支行储蓄业务"的公章。某银行还以付款方为甲方、收款方为乙方、某银行为丙方的方式,签订了《交易资金监管协议》;约定丙方对产品转让方,即收款方账户进行监管冻结,确保该产品到期后本金及收益划转给付款方。购买"转让理财产品"时,还进行了"双录"。该"飞单"产品经过如此包装,足以让投资者认为某银行有权代理该款理财产品,销售人员的行为都是"合法"的。应当可以判断张某等的行为构成表见代理。

2. 销售"飞单"的行为是否构成职务行为

对于职务行为,《民法通则》第四十三条规定,"企业法人对它的法定代表人和其他工作人员的经营活动,承担民事责任"。《民通意见》第五十八条也规定,"企业法人的法定代表人和其他工作人员,以法人名义从事的经营活动,给他人造成经济损失的,企业法人应当承担民事责任"。《民法总则》第一百七十条规定,"执行法人或者非法人组织工作任务的人员,就其职权范围内的事项,以法人或者非法人组织的名义实施民事法律行为,对法人或者非法人

---

① 敖苒:《商业银行"飞单案"法律问题研究》,西南交通大学硕士学位论文,2016 年,第 16 页。

组织发生效力。法人或者非法人组织对执行其工作任务的人员职权范围的限制，不得对抗善意相对人"。对职务行为的认定主要有两个要素：一是名义要素，需以法人或者非法人组织的名义对外从事民事活动；二是职权要素，企业法定代表人或其他工作人员的活动需在职权范围内，但对范围的限制不应当对抗善意相对人。[1]

职务行为中，法人或非法人组织与在其中工作的工作人员不是平等主体，职员以法人或非法人组织的名义对外从事民事活动不一定需要法人或非法人组织的专门授权。同时也不能认定职员在规定职责以外的行为就都是个人行为，这是法人或非法人组织内部的约定，不应当对抗善意相对人。在这个意义上职务行为可分为两类：一类是法定代表人、其他组织的负责人或其他工作人员为了单位的利益，实施了职权以内的行为。另一类是法定代表人、其他组织的负责人或者其他工作人员实施了职权以外的行为，如果相对人有理由相信且善意无过失的，后果也直接由法人负责。

A 银行案中，首先要判断濮某是否是以银行的名义销售"B 系列"理财产品。在 A 银行一案中，投资者向财新记者出示了一张屏幕截图的复印件：2012 年 11 月 26 日 21 时许，投资者在 A 银行官方网站向客服询问"B 投资是不是你们银行的理财产品？"一分钟后，客服回答说："您好，是我行代销的。"部分投资者确认，是大堂经理徐某将他们领进了贵宾理财室。"我本要买一个 A 银行自己的产品，利息是 5.8%。单子都填好了放在柜台上，大堂经理看到我要买 110 万元，就说贵宾理财室里面有个 12% 收益率的产品销售，100% 无风险。"[2] 由于本案没有进入法律程序，诸如此类证据

---

[1] 曹治国，王瑜芳：《再论一般职员职务行为的效力认定——从〈民法通则〉第43条到〈民法总则〉第170条》，《华北电力大学学报（社会科学版）》，2018（1），第74—75页。

[2] 陈颖婷：《亿元理财产品血本无归 银行"飞单"谁之过》，《上海法治报》，2016-01-18，第A02版。

如果属实并被法院采纳，可以确定为濮某是在以银行的名义代销该款产品。

其次判断濮某的行为是否在其职权范围内或者虽不在职权范围内，但是相对有理由相信该行为是其职权范围内的行为。根据 A 银行的公告，濮某的行为显然不在其职责范围。但是根据涉案员工濮某的丈夫许先生的表述，产品的销售期限很长，并非趁行长出差偷偷进行销售，"濮某作为 A 银行的高级理财经理、个人业务部负责人，是在上班时间、上班地点向客户推荐产品，该款产品前前后后加起来共四期，银行将近一年的时间都在进行销售，作为支行行长的领导都购买了产品"。凭此，投资者有理由相信濮某并非"私自"销售该理财产品，而是代表 A 银行在进行销售。

有观点认为，认定职务行为还应当确定员工的行为是为了法人或非法人组织的利益，如果法人或非法人组织没有从中获利就不应当认定职务行为。如果确认濮某的行为是职务行为，那么银行就构成单位犯罪。[1] 笔者认为以上观点值得商榷，认定职务行为的最终目的是确认"对法人或者非法人组织发生效力"，以侵权为例，现代国家一般都认可雇用人侵权责任制度，即雇用人对受雇人因执行职务所加于客户的损害应负赔偿责任。法人或者非法人组织对执行其工作任务的人员职权范围的限制，既然不得对抗善意相对人，那么也不能保证其一定对法人或非法人组织有利。依据职员不妥当的或违法的职务行为直接推导出法人或非法人组织构成单位犯罪的逻辑也不能够成立。

对某银行案的分析基本同上，同时该案中支行的行长也参与销售，可以更加容易判断为职务行为，本文不再详述。

---

[1] 周亚洲：《某银行"飞单"案件评析》，湖南大学硕士学位论文，2014 年，第 15 页。

(二)"飞单"案中的责任承担

目前,银行销售的理财产品一般有自营与代销两种。一般情况下,若银行销售的是自营的理财产品,那么银行与消费者之间直接形成理财产品买卖合同关系,双方应各自履行该合同项下的义务。若银行销售的是代销的理财产品,此时,银行与理财产品的实际供应商之间构成委托代理关系,理财产品的实际供应商与消费者之间形成理财产品买卖合同关系。因此,正常情况下,银行要么承担合同相对方的责任,要么承担委托代理关系下代理人的责任。但是在"飞单"案中,有的是银行职员代售了伪造的理财产品,有的则是银行职员自己虚构、伪造了理财产品并进行转让,此时,不能直接依常规情形,判断银行承担合同相对方或是代理人的责任,在此种情形下,银行也不能置身事外。一则银行负有对职员的监督管理义务,二则如果认为该等行为是银行职员的个人行为,银行不负有赔偿责任,那么将会严重损害投资人(消费者)的利益。

根据前文论述的表见代理或是职务行为的相关理论与法律规范,可以较为明确地界定银行在该等情况下的责任。

1. 基于表见代理理论的责任承担

《合同法》第四十九条规定,"行为人没有代理权、超越代理权或者代理权终止后以被代理人名义订立合同,相对人有理由相信行为人有代理权的,该代理行为有效。"《合同法司法解释(二)》第十三条规定,"被代理人依照合同法第四十九条的规定承担有效代理行为所产生的责任后,可以向无权代理人追偿因代理行为而遭受的损失。"

在某银行案中,根据表见代理的相关法律规范,虽然理财产品是银行职员伪造的,但是只要投资人有理由相信该理财产品是商业银行发行或保障的而进行购买,即使银行未对职员进行授权,职员的行为也构成表见代理,投资人可主张有权代理的效果,银行应对投资人承担责任。同时,根据司法解释的规定,银行在承担了有效代理行为所产生的责任后,可以向相关职员进行追偿。

而在 A 银行案中,濮某的行为虽然可以构成表见代理,但其代理的实际上是 C 资产管理公司伪造的产品,以此逻辑追究银行的责任不妥,可通过职务行为理论分析银行责任。但濮某本身也应当为代销行为负责,该案的刑事部分最终认定濮某为共同犯罪。法院认为,作为银行或专业金融从业人员,理应知道正规、合法的理财产品所涉及的法律规定,并予以遵守。从这个案件可看出,只要理财产品的设立是非法的,一旦出现风险时,从生产到销售的各个环节,都可能被追究刑事责任。①

2. 基于职务行为理论的责任承担

现代国家一般都认可雇用人侵权责任制度,即雇用人对受雇人因执行职务所加于客户的损害应负赔偿责任。追究雇用人责任的主要理由,如台湾法学家王泽鉴所言,是"雇用人因雇用他人扩张其活动,其责任范围亦应随之扩大"。英美判例法更是直接采用"归责于上"理论。② 我国《侵权责任法》第三十四条第一款规定,"用人单位的工作人员因执行工作任务造成他人损害的,由用人单位承担侵权责任"。《民法通则》第四十三条规定,"企业法人对它的法定代表人和其他工作人员的经营活动,承担民事责任"。

雇用人侵权责任制度的本义,雇用人应当承担合理挑选以及监督和管理雇员的责任。"飞单"事件频发,暴露出银行内控制度存在问题,银行责任无从推卸。如果从无过错责任的严格意义上讲,

---

① 刘振盛:《21 世纪经济报道》,2014 年 4 月 25 日,第 011 版。
② 王红一:《"飞单"事件中的银行责任》,载《检察日报》,2014-12-31,第 007 版。

让银行承担责任的条件，只要投资者有理由相信银行员工所为是"执行工作任务"即可，《民法总则》对此也做出了明确的规定。当然，银行在承担了对投资人的侵权责任以后，同样可以对职员行使追偿权。

四、结语——兼及"飞单"现象的规制

明确理财产品销售者、购买者、产品开发者之间的责任分配是金融市场健康发展的必然要求。银行通常认为投资者在理财产品买卖合同中签了字，那就要严格遵守"买者自负"，因为签字体现了投资者的真实意思表示。但金融产品有其复杂性和特殊性，金融机构和金融从业人员很容易利用自身在知识和信息上的优势，误导消费者购买不合适的理财产品，甚至虚构、伪造或者销售虚构、伪造的理财产品，"买者自负"应当建立在"卖者尽责"的基础上。笔者认为银行工作人员销售"飞单"的行为，可以构成表见代理，也可以认定为职务行为。但在追究责任时，笔者更倾向于将此行为认定为职务行为追究银行的侵权责任。

此外，结合上文对于银行"飞单"现象的原因和责任等问题的分析，笔者认为可以从国家、银行和个体等不同层面探讨对于"飞单"现象的规制路径，从而减少和防止此类事件的发生，保障各方权益，实现对金融消费者知情权的进一步保护。

国家层面而言，要根据实践中出现的新问题，及时颁布指导性法律文件，进一步完善相关的法律法规和司法解释，做到有法可依，为行政执法、司法实践提供具体的依据，促进"飞单"问题相关权利义务和责任的厘清，加强法律法规的可适用性。同时强化监管制度建设和责任追究，维护良性金融生态圈。对飞单行为一经查实，就应加大处罚力度，对相关责任人和一线员工做出追究相关责

任、禁止行业进入等处罚措施。另外，为规范银行自有理财及代销业务行为，有效治理误导销售、私售"飞单"等问题，银监会于2017年3月30日下发了《关于开展销售专区"双录"实施情况专项评估检查的通知》（47号文），对银行销售专区"双录"实施情况开展专项评估检查。与此同时，银监会高度重视由此次事件暴露出的监督短板、风险防控失效等问题，接连发布系列指导意见和通知公告。① 文件指出，要加强对银行理财业务风险管控，规范银行理财和代销业务，严格落实"双录"要求，做到"卖者尽责"基础上的"买者自负"，加强对金融消费者的保护。实际上也对相关监管部门提出了更高的要求。第一，要以问题为导向，尽快补齐监管制度短板，借鉴国外经验，结合实际风险状况，排查内部管理制度的空白和漏洞，逐项增补完善，及时开展相关制度的"立改废"工作。第二，各级监管部门要针对重点部门，提升现场检查的针对性，加强现场检查和非现场检查工作的协同配合，提高监管效率。第三，提高金融产品信息披露水平，让金融消费者充分了解相关理财产品的结构和风险。及时更新有关银行业从业人员人事变动和公司治理重大事项等信息，减少或避免因信息不透明导致的纠纷。第四，强化责任追究，严肃银行业金融机构责任追究，落实双向问责机制。加强监管行为再监督，对因故意或过失不履行或不正确履行职责的监管人员，给予行政处罚。

银行层面而言，一是金融机构内部要加强内控和监管，不断完善自身的管理制度，建立相关的制约体系，如销售人员与操作人员的分工负责等，优化理财产品销售流程。全面系统地梳理业务流程和管理活动中所涉及的合规风险，明确各部门、各岗位的职责和权

---

① 参见《中国银监会关于银行业风险防控工作的指导意见》《中国银监会关于切实弥补监管短板提升监管效能的通知》。

限，健全对各项业务的制度规范。强化管理层责任追究制度，明确责任主体和责任人，调动管理层排险的主动性，充分发挥管理层监督领头作用。强化内部控制评价结果运用，突出贯彻内控制度的重要性，提高员工自觉践行内控管理制度各项内容的积极性。营造良好的企业内控文化氛围，建立员工合规教育长效机制，注重职业道德的学习培养。通过典型案例的学习，使员工了解违规成本，进一步引导银行员工自觉遵守、执行制度规范。加强员工教育培训力度，打造一支精通业务，熟悉规则的业务销售团队。同时，建立科学合理的绩效考评体系，不得将销售业绩作为单一的考核奖励标准，应该重视员工的合规执行情况和客户反馈，减少因不合理激励机制导致的误导销售、私售等行为。二是严格执行"双录"措施，通过调阅监控录像、提取电话录音、客户回访等各种形式的监察工作，及时排查"飞单"隐患。加强销售行为规范，做好理财产品销售业务的录音录像工作，确保完整客观地记录产品推荐、风险提示、客户确认等重点销售环节并尽可能较长时间保存。认真开展售后管理，不定期开展客户回访工作，主动向客户了解客户经理是否存在违规行为，对销售人员形成威慑。

个人层面而言，"飞单"问题的直接相关主体还是银行销售人员和金融消费者，所以，银行销售人员应当严守职业道德，明确工作职责，不触碰工作底线，积极接受职业道德和法律教育；金融消费者应当提高风险防范意识，加强金融消费知识的学习，积极维护和保障自己的合法权益。

第二节　中立评估意见：理财产品未达预期收益时的责任分析

关于消费者张某与某银行股份有限公司资产管理计划未达到预期收益的评估书

2017年10月16日，上海市金融消费纠纷调解中心应消费者张某和某银行股份有限公司的调解申请，就双方因资产管理计划未达到预期收益的纠纷事件开展了调解，最终双方意见未达成一致调解结束。

2017年10月30日，某银行就此纠纷提出评估申请，2017年11月9日上海市金融消费纠纷调解中心受理此评估，特邀中心中立评估专家对本纠纷开展评估，现将评估结果提供给当事双方，供参考。

一、申请人：某银行股份有限公司（以下简称"某银行"）

二、被申请人：张某（以下简称"投资者"）

三、事件描述及证据

（一）事件描述及主张

张某（身份证号码：310103×××××××××××）于2016年8月在某银行第一支行购买了总计200万元的某固定收益增强三号特定资产管理计划，产品期限一年，原承诺收益为基准利率5%，但实际到期仅兑付3.3%，预期收益减少3.1万多元。

张某诉求：要求银行按照5%的利率约定履行，全额赔偿其余款3万元。

某银行处理意见：不同意消费者的诉求，仅同意对接送一些有活动的理财产品，尽可能提高客户再次购买产品的收益率或赠送一些小礼品。

张某陈述理由：

1. 当时某银行理财经理向其极力推荐该理财产品，称该理财产品是固定收益产品，认为银行存在销售误导。

2. 产品到期前几天数次查询金额都是按5%利率显示，实际仅兑付3.3%，侵占了其合法权益。

某银行陈述理由：

1. 产品销售合规，在销售过程中不存在销售误导行为。

2. 银行有证据证明消费者知道自己购买的是特定客户资产管理计划，合同明确为非保本浮动型。

3.《资产委托人声明书》特别提示：业绩比较基准是评价资产管理人/资产管理人及投资顾问投资能力的参考指标，并不是资产管理人向委托人保证其本金不受损失或者保证其取得最低收益的承诺，委托人自愿承担因参与本计划所带来的风险。

(二) 证据

申请人（某银行）为支持其主张，提供了以下证据：

1. 被申请人（张某）购买时签署的《开放式基金代销业务申请表》《客户风险承受度评估报告》，风险度测评符合规定。

2.《风险揭示书》，证明某银行向被申请人（张某）进行了风险提示，其中资产委托人声明书黑体标注："业绩比较基准是评价资产管理人/资产管理人及投资顾问投资能力的参考指标，并不是资产管理人向委托人保证其本金不受损失或者保证其取得最低收益的承诺，委托人自愿承担因参与本计划所带来的风险"，落款有张某本人的签名。

3.《资产委托人声明书》《某固定收益增强三号特定客户资产

管理计划资产管理合同》，系资产管理人某基金管理有限公司与某银行作为托管人签订的资产管理计划，委托人张某签名确认。

4. 被申请人（张某）购买系争理财产品时的录音录像资料，用于证明销售系争理财产品的事实及已履行相应告知义务。

5.《某固定收益增强三号特定客户资产管理计划清算报告》，用于说明某固定收益增强三号特定客户资产管理计划运行期间的相关情况及财务数据。

被申请人（张某）为支持其主张，提供以下证据：1.《投资说明书》，内容为某固定收益增强三号特定客户资产管理计划，每页上均盖有"某银行第二支行"印章（非公章），其中第21页（六）业绩比较基准，印刷字体为"单利年化收益率6%（一年按365天计算），业绩比较基准仅供资产委托人参考，并不构成对投资本金不受损失或者取得低投资收益的承诺，委托人自愿承担因参与本计划所带来的一切风险"。"单利年化收益率6%（一年按365天计算）"，存在水笔签署形式的下划线，旁边有手写："2016年业绩基准调整为5%"字样，据被申请人（张某）称该手写内容系某银行社区支行理财经理韩某所为。2. 微信截图，显示其与已离职的前理财经理韩某的聊天记录，内容是"分行当时定的是5%的固定收益"。（某银行对上述两点的真实性未予确认）

四、本案争议焦点

1. 申请人（某银行）是否尽到合理的告知义务。

2. 申请人（某银行）的员工在销售时是否做出过保证收益的承诺。

3. 申请人（某银行）、被申请人（张某）对利息损失的责任认定问题。

4. 被申请人（张某）产品到期前几天数次查询显示金额与实

际支付金额不一致的责任认定问题。

五、评估意见

综合双方提交的证据,依据我国法律规定及现有司法实践,出具以下评估意见:

(一)申请人履行了告知义务。

根据相关监管规定,代销银行在销售开放式基金过程中须向客户提示相关产品风险。从申请人提交的双录证据来看,申请人已向被申请人明确宣读了该产品有可能导致投资人本金损失,且申请人给予了明确回应。应认为申请人履行了告知义务。

(二)某银行销售行为存在一定程度失当,应合理分配各方责任和过错以公平承担期待利益的损失。

1. 某银行提供的证据显示,资管合同未充分向投资者揭示非保本浮动收益的特征,相反合同名称命名为"某固定收益增强型",某基金公司的上述产品表述客观上容易使不明就里的投资者产生误解,某银行作为代销机构,对该产品的销售介绍不充分,未向投资者提供书面合同,向客户提供的介绍材料(该等材料是基金公司提供给商业银行的内部宣传资料),对资管计划的特点、权益、投资方向等重要内容告知不足,故可认定申请人(某银行)虽履行了告知义务,但在履行程度上存在瑕疵,申请人某银行在销售时,并未向被申请人(张某)出示任何其他该基金的法律文件以供阅知,在一定程度上侵犯了金融消费者的知情权,且有可能影响被申请人(张某)对该产品的认知度。

2. 申请人风险提示不足。金融服务法律关系中,投资者与金融机构存在专业性及信息量等客观上的不对等。投资者作为缺乏专业知识的主体,并不当然知晓何种理财产品最合乎自己的需求,而出于对利益最大化的追求,投资者往往可能选择并不合适的理财产品；为弥补此种不平等，应当对专业金融机构科以相应的义务，要求金融机构承担为投资者初步挑选理财产品的责任，以避免投资者因其专业性上的欠缺导致不必要的损失；同时，对金融机构科以此种义务，亦可防止其为追求自身利益，将不适格的投资者不当地引入资本市场，枉顾投资者权益而从中牟利。申请人某银行提供的证据，显示申请人未充分履行前述义务，应认定其在本案销售过程中具有一定的过错。

3. 申请人履行报告义务不充分。根据合同约定，资产管理人应向资产委托人提供资产管理计划份额净值报告义务，在封闭期内，资产管理人应当每周经资产托管人复核的上周最后一个交易日的计划财产份额净值向资产委托人披露。但某银行作为资产托管人并未尽到复核义务，致使投资者一直误认为资产计划份额净值是按5%的预期收益，在履行报告义务方面，资产托管人应当承担相应责任。产品到期前几天被申请人通过某银行系统查询时，显示金额均为5%利率，某银行在前期的调解过程中，也确认存在此情况，最终导致被申请人始终认为其产品到期后能够拿到资产计划份额净值5%的预期收益。

（三）《某固定收益增强三号特定客户资产管理计划资产管理合同》格式合同及《风险揭示书》存在瑕疵。

某基金管理有限公司制定的《某固定收益增强三号特定客户资产管理计划资产管理合同》写明该产品属于"非保本浮动收益型特定多个客户资产管理计划"，实质上是非保本浮动收益型的私募基金，并非银行理财产品。且该合同的标题上使用了"固定收益"的表述，易使金融消费者误认为该产品属于固定收益类金融产品。该格式合同通篇没有使用加粗字体等方法对涉及金融消费者重大利益的关键性条款进行显著提示，如该合同第7页中的"（二）资产管

理计划的类别 非保本浮动收益型特定多个客户资产管理计划"就没有进行加粗提示，违反了《基金管理公司特定客户资产管理业务试点办法》第十六条的规定："资产管理人向特定多个客户销售资产管理计划，应当编制投资说明书。投资说明书应当真实、准确、完整，不得有任何虚假记载、误导性陈述或者重大遗漏。"

（四）客户称银行在销售过程中向客户承诺5%的收益缺乏证据证明

根据录音录像显示，客户张某作为完全民事行为能力人，对该产品需要具备的风险测评度事先知晓，被申请人（张某）对于自身购买的金融产品应该有一定的认知度，对自身的财务状况、投资能力及风险承受能力亦应有相应的认识，银行按照程序告知了本产品为非保本浮动型。

张某提供的证明也无法证明系客户经理在"某固定收益增强三号特定客户资产管理计划"中将6%固定收益通过手写签注形式调整为5%，更无法证明涉案争议的"某固定收益增强三号特定客户资产管理计划"银行或客户经理作出具有法律效力的承诺。

资管合同中明确提示了"业绩报酬提取基准5%"属于参考指数，并不是对投资者取得最低收益的承诺，投资者在提示下方签字，可以推定投资者对于5%的业绩比较基准的参考性质是知晓的。因此，投资者的签字行为应当视为对于业绩报酬提取基准5%变动风险的认可，资管产品最后返款金额的变化并不构成违约。

（五）被申请人（张某）未尽到必要的注意义务，对预期收益的损失负有一定的过错

被申请人（张某）虽已年过六十，但其作为完全民事行为能力人，且申请人（某银行）提供的《客户风险承受度评估报告》显示其为合格投资者。导致本次投资未能达到其预期收益水平的原因

之一是其将该产品错认为是"固定收益"类的金融产品,但实则只要对合同条款和风险揭示书进行详细阅读,就能发现合同具体条款的内容与合同标题所用的"固定收益"的表述不符。因此,故认定被申请人(张某)对其所认购的基金产品没有尽到必要的注意义务。

六、评估建议

综上所述,"买者自负、卖者有责"的原则一方面是强化销售机构的责任,另一方面也是防止投资者的道德风险。不论是银行自营的理财产品还是代销其他机构的产品,银行在开展相关业务时都有义务将自身的职责履行到位,将合适的产品销售给合适的客户;客户在购买相关产品时也应根据自身的情况充分考虑选择合适的产品,由于投资者事先已经知晓并表示接受的风险造成的产品亏损或未达预期,都应由投资者自行承担。

承担履职不到位引发的风险不论是作为理财产品的直接提供方,还是代销其他机构的产品,银行都必须对其销售或代销行为负责,必须按照监管和银行内控要求完成与客户的产品介绍和信息披露,并根据客户的风险偏好进行恰当的销售。无论是自有还是代销产品,银行均应勤勉尽责地进行产品的审核、销售和存续管理,并及时进行信息披露。对于因为银行自身不够尽责引发的声誉风险,无论自营还是代销产品,银行均需承担相关责任。

本案中,尽管手写签注不构成固定收益5%的承诺,某银行并无按照被申请人所主张的5%固定收益的支付赔偿的法定或合同义务,但某银行在理财产品销售过程中未与客户进行充分沟通,未对产品进行详细的介绍,致使投资者一直误认为是按5%的固定预期收益,且被申请人所称的"5%固定收益"及销售经理口头确有5%的说法,具有高度的盖然性。

期待利益是指当事人在订立合同时期望通过合同履行获得的各种利益的总和，包括合同履行后可以获得的利益和因违约而导致的现有财产的减损灭失和费用的支出。尽管订立合同时双方对于期待利益的理解有误差，但由于某银行未尽到充分的告知义务导致投资者产生错误的期待利益诉求。根据本案的情况，建议由某银行承担投资者按照5%固定利率计算的收益与已获利收益之间的差额部分，支付30%的补偿责任。

第四章 信用卡过度授信与金融消费者自主选择权保护分析

作为消费者权益的重要组成部分,"消费者自主选择权是指消费者根据自己的意愿自主地选择其购买的商品及接受的服务的权利"。[①] 我国《消费者权益保护法》第九条规定:"消费者享有自主选择商品或者服务的权利。消费者有权自主选择提供商品或者服务的经营者,自主选择商品品种或者服务方式,自主决定购买或者不购买任何一种商品、接受或者不接受任何一项服务。消费者在自主选择商品或者服务时,有权进行比较、鉴别和挑选。"具体到金融消费领域而言,金融消费者有权根据自己的主观意愿和实际需要自主决定是否购买金融产品和服务,是否购买某一个或某一些金融产品和服务,是否购买某一家金融机构提供的金融产品和服务,不受任何单位和个人的不合理干预。[②] 在现实情况中,未充分履行告知义务、信用卡领域的过度授信等情形都涉及金融消费者的自主选择权的问题。

金融消费者的自主选择权包括两个核心要素:主观自愿和客观自由。主观自愿是指当事人的行为完全是自己的真实意思表示,没有受到任何外力的强制、干涉或影响。消费者购买商品或者服务的动机

---

① 李昌麟、徐明月:《消费者保护法》,法律出版社,2014年,第76页。
② 吴沙:《刍议金融消费者自主选择权及其保护》,载《福建金融》,《金融法苑》,2012(2)。

是各不相同的,有的是为了满足自己的生活需要,有的是为了满足自己的发展需要,有的则是为了满足家庭或者他人的需要。① 消费者是自己购买商品或者服务的最佳决策者。需要或者不需要,需要什么,需要多少,什么时候需要,只有消费者自己最清楚、最明白。只有消费者在主观上是自愿地去购买产品和服务,消费者的需要才能实际地、真正地得到满足,任何外力介入———影响、制约或者左右———都会导致"需要"的变形,都不会使消费者的需要真正得到实现和满足。因此,消费者的消费意愿应当由消费者自己来决定,消费者自主选择权的实现首先要求消费者在购买产品和服务时主观上是自愿的。客观自由是指消费者的消费行为(具体指选择行为)仅受自己主观意志的支配,经营者不得进行禁止、剥夺、限制或者干涉。客观自由是主观自愿的必然反映和当然要求。它要求有关消费(选择)行为的实施与否以及消费(选择)行为实施的场地、时间、方式、代价、过程等问题均应由消费者自己来决定。具体来讲就是,消费者在什么时间购买,在买与不买、接受与不接受、使用还是拒绝使用、买多还是买少、以什么样的价格购买等问题上均是自由的,经营者的禁止、剥夺、限制和干涉的行为均是无效的。② 具体而言,消费者自主选择权所包含的客观自由权利是指消费者在购买产品和服务时,其作出购买选择的环境应当是自由的。根据《消费者权益保护法》的有关规定,消费者有权自由地选择其交易对象,有权选择商品品种或服务方式,有权对经营者提供的商品或服务进行比较、鉴别、挑选,以购买自己满意的商品或者服务。

金融消费者的自主选择权是金融消费者权利体系中的基础性权利,是消费者基础权利在金融消费领域的一个延伸。近年来,随着

---

① 王兴运:《"自主选择权"探析》,载《理论导刊》,2005 (4)。
② 王兴运:《"自主选择权"探析》,载《理论导刊》,2005 (4)。

金融行业规模的扩大及人民生活水平的提高，金融消费规模呈现出逐渐扩大的趋势。而在这一过程中，侵犯金融消费者自主选择权的行为数量也开始不断上升。这种情况必须受到相关部门的足够重视。作为金融消费者权益的重要组成部分，金融消费者的自主选择权必须得到保护和尊重。

 金融消费权益保护舆情典型案例

【案例1】部分高校涉嫌违规代办银行卡①

据央广网 2017 年 7 月 30 日报道，大学开学在即，不少新生收到了录取通知书以及一同邮寄来的银行卡。有的学生和家长认为，使用学校为学生办理的银行卡在方便缴学费的同时，也存在侵犯个人隐私、强制消费之嫌。这一舆情反映出社会公众对金融消费权益尤其是个人信息安全、自主选择权等的关注；银行业金融机构为学校办理批量开卡业务的行为，存在一定法律风险。

金融消费权益保护局对相关舆情进行了初核，了解了 A 银行和 B 银行两家机构为某市部分高校提供批量办理借记卡服务的基本情况。根据 A 银行的反馈，按照该行规定，受理批量办卡业务时，经办行与合作单位签订《批量办理借记卡协议书》，其中包括办卡种类、合作单位对职工或客户身份的真实性承担责任的保证、合作单位承诺所开办的业务均是开户申请人本人意愿等内容；要求提供合作单位签章的《批量办理借记卡明细清单》、申请人身份证复印件等开户资料。在实践中，在为合作单位批量办理借记卡时，由于新生还没有办理正式入学手续，学校无法取得学生办卡授权证明，经

---

① 《部分高校录取通知书中违规夹寄银行卡　律师：涉嫌民事侵权》，http://www.thepaper.cn/newsDetail_forward_1747007，2017 年 7 月 30 日。

办支行与学校签订《批量办理借记卡协议书》，经办支行根据学校提供的《批量办卡明细清单》对办卡学生身份信息联网核查后进行批量办卡。学生收到借记卡后，必须本人持身份证及借记卡到A银行任一网点做卡片激活，银行核查持卡人身份无误，由持卡人本人设置密码后借记卡方可使用。2017年以来，A银行共与5家高校合作办理借记卡，实际办卡14316张，其中150张取得学生的办卡授权证明（学生提供的身份证复印件上注明了授权单位代申领借记卡字样），14166张未取得学生的办卡授权证明。

B银行与A银行的规定有所不同，无须代理单位提供持卡人授权开卡相关文件或协议，但要求代理单位每次办卡必须提交填写完整并加盖公章的《批量办理B银行个人银行账户业务申请》。该申请中要求：单位指定授权经办人办理业务申请手续，指定授权领卡人办理领卡手续，已取得申请人及/或儿童借记卡申请人的法定监护人的确认和同意，因违反以上承诺而造成的所有损失，将由单位承担一切赔偿责任。该卡必须由学生持本人有效证件和待激活卡片，前往B银行营业网点，通过工作人员面核后设置交易密码，方可激活使用。

我国法律法规等有明确的关于个人信息保护与存款账户实名制的规定。《民法总则》第一百一十一条规定"自然人的个人信息受法律保护。任何组织和个人需要获取他人个人信息的，应当依法取得并确保信息安全，不得非法收集、使用、加工、传输他人个人信息，不得非法买卖、提供或者公开他人个人信息"。国务院《个人存款账户实名制规定》第六条规定，"个人在金融机构开立个人存款账户时，应当出示本人身份证，使用实名。代理他人在金融机构开立个人存款账户的，代理人应当出示被代理人和代理人的身份证件"。中国人民银行《人民币银行结算账户管理办法》第七条规定，"存款人可以自主选择银行开立银行结算账户。除国家法律、行政法规和国务院规定外，任何单位和个人不得强令存款人到指定银行开立银行结算账户"。关于批量开卡问题，目前在法律法规层面仅对单位员工集体开立借记卡账户的原则性规定，并没有对学校代学生批量开立借记卡账户的相关规定。

舆情中的商业银行与学校合作，为学生办理批量办卡业务，其内部流程或欠缺要求办卡人出示身份证件的要求，或虽有该要求但在实践中并未执行到位，违反了关于实名制开立银行账户的相关规定；在没有证据证明已获学生本人或其监护人同意的前提下，将学生个人身份信息提供给商业银行，侵害了学生的个人信息权益；以便于管理为由，为学生办理特定银行的银行卡，侵害了学生的自主选择权。

【案例2】"2017某支付年账单"服务涉嫌侵害金融消费者合法权益①

2018年1月3日下午，某知名博主发表一篇微博文章。文章指出，某支付公司推出的"2017年账单"服务，首次查看时，在首页中间位置有字样微小的"我同意《A服务协议》"字样，默认状态为自动选择同意。虽然消费者可以选择不同意，但是字样微小、不显著，仍然会使得消费者在不知情的情况下"同意"《A服务协议》，涉嫌侵害消费者合法权益，引发社会公众强烈反响。该文被社交媒体、互联网门户网站等大量转发。该事件揭示的部分金融机构金融消费权益保护理念缺失，未能将维护金融消费者合法权益纳入公司治理、企业文化建设和经营发展战略中统筹规划，侵害金融消费者合法权益等问题值得关注。

经核实，某支付公司和A信用公司（以下简称"A信用"）合

---

① https://m.weibo.cn/status/4192093063120566? wm = 3333 _ 2001&sourcetype = weixin&featurecode = newtitle&from = groupmessage&isappinstalled =0，2018年1月3日。

作在某支付APP推出"2017年账单"服务,向用户展示其在2017年通过某APP发生的消费记录、信用免押记录及A分等信息。在查看"2017年账单"的首页,某支付公司添加了"同意《A服务协议》"的授权文案,并予以默认勾选。该授权文案字体明显偏小,对多数消费者而言难以及时辨识;在后台程序设计中,以消费者向上滑动页面作为接受《A服务协议》的触发标准,极易在消费者无明确意思表示的情况下,产生双方已经订立相关协议的效果。就《A服务协议》内容而言,载有大量有关个人金融信息获取、使用、单方免责的条款,例如"您同意可直接向我们提供信息的第三方包括但不限于:金融机构、类金融机构、电子商务公司、电信运营商、政府公共信用信息平台以及事业单位等一切盈利性、非盈利性、公共、民间的机构及组织""您理解,如因您主动授权第三方查询您的信息,从而导致第三方拒绝向您提供服务或做出了对您不利的决定时,考虑到该信息的提供是您自主同意做出的,您同意我们无须就此承担责任或赔偿"。

《国务院办公厅关于加强金融消费者权益保护工作的指导意见》(国办发〔2015〕81号)第三部分"规范金融机构行为"第(四)条"保障金融消费者知情权":金融机构应当以通俗易懂的语言,及时、真实、准确、全面地向金融消费者披露可能影响其决策的信息。《中国人民银行金融消费者权益保护实施办法》(银发〔2016〕314号)第十三条规定:金融机构应当按照相关监管规定披露与金融消费者权益保护相关的经营信息、金融产品和服务信息以及其他信息。某支付APP在为消费者提供2017年账单时并未"采取合理的方式提请对方"注意相关事项,也未以通俗易懂的语言向消费者说明该协议可能引起的法律后果,违反了相关法律规定。某支付在提供"2017年账单"服务时附有默认《A服务协议》的选项的行为,涉嫌捆绑服务，存在侵害消费者自主选择权的嫌疑。

第一节　法理分析：过度授信问题及其规范

一、问题的引出

投诉人 6 月 17 日投诉至 12363 服务热线，称其妻子杨某在×银行办理信用卡，银行为其开通了十几万元的临时额度，当月需还款 20000 余元，但后来银行电话通知他必须在 6 月 29 日之前还清全部 70000 余元欠款。投诉人表示不满，称银行在办卡时没有调查其妻子的还款能力，要求×银行减免利息和滞纳金。×银行认为客户反映情况与事实不符，真实情况是持卡人（杨某）名下共有三张信用卡，均正常使用，且有多次临时增额及分期消费的记录，近期还款仍满足每月最低还款额。

经查，杨某于 2008 年在×银行提交了信用卡办理申请，申请时杨某填写的年收入为 12 万元，申请资料中还包括杨某及其家人共同共有的房产证明。×银行为其办理了 A 卡，该卡办理时的授信额度为人民币 10000 元。此后杨某多次通过该行的客服中心发起增额，使该信用卡授信额度达 40800 元。2012 年 5 月，杨某通过这次×银行客户升级活动，办理 B 卡。×银行参照其总行信用卡中心下发的通知中"额度设置"要求，确定了 B 卡的授信额度为人民币 50000 元，后增额至 157760 元。此外杨某还持有另外一张×银行的信用卡 C 卡，该卡系×银行于 2013 年 9 月通过目标客户专项营销办理，该卡不单独授信，其授信额度与客户存量信用卡最高授信额度保持一致，因此该卡的授信额度也为人民币 157760 元。因为杨某未按时还款,截至 2015 年 7 月 20 日,杨某所持 B 卡下尚欠本金:账面 83381.38 元,分期未入账 33173 元,共 116554.38 元。

近年来针对信用卡的投诉有持续增长的态势。尤其集中于由信用卡逾期产生的相关纠纷。信用卡逾期记录的产生通常是由于持卡人经济状况的突然恶化或信用卡授信额度与申请人资信严重不匹配导致其风险失控造成的。这就涉及一个信用卡授信额度如何才能与申请人资信、风险承受能力匹配的问题,涉及金融消费者的自主选择权问题。对于投诉人要求认定的发卡行授信过度的事由,我们需要对授信的相关问题进行一定的分析再作出相应判断。

二、信用卡授信额度如何确定

(一) 走向繁荣的信用卡市场

根据《2017 年中国信用卡行业现状及未来发展趋势分析》[①],从贷款规模来看,我国信用卡贷款余额占比由 2008 年末的 0.52%持续提升至 2016 年末的 3.81% (见图 1)。2016 年我国信用卡累计发卡量达 4.65 亿张,人均持卡量 0.31 张 (见图 2)。

信用卡作为一种新的支付手段和个人信贷工具,越来越被人们所熟悉和接受。我国的信用卡业务进入高速成长期,在人们的经济生活中发挥越来越重要的作用。中国已成为全球信用卡业务增长最快、发展潜力最大的市场。

---

① 《2017 年中国信用卡行业现状及未来发展趋势分析》,http://www.chyxx.com/industry/201705/526142.html,2017 年 5 月 25 日。

第四章 信用卡过度授信与金融消费者自主选择权保护分析

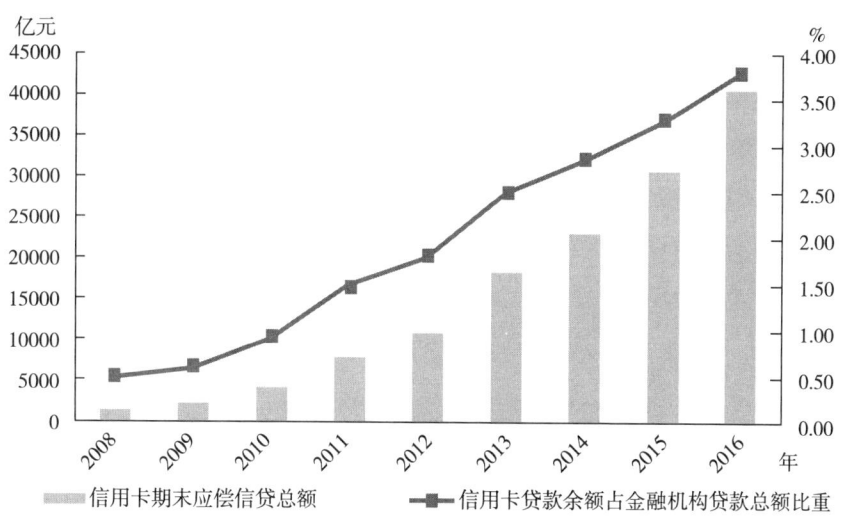

图1 2008~2016年我国信用卡贷款余额占比情况

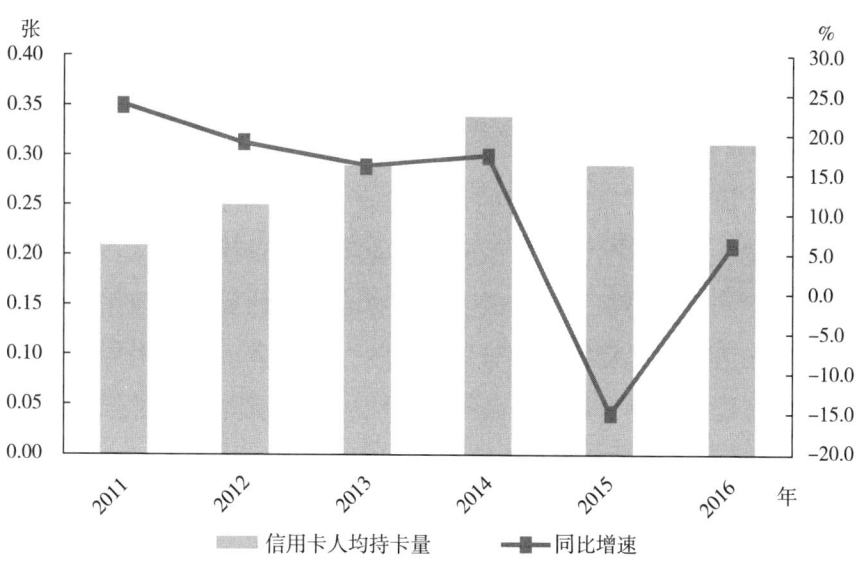

图2 2011~2016年我国信用卡发展情况

（二）授信依据

从我国目前相关的金融法规规定来看，对于个人授信情况并没有很明确的规定，是一个制度盲点。银监会《商业银行信用卡业务监督管理办法》第四十一条规定，发卡银行应当对信用卡申请人开展资信调查，充分核实并完整记录申请人有效身份、财务状况、消费和信贷记录等信息，并确认申请人拥有固定工作、稳定的收入来源或可靠的还款保障。

按照该法条规定，银行需要对客户的资信开展充分核实并完整记录，但对核实之后如何确定客户的授信额度却没有提及，导致现实中各银行往往各行其是。

《商业银行信用卡业务监督管理办法》规定信用卡发卡行是指经中国银监会批准开办信用卡发卡业务并承担发卡业务风险管理相关责任的商业银行。事实上每家商业银行都发行了几种到几十种信用卡，信用卡市场竞争日趋激烈。

商业银行授信额度核定的依据除收入外，还包括年龄、性别、文化程度、婚姻状况、单位性质、行业类别、职务、职称和住房等多个因素。每个因素下还包括多个可影响结果的要素。如住房分为无房贷住房、有房贷住房、与父母同住、住宿舍、租赁房屋等。其中，无房贷住房将为获得更高授信额度加分，租赁房屋则会减分。[①]

[①] 《信用卡授信之"过"》，http://bank.hexun.com/2014 - 11 - 24/170707675.html，2014 年 11 月 24 日。

表1　　　　　　　　信用卡申请银行综合评分标准[①]

项目	描述	得分	项目	描述	得分	项目	描述	得分	
住房权利	无房	0分	从业情况	公务员	16分	户籍情况	本地	5分	
	租房	2分		事业单位	14分		外地	2分	
	单位福利分房	4分		国有企业	13分	文化程度	初中及以下	1分	
	所有或购买	8分		股份制企业	10分		高中	2分	
有无抵押	有抵押	7分		其他	4分		中专	4分	
	无抵押	0分		退休	16分		大学及以上	5分	
个人月收入	6000元以上	26分		失业有社会救济	10分	年龄	女	30岁以上	5分
	3000~6000元	22分		失业无社会救济	8分		男	30岁以上	4.5分
	2000~3000元	18分	在目前住址时间	6年以上	7分		女	30岁以下	3分
	1000~2000元	13分		2~6年	5分		男	30岁以下	2.5分
	300~1000元	7分		2年以下	2分		未调查	0分	
月偿债	无债务偿还	8分	婚姻状况	未婚	2分	失信情况	无记录	0分	
	10~100元	6分		已婚无子女	3分		一次失信	0分	
	100~500元	4分		已婚有子女	4分		两次以上失信	-9分	
	500元以上	2分					无失信	9分	

（三）授信额度的动态管理

《银行卡业务风险控制与安全管理指引》第四十三条规定，发卡银行应建立信用卡授信管理制度，根据持卡人资信状况、用卡情况和风险信息对信用卡授信额度进行动态管理，并及时按照约定方式通知持卡人，必要时可以要求持卡人落实第二还款来源或要求其提供担保。严格控制一人多卡、过度授信的情况。要建立对持卡人的综合授信制度，将持卡人名下的多个信用卡账户授信额度、分期付款总体授信额度、附属卡授信额度、现金提取授信额度等额度合

[①] 《信用卡申请被拒？你应该知道银行综合评分标准》，https://www.rong360.com/gl/2015/12/18/84720.html，2015年12月18日。

并管理，设定总授信额度上限。

在给予最初授信额度之后，鉴于持卡人风险承受能力和消费需求的变化，银行会对额度进行适当调整，这种调整一般是上调持卡人的授信额度。上调授信额度的方式很简单，比如去国外或港澳台有多次消费记录，或者多次大额消费记录，便有可能获得几千元到几万元不等的授信额度提升。

（四）审核过程

当申请人提交办卡申请后，银行是如何审核的？对此进行整理，该流程大概可分为六个步骤：申请人的申请表寄到银行后，经过扫描生成图片文件——申请表的每一项内容都被分割成独立的更小的图片文件，每个工作人员负责录入一项内容（信息安全）——录入完成，形成完整的电子申请表——电子审核：对申请表信息的完整度做一个评估，判定该申请人是否满足硬性要求并自动查询申请人征信——人工审核：确认申请表完整度，判定申请表信息的真实性——决定还需要经过哪个级别的审批流程——资质符合要求时，通过信用卡审批的初步流程——对申请人进行综合评估和排序，决定是否批卡和具体额度。

需要注意的是，在系统的批与不批之间存在模糊时，还会再次回到人工审批，由银行内最有经验的审批员来决定最终的结果。但是能否申请成功，主要还是看申请人的个人资质。[①]

[①]《申请信用卡被拒了？那就了解一下银行是怎么审核的》，http://www.creditcard.com.cn/xinyongka104/qita129/58532.html，2016年10月21日。

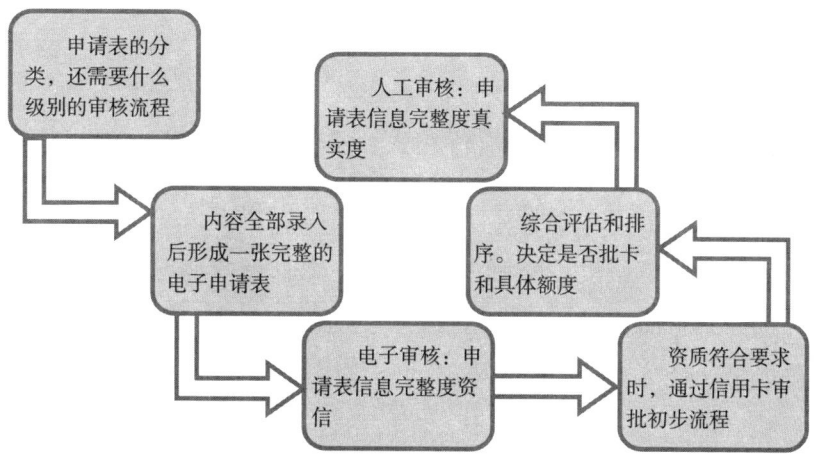

图3 银行核卡流程图

三、投诉案例分析

在投诉人投诉×银行对于其妻子杨某的信用卡过度授信案件中，基于杨某年收入 12 万元和共同共有的房屋作为财产证明，核准发卡并给予人民币 1 万元授信额度并无不妥。在收入未明显变化的情况下，后经杨某多次发起增额和客户升级活动，授信额度增至人民币 5 万元，符合动态授信管理的相关规定。但在收入未变化的情况下授信额度进一步增至 157760 元。笔者综合以上相关分析认为，银行这次大额度的增额并不符合相关法律规定，属于过度授信。对于持卡人信用风险失控应承担一定的责任。

案件发生后，银行第一时间调阅客户办卡申请资料影像件，历史加额记录材料，核实进件渠道。同时多次与客户及家人面谈，协商并签订相应分期还款协议。客户杨某及家人对银行处理方案表示满意，主动销案。

四、过度授信相关法律问题分析

(一) 过度授信为何频频发生

在合理范围内调整持卡人授信额度既能提升发卡行的支付体验,巩固客户忠诚度,增强其市场竞争力,也能满足客户消费需求,提高其生活质量。但是超越合理范围内的过度授信却容易引发金融风险。经济脆弱的持卡人遭遇还款困难,易导致无法及时、足额还款,产生逾期记录的持卡人在信用社会寸步难行。而对于发放信用卡的金融机构而言,无法追回的欠款也将对自身发展产生不利影响。

据《东方早报》报道,2014年6月4日,上海市虹口区一家三口烧炭自杀,张某和林某夫妇及儿子无一幸免,死因疑为信用卡透支无力偿还。这家人手上有十余张信用卡,总透支额度达50多万元,透支金额或被用于炒作期货。① 类似的悲剧,让人触目惊心。

由于授信额度核定综合考虑客户的资金状况、负债情况多因素,给授信"过度"的判定带来一定难度。而在客户持卡期间,上调额度比较简单。银行在利益驱动或考核压力下,往往只经过简单的调查核实就对持卡人授予较高额度从而诱发一定风险。

(二) 行业如何防范过度授信

我们对几家银行根据客户资信状况和风险承受能力进行核实以确定授信额度相关文件进行整理。

---

① 《信用卡额度乱象起底》,http://finance.people.com.cn/money/n/2014/1119/c42877-26051436.html,2014年11月19日。

第四章 信用卡过度授信与金融消费者自主选择权保护分析

A 银行
（1）建立统一的授信管理体系和内部评级评分标准，所有信用卡申请业务必须通过信用卡审批系统处理，通过系统刚性设置所有申请业务必须达到评级评分标准后才可发卡授信。
（2）为避免过度营销，对已持有该行信用卡正常账户数过多的，系统自动作拒绝处理。
（3）根据客户当前资信状况调整额度。对负债高资产低、存在潜在风险的客户不再新增授信；对于存量客户，根据客户的用卡情况、资信变化情况定期重新核定客户的总额度。特别是对于5万元以上大额授信客户出现资产大幅下降或信用明显劣变的，对信用卡潜在风险客户实施主动降额。

B 银行
（1）严控大额调整，以临时调整为主。
（2）根据征信等级对客户授信额度进行控制。对征信情况良好的客户，利用征信信息对额度进行控制。对于征信等级为 A 级或 B 级的客户，对于符合认定过度授信且过度用信条件的客户采取差异化的额度控制措施，例如额度扣减、额度下浮等。对征信情况较差的客户，实施刚性约束。对于征信等级为 C/D 的客户，对于符合认定过度授信且过度用信条件的客户给予拒绝处理。
（3）建立黑名单机制。对于第三方反映持卡人无力还款并由第三方代偿的申请人，建立黑名单库，对于该类申请人不予发卡，对于已经发卡的采取锁卡等风险控制措施。
（4）加大对持卡人还款能力的考量。对于大额授信（包括白金卡和专项分期业务）进行审批授信时，要求根据收入或资产进行授信，在核算时应考虑负债情况和生活保障性支出等要素。实际授信额度加他行未销户贷记卡授信总额不得大于客户月收入的 20～30 倍（根据不同征信等级设定差异化的倍数）。
（5）总行对分行授信额度 10 万元以上的大额申请的授信依据进行逐笔复查。

C 银行
（1）综合考量申请人的个人财务情况和资信状况、其他银行信用卡和贷款的使用频率、使用时间、逾期情况和债务负担等要素，客观公正地授予申请人与其收入、个人资信和使用需求相匹配的信用额度。 根据调额账户状态是否正常、开户时间、固额调整间隔、客户内部用卡表现、调额频率及外部征信是否正常来判断可否调整额度（临时额度调整）。
（2）调整后的额度受客户的收入状况评估可调额度的额度上限控制，以及根据他行总授信额度进行"刚性扣减"。

我们对这三家银行防范过度授信的措施进行总结，可以归纳为如下几点：（1）建立统一的授信管理体系和内部评级评分标准并严格遵守；（2）根据客户当前资信状况调整额度；（3）严控大额授信（指额度 5 万元以上的授信）；（4）实施刚性扣减（一家银行核定某位客户 10 万元的信用卡授信额度，之前其已有的 2 张卡额度总和为 8 万元，那么其新办卡的额度最多给 2 万元，这就是"刚性扣减"。如果客户持有不同银行的多张信用卡，就会造成信用卡多头、累加授信，存在连锁的坏账风险，在这种情况下要关注授信额度如何确定的问题）。

（三）对现状的反思

由于授信额度核定综合考虑客户的资金状况、负债情况多因素，给授信"过度"的判定带来一定难度。而在客户持卡期间，上调额度比较简单。有的银行在考核压力下，往往只经过简单的调查核实就对持卡人授予较高额度，易令授信"过度"情况发生。过度授信相关问题已经引起理论界和实务界的高度关注。银行为防范过度授信也采取了一系列措施。

信用卡授信额度范围在百元到百万元之间，授信额在 5 万元以上被视为较高信用额度的授信。授信额度越高对客户的审核也就越严格。事实上，看似严格的授信核定也存在一定不足。在网上搜索大额信用卡关键词，得到的有关信息多达百万条，其中不乏"交一万元可办五十万元高额信用卡"的违法违规叫卖广告。

《银行卡业务风险控制与安全管理指引》第四十三条规定，信用卡申请人存在一些不良记录或其他风险信息的情况时，应从严审核，加强风险防控，审核可采用电话审核等方式。但是在有的情况下，有的银行未经电话审核等方式，仅就书面申请材料进行查看核实就核准发卡。在核准发卡后提高授信额度也成了一种巩固客户忠诚度的有效措施。

超过持卡人风险承受能力的授信额度会刺激持卡人进一步超前消费，增加持卡人信用风险。甚至会诱使持卡人套现将资金投入股票债权等，在信用风险之外增加市场风险，容易导致持卡人风险失控。

信用卡暴力催收又给持卡人的正常生活造成严重困难，也对银行的形象带来不利的影响，催收过程中也容易发生逾越法律底线的违法行为，威胁社会稳定。

(四) 可以采取的措施

结合上面的分析，我们可以从以下几个方面采取措施以预防过度授信问题的出现：

1. 完善有关金融机构授信工作的法律法规

目前，我国有关金融机构授信工作的法律法规并不完善，导致金融机构工作人员在开展授信工作时缺乏法律规定的指引，从而造成了部分机构为竞争市场不当提高公民个人授信额度的问题。笔者认为，解决过度授信问题根本且有效的方法是完善有关金融机构授信工作的法律法规，从立法层面为金融机构授信工作划定风险的边界，规范金融机构工作人员的授信行为。具体来说，金融监管部门可以出台有关金融机构开展授信工作的相关指引，确立金融机构哪些情况下可以授信、哪些情况下不可以授信等具体问题，同时规定相应的处罚措施，以对金融机构工作人员违规处理公民个人授信问题的行为进行行政处罚。

2. 建立起全国统一的授信管理体系

公民授信额度的不当扩大可能引发公民个人经济风险的不当增

加。对于公民个人而言，无论使用了哪家金融机构的授信额度，最后都会成为公民个人的经济负担。不仅会对公民个人及相关金融机构产生影响，也会给全国的金融市场增加风险。因此，应当建立起全国统一的授信管理体系，对公民个人的授信情况进行整体监控，以严格防范过度授信带来的金融风险。在具体开展授信工作时，相关金融机构必须严格实施刚性扣减，以确保公民个人在同家银行所有信用卡以及不同家银行所有信用卡授信额度总额不能超过核定的可授信额度。

3. 确立严格的授信额度内部评分评级标准

关于具体确定公民个人授信额度的问题，笔者认为应当确立严格的授信额度内部评分评级标准。该标准应该将申请人的个人财务情况和资信状况、其他银行信用卡和贷款的使用频率、使用时间、逾期情况和债务负担等要素指标化，以为金融机构工作人员确定公民授信额度提供切实可行的内部操作标准。具体来说，可以由金融监管部门确定全国统一的授信额度内部评分评级标准。同时，各地区、各行业乃至各金融机构可以以此为参照制定适用于该地区、该行业以及该机构的授信额度内部评分评级标准。各地区、各行业乃至各金融机构制定的具体标准可以对全国统一的授信额度内部评分评级标准进行适当的细化和完善，所设置的标准可以高于全国统一授信额度内部评分评级标准所设置的最低要求。同时，金融机构工作人员还应严格按照授信额度的内部评分评级标准办理业务。无论是开立信用卡账户还是调整申请人的授信额度，都必须在达到评分评级标准的前提下才能进行，严控随意开立账户和大额授信。

4. 采用严格的授信工作管理流程

没有规则，不成方圆。在金融机构开展授信工作时，采用严格的授信工作管理流程，可以有效限制金融机构工作人员的授信行为。我们认为，可以建立起统一的信用卡申请业务的审批处理系统，采取系统刚性设置的方法，对公民申请信用卡及提高授信额度的请求作出统一要求，这样做可以有效减少因过度授信带来的金融风险。

5. 改进金融机构工作人员的业绩考核方式

现在各金融机构以客户信用卡开户数量作为员工业绩考核方式的做法也是导致过度授信问题出现的重要因素之一。现实中，各金融机构为了竞争市场，随意帮助申请人开立信用卡及提高授信额度的行为随处可见，甚至许多网站上还出现了有偿办理信用卡等业务。这种现象不仅给我国信用卡市场造成了混乱，也不利于我国金融市场的健康发展。因此，改进金融机构工作人员的业绩考核方式实属必要，是从源头上解决问题之计。

6. 落实金融机构授信工作的个人负责制度

目前过度授信问题出现的主要原因还包括金融机构工作人员审查不严。一些金融机构的工作人员为了提高个人业绩，将审查工作流于形式，导致最终过度授信情况的发生。因此，我们认为，为避免过度营销带来的不足之处，我们可以从责任机制上找出应对之策。具体来说，可以将处理的每一项授信业务与金融机构的具体工作人员联系起来，将授信业务的处理结果与金融机构工作人员的个人责任挂钩，从而使得可以归责于金融机构的过度授信责任可以具体落实到办理该授信业务的个人身上。这样一来，每当金融机构工作人员处理授信业务时，会时刻谨记这项业务的处理结果是与其个人息息相关的，他们会因此更加重视对公民授信的审查工作，不敢随意敷衍了事或任意增加公民的授信额度。因此，通过落实金融机构授信工作的个人负责制度，也可以达到有效改善金融机构过度授信问题、治理信用卡行业乱象的目的。

五、总结

过度授信问题的出现是由多种因素综合作用的结果。一方面是迅速繁荣却又缺乏严格制度规范的信用卡市场扩张的必然选择，另一方面是经济快速发展背景下收入与消费需求不匹配的消费者的非理智选择。过度授信给持卡人和发卡行都带来了很大威胁。持卡人由于逾期产生不良记录导致风险失控进而陷入困境的新闻越来越频繁地出现在大众视野中。这也引起了理论界和实务界的高度关注。银行进一步规范其授信流程，相关法律规范也相继发布。我们相信中国信用卡市场会向着更加繁荣与规范的方向发展，相关问题也会在不断完善的法律规范框架背景下获得妥善处理。在此，基于处理相关投诉的实践经验，对于银行授信相关问题做了一个梳理。并指出了一些问题，构思了解决方法。希望能对银行解决相关投诉提供思路，对完善我国信用卡市场有所启迪。

第二节　中立评估意见：疑似被冒名开立信用卡引发债务纠纷的责任认定

关于消费者黄某与某银行信用卡纠纷的评估书

黄某（以下简称"消费者"）于 2018 年 6 月 22 日通过人行"12363"投诉，称其从未在某银行（以下简称"银行"）开办过信用卡，要求银行停止向其催收欠款并免除所有欠款，同时对其个人征信记录进行相应的更正。

2018 年 7 月 19 日，上海市金融消费纠纷调解中心接受委托对本次纠纷进行中立评估。上海市金融消费纠纷调解中心受理此评估

第四章 信用卡过度授信与金融消费者自主选择权保护分析

后,特邀中心中立评估专家对本纠纷开展评估,现将评估结果提供给当事双方,供参考。

一、当事双方

消费者:黄某(身份证号码211022××××××××××)

银行:某银行

二、当事人陈述及证据

(一)当事人陈述及主张

消费者陈述:其于2018年3月底调取个人征信记录时,发现自己名下有一张2014年7月30日在某银行开办的、卡号为6225×××××××××××××的信用卡(以下简称"系争信用卡")。但是,实际上,自己从未在某银行开办过系争信用卡,更未持有或使用过系争信用卡。系争信用卡当前所负的高额累计欠款与自己无关。此外,由于自己曾于2014年在一家名为贸易公司、实为小贷公司的单位工作过,怀疑该公司的老板利用自己的入职资料私自开办并使用了系争信用卡。就上述信用卡冒用的情况,消费者已于2018年4月10日向公安局报案。

消费者诉求:

1. 免除系争信用卡所负全部欠款,并停止一切催收行为;
2. 更正一切与系争信用卡有关的个人征信记录。

银行陈述事实:消费者于2014年7月30日在其工作单位,A贸易有限公司,亲自申请开办系争信用卡。在申请办理的过程中,消费者亲自填写了《某银行信用卡申请表》,在申请表的签字页上消费者不仅签了名还亲笔书写了"本人已阅读全部申请材料,充分了解并清楚知晓该信用卡产品的相关信息,愿意遵守客户协议的各项规则"。此外,消费者还向银行提供了其名下的一张卡号为6216××××××××××××的借记卡,作为自动还款的绑定账户。在系争信用卡的办卡过程中,银行的工作人员与消费者本人还在消费者工作单位的Logo下合影,作为开卡证明。

银行处理意见:不同意消费者的诉求。

银行陈述理由:系争信用卡为消费者本人申请开办,开卡后,消费者违规将系争信用卡交由他人使用,故因他人使用信用卡而导致的一切后果,皆应由消费者本人承担。

(二) 证据

消费者:为支持其主张,提供了如下证据材料:

证据1:系争信用卡2014年7月16日至2018年6月15日期间的对账单(补寄)。

证据2:由第三人王某作为持卡人签名的两张POS签购单,其中一笔消费发生于2017年9月13日,消费金额为35986元;另一笔消费发生于2017年9月14日,消费金额为36188元。

证据3:2018年4月10日消费者就信用卡冒用一事向公安局报案所形成的《上海市公安局案(事)件接报回执单》。

银行:为支持其主张,提供了如下证据材料:

证据1:消费者身份证照片(正面)。

证据2:消费者的学信档案复印件。

证据3:由消费者填写并签名的《某银行信用卡申请表》。

证据4:办卡人员与消费者的合影照片。

证据5:绑定自动还款的某银行借记卡照片(正面)。

证据 6：消费者于 2018 年 4 月 9 日填写的《关于未申请【领用】某信用卡法律声明》。

证据 7：消费者就从未申办过系争信用卡一事与银行客服进行的三次电话沟通的录音。

三、案件情况

消费者投诉案情：自己从未申请、持有或使用过系争信用卡，怀疑是原工作单位的老板利用自己的入职资料私自办理，或以欺诈的方式，欺骗自己在相关申请文件上签名。

根据银行核查案情：系争信用卡是消费者自己办理的。

四、本案争议焦点

1. 系争信用卡所涉及的信用卡合同关系是否有效成立。
2. 消费者是否实际收到了系争信用卡。

五、评估意见

综合本案材料，依据我国法律规定，出具以下评估意见：

（一）消费者与银行之间已经形成有效的信用卡合同关系

根据银行提供的《某银行信用卡申请表》，消费者不仅以"主卡申请人"的身份签署确认了该申请表，而且还在该申请表上亲笔书写了"本人已阅读全部申请材料，充分了解并清楚知晓该信用卡产品的相关信息，愿意遵守客户协议的各项规则"的字样。若确认申请表上的字迹和签名确为消费者本人所为，则从法律上而言，该申请构成了消费者作为具有完全民事法律行为能力人向银行发出的、以开办系争信用卡为内容的要约。该要约具有法律约束力，且一经银行承诺接受后，便在双方之间形成了有效的信用卡合同关系。

在与银行的电话沟通中，消费者虽然也曾表示，不能排除自己受当时工作单位老板的要求为其申请开办信用卡的可能性。但是，即便消费者所说的情况属实，这也仅能说明，其在向银行发出开卡要约时，存在或者可能存在动机错误。由于这种动机错误既不是银行造成的，也不是银行在缔约时知道或者应当知道的，因此，消费者无权依据该等动机错误要求撤销与银行之间的信用卡合同。

（二）无证据证明系争信用卡已经安全送达消费者

在银行接受消费者的开卡申请，即双方之间形成信用卡合同关系后，银行首先负有向消费者安全发送信用卡的义务。

在本次中立评估过程中，银行未能提供证据证明，其已经按照中国银行业监督管理委员会2011年1月13日发布的、至今仍旧有效的《商业银行信用卡业务监督管理办法》的规定，以安全的方式向消费者发送了卡片，并提示消费者接收。

消费者提供的2017年9月13日和14日由"王某"签字的POS签购单足以证明，系争信用卡存在被消费者之外的第三人持有并使用的事实。在银行无法证明其已经按规定向消费者安全送达卡片的情况下，无法认定，是消费者向第三人提供了系争信用卡。

鉴于消费者已经就第三人冒用信用卡一事向公安机关报案，目前不能排除存在第三人刑事犯罪的可能性。

综合考虑以上情况，银行应当承担由使用系争信用卡所导致的一切损失。

六、评估结论

1. 消费者与银行之间的信用卡合同关系虽然有效成立，但由于目前无法证明消费者实际收到了卡片,并且不能排除第三人刑事犯罪的可能性,因此,应由银行先行承担由使用系争信用卡所导致的一切损失(即所有欠款);若司法机关最终确认,该等损失确是第三人冒用所致,则银行可就此损失向冒用人追偿。

2. 银行应停止继续向消费者催讨系争信用卡的欠款。

3. 银行应对本次纠纷所导致的消费者个人征信记录进行更正。

附:相关法律规定

一、《中华人民共和国合同法》

第八条 【依合同履行义务原则】依法成立的合同,对当事人具有法律约束力。当事人应当按照约定履行自己的义务,不得擅自变更或者解除合同。

依法成立的合同,受法律保护。

第十四条 【要约】要约是希望和他人订立合同的意思表示,该意思表示应当符合下列规定:

(一)内容具体确定;

(二)表明经受要约人承诺,要约人即受该意思表示约束。

二、《商业银行信用卡业务监督管理办法》

第四十八条 发卡银行发放信用卡应当符合安全管理要求,卡片和密码应当分别送达并提示持卡人接收。信用卡卡片发放时,应当向持卡人书面告知信用卡账单日期、信用卡章程、安全用卡须知、客户服务电话、服务和收费信息查询渠道等信息,以便持卡人安全使用信用卡。

第四十九条 发卡银行应当建立信用卡激活操作规程,激活前应当对信用卡持卡人身份信息进行核对。不得激活领用合同(协议)未经申请人签名确认、未经激活程序确认持卡人身份的信用卡。对新发信用卡、挂失换卡、毁损换卡、到期换卡等必须激活后才能为持卡人开通使用。

......

三、《征信业管理条例》

第二十五条 信息主体认为征信机构采集、保存、提供的信息存在错误、遗漏的，有权向征信机构或者信息提供者提出异议，要求更正。

征信机构或者信息提供者收到异议，应当按照国务院征信业监督管理部门的规定对相关信息作出存在异议的标注，自收到异议之日起20日内进行核查和处理，并将结果书面答复异议人。

经核查，确认相关信息确有错误、遗漏的，信息提供者、征信机构应当予以更正；确认不存在错误、遗漏的，应当取消异议标注；经核查仍不能确认的，对核查情况和异议内容应当予以记载。

第五章　信用卡逾期罚息涉及的公平交易权分析

我国《消费者权益保护法》第十条规定："消费者享有公平交易的权利。消费者在购买商品或者接受服务时，有权获得质量保障、价格合理、计量正确等公平交易条件，有权拒绝经营者的强制交易行为。"金融消费领域消费者的公平交易权问题，往往涉及金融消费合同条款的争议，特别是格式条款是否公平的问题，其中，银行的信用卡逾期全额罚息就是引起理论界和实务界争议的问题之一。

 金融消费权益保护舆情典型案例

【案例1】全额计息条款引争议，央视主播诉某行①

2016年3月，央视主播李某在当月记账周期内刷卡消费18869.36元。至4月27日到期还款日，银行从其约定的还款账户扣款18800元。因约定还款账户中余额不足，故尚有69.36元未还。李某发现至5月7日（新的账单日）产生了317.43元的利息。李某认为，银行作为格式条款的提供方，未尽到充分的提示说明义务，加重了用户的责任。故提起诉讼，请求判决该格式条款无效，并返还利息。某银行认为，全额计息为行业惯例，拒绝接受李某的诉求。

---

① https://www.thepaper.cn/newsDetail_forward_1932558，2018年1月3日。

2017年9月1日，北京市某区法院作出一审判决，认定诉争的利息是依据某银行与李某之间签订的《领用协议》中的计息规则计算得出的金额，符合合同的约定，未违反相关法律的强制性规定，李某应偿还317.43元利息，驳回李某的诉讼请求。

2017年12月28日，北京市某中院作出二审判决，认为某行全额计息的规则计算的赔偿数额对持卡人违约造成的损失过高，透支利息即违约金应予以适当减少，撤销北京市某区法院一审民事判决；A银行向李某返还扣划的款项；驳回李某的其他诉讼请求。

【案例2】乙投诉B银行信用卡全额计息条款

2016年2月14日，乙致电"12363"，称其持有的B银行信用卡在1月产生8000余元消费，其实际还款6000余元，现B银行按照全部消费收取其利息，乙认为不合理，于是向B银行反映。截至2月14日仍没有处理结果，乙要求B银行按照实际未还金额收取利息。

2月18日，B银行经调查后表示，乙2016年1月账单欠款为6800余元，其实际还款4100元。根据B银行信用卡中心《领用合约》的相关规定，客户未能在到期还款日前全额偿还应还款项，B银行信用卡中心对全部透支交易额计收透支利息。随后，B银行信用卡中心联系乙并向其解释计息规则，鉴于其用卡记录良好，为乙特殊申请减免本次利息，今后仍按规则计息。

第一节 法理分析：信用卡逾期全额罚息问题的法律分析及建议

一、问题的引出

信用卡，是指记录持卡人账户相关信息，具备银行授信额度和透支功能，并为持卡人提供相关银行服务的各类介质。近年来，我国商业银行信用卡业务蓬勃发展，信用卡品种日益丰富，信用卡功能也不断创新。中国人民银行发布的《2016年支付体系运行总体情况》显示，截至2016年末，全国信用卡和借贷合一卡在用发卡数量共计4.65亿张，同比增长7.60%。全国人均持有信用卡0.31张，同比增长6.27%。① 然而关于信用卡透支计息问题银行和消费者之间一直争议纠纷不断。从2008年我国信用卡逾期全额罚息第一案——甲诉中国A银行股份有限公司信用卡纠纷案，到央视某节目主持人起诉某行，指责全额计息为不公平格式条款②，绝大多数银行一直坚持采用全额罚息的计息规则，法院判决对此也是支持的态度，但理论界一直有不同的声音。

【案例】甲诉A银行股份有限公司信用卡纠纷案（以下简称甲案）

2008年7月14日，甲向A银行申请办理信用卡。后经A银行审核通过。2008年11月，甲使用上述信用卡透支消费1861.76元。由于未记准尾数，在该月账单最后还款期前，甲还款1800元，有61.76元未还。2008年12月，A银行扣取甲2008年11月账单逾期利息，数额为34.72元。该罚息未以甲11月实际逾期金额61.76元作为基数计算，而是以全部透支金额1861.76元作为基数计算。

原告甲认为，甲与A银行签订的《A银行信用卡（个人卡）领用合约》（以下简称《合约》）属于格式条款。A银行在条款中规定如果发生逾期欠款，就按照全部透支金额计算罚息，违反了法律法规的有关规定，加重了还款人的责任，显失公平，且本案中A

---

① 《2016年支付体系运行总体情况》，http://www.pbc.gov.cn/zhifujiesuansi/128525/128545/128643/3273108/index.html，2017年3月28日。

② 澎湃新闻，http://t.cn/R6mIHIZ，2017年4月6日。

银行未对该条款进行合理提示,因此该条款应属无效条款。按《银行卡业务管理办法》规定,对于贷记卡持卡人选择最低还款额方式还款的,以未偿还部分为基数,计算透支利息。对于本案中上诉人远远高于最低还款额的情况,却以全部贷款数额计算透支利息显然有失公平。要求:1. 判决A银行返还甲34.72元,并支付占有上述款项的利息(从2008年12月31日至实际返还之日,按人民银行同期贷款利率计算)。2. 判决甲以实际逾期金额61.76元为基数,重新计算罚息。3. 判决A银行承担本案诉讼费。

被告A银行认为,甲与A银行在平等、自愿的前提下签订《合约》,依法成立并生效,双方都应当严格按照合同履行,未经协商一致,不能擅自变更。本案中关于逾期罚息的条款不属于法律规定的无效情形,是否对格式条款履行说明义务,并不必然导致条款无效。关于该条款是否显失公平的问题:1. 申请信用卡是自由自愿平等的,合约内容甲也是认可的,是其真实意愿的表示。2. 合约中关于逾期罚息的条款内容,符合国家法律法规,以及人民银行、银监会等银行监管部门的要求。3. 全额罚息的规则是一项国际惯例,是银行业用于防范信用卡风险,减少遏制恶意透支和套现的一种风险防范手段。4. A银行作为独立的公司法人,拥有自主经营的权利,对自己提供的金融服务产品,在法律规定的范围内,有自主定价的权利,甲可以自愿选择是否接受被告提供的金融产品。5. 不同银行针对自己的信用卡产品所规定的免息期、年费、利息、手续费等方面的差异,是市场主体不断竞争的体现,如果以法律手段强制性地要求企业提供完全一致的产品,违背法律、违背市场规律。故请求法院驳回甲的诉讼请求。

一审法院认为,格式条款是当事人为了重复使用而预先拟定,并在订立合同时未与对方协商的条款。《A银行信用卡(个人卡)

领用合约》中关于还款及利息计算方式的条款，属于格式条款。根据法律规定，提供格式条款一方免除其责任，加重对方责任，排除对方主要权利的，该条款无效。同时，提供格式条款一方，应采取合理的方式提请对方注意免除或者限制其责任的条款，按照对方的要求，对该条款予以说明。本案中，关于还款及利息计算方式的条款，并未超出法律法规的许可范围，同时也是银行业为减少恶意透支及信用卡套现的一种风险防范手段。该条款并没有免除被告责任，或加重原告责任、排除原告权利的内容，故不属于法定无效的条款。在该条款中没有免除或限制被告责任的内容，因此原告以被告未尽到合理提示义务为由主张该条款无效，缺乏法律依据，本院不予支持。另外，原告以显失公平为由，主张该条款无效，同样缺乏法律依据，本院不予支持。依照《中华人民共和国合同法》第三十九条、第四十条的规定，判决如下：驳回原告甲的诉讼请求。

二审法院认为：A银行与甲签订的《A银行信用卡（个人卡）领用合约》主体合格，双方当事人意思表示真实，内容未违反法律、行政法规的强制性规定，属有效合同，双方均应按照合同的约定，履行各自的义务。该合约明确约定："除章程或本合约另有约定的情形之外，对持卡人的非现金交易，从记账日起至最后还款日之间的日期为免息还款期，持卡人在免息还款期内偿还全部应还款项的，无须支付当期刷卡消费交易款项的利息，免息还款期的最长期限由本行在有关金融规章许可的范围内确定。持卡人未能于最后还款日前（含当日）足额偿还全部到期应还款项的，不享受免息待遇，并且所有交易和应付费用改为自记账日起按透支利率计算利息"。上述约定与普通贷款不同，既有持卡人按约定履行义务可享受的免息约定，又有持卡人超过约定的最后还款日还款按透支利率计算利息的约定。上述约定符合银行业的行业惯例，不构成加重持卡人的责任。A 银行依照上述约定向甲收取透支利息依法有据。甲的上诉意见缺乏法律依据，本院不予支持。综上，一审判决认定事实清楚，适用法律正确，依法应予维持。依照《中华人民共和国民事诉讼法》第一百五十三条第一款第（一）项之规定，判决如下：驳回上诉，维持原判。①

二、法律分析

在信用卡全额计息案件中，金融消费者与商业银行之间的争议焦点主要有两点：一是全额罚息计息方式是否违反有关法律规定；二是全额罚息计息方式是否加重了持卡人的责任。

关于第一个问题，即全额罚息计息方式是否违反有关法律规定。甲认为《中华人民共和国合同法》第三十九条第一款规定，"采用格式条款订立合同的，提供格式条款的一方应当遵循公平原则确定当事人之间的权利和义务，并采取合理的方式提请对方注意免除或者限制其责任的条款，按照对方的要求，对该条款予以说明"。第四十条规定，"格式条款具有本法第五十二条和第五十三条规定情形的，或者提供格式条款一方免除其责任、加重对方责任、排除对方主要权利的，该条款无效"。本案中，银行信用卡条款中以格式条款方式规定，如果发生逾期欠款，就按照全部透支金额计算罚息，显然加重了上诉人的责任，有违公平原则，为无效条款。

而 A 银行认为，合约中关于逾期罚息的条款内容，符合国家法律法规，以及人民银行、银监会等银行监管部门的要求。两审法院都认为，A 银行与甲签订的《A 银行信用卡（个人卡）领用合约》主体合格，双方当事人意思表示真实，关于还款及利息计算方式的

---

① http://www.law-lib.com/cpws/cpws_view.asp?id=200401318060，2017 年 3 月 28 日。

条款，并未超出法律法规的许可范围，属有效合同，双方均应按照合同的约定，履行各自的义务。

关于第二个问题，即全额罚息计息方式是否加重了持卡人的责任。甲认为按照《银行卡业务管理办法》第二十一条规定：贷记卡持卡人选择最低还款额方式或超过发卡银行批准的信用额度用卡时，不再享受免息还款期待遇，应当支付未偿还部分自银行记账日起，按规定利率计算的透支利息。信用卡为贷记卡的一种，使用信用卡消费实质为简单的贷款合同。持卡人已经按期偿还款项不属于逾期贷款，而按《贷款通则》规定，只有对于逾期贷款才可以按规定计收罚息。持卡人贷款消费金额为1860余元，按期偿还的金额为1800元，已经偿还了99%的贷款，远远高于最低还款额度。按《银行卡业务管理办法》规定，对于贷记卡持卡人选择最低还款额方式还款的，以未偿还部分为基数，计算透支利息。持卡人贷款消费1860元，如果按实际逾期还款的60元计算，应交付的罚息为0.02元，但按全额罚息计算交付的罚息为34.72元，后者为前者的1735倍，对于本案中持卡人远远高于最低还款额的情况，却以全部贷款数额计算透支利息显然有失公平。

而A银行认为申请信用卡的行为是在双方平等自愿的情况下进行的，合约内容持卡人也是认可的，是其真实意愿的表示。全额罚息规则符合国际惯例和行业惯例，是银行业减少信用卡风险，防止信用卡持卡人恶意透支和套现的手段之一，并无不合理之处。一审法院和二审法院也认为信用卡不同于一般贷款，既有关于免息期的规定，也有透支全额计息的规则，符合行业习惯，没有加重持卡人的责任。

我国第一例因"全额罚息"条款引起的民事诉讼案——甲诉A银行股份有限公司信用卡纠纷案以败诉告终。时隔8年，央视某节目主持人李某以类似甲的经历、理由和诉求,将某行告上法庭,由北京某区法院一审,以类似的说理判决李某败诉。李某向北京市某中院提出上诉后,该院作出了改判的终审判决。北京市某中院认为本案计息条款合法有效,李某应当依法履行合同约定,但是某行因李某未能按时还款而受到的损失,应是未偿还部分款项69.36元自首次消费记账日至该款项实际偿还日的利息损失。参考《最高法院关于审理民间借贷案件适用法律若干问题的规定》规定的有效利息约定上限标准即年利率36%,核算的银行利息损失金额为3.40元,显著低于按照本案计息条款计算的利息金额317.43元。因此二审判决:撤销北京某区法院一审民事判决;某行向李某返还扣划的253.75元。可以看出,与甲案相比,李某案在信用卡持卡人与发卡行之间就逾期利息的认定上,更倾向于保护持卡人。

三、理论探讨

(一)透支利息计算标准的确定依据

1. 信用卡透支利息的计算方式

目前,国内商业银行对信用卡透支利息的计算方式,主要有三种计息规则,即全额罚息、余额罚息和容时容差罚息。

(1)全额罚息规则。全额罚息规则是指,到期还款日以后,只要持卡人当期未能全额偿还应还款项,就不能享受免息还款期的优惠,发卡行将以全部应付款项为基数,从银行记账日起至款清之日止为期限,计算透支利息。

目前,中国境内的大多数商业银行都使用这一规则,如《C银行信用卡章程》第四/三条款规定"贷记卡持卡人未能按期全额还款或超过信用额度用卡,或者进行预借现金交易,不享受免息还款期待遇，应分别支付不符合免息条件的全部透支交易额（含已偿还部分）或者预借现金交易额自交易记账日至还款记账日的透支利息，并按月计收复利。"《中国D银行信用卡（个人卡）领用合约》的约定：持卡人未能在到期还款日之前（含）全额还款的，所有交易不享受免息还款待遇；已偿还部分按透支利率计收自记账日至还款日的利息，未偿还部分按透支利率自记账日持续计息。透支利率按照0.5‰计息。

外资银行亦有类似规定，花旗银行规定：如您在到期还款日前偿还了当期对账单项下的全部本期应还款额即可享受免息还款待遇。否则，本行将就您信用卡项下的所有不符合免息还款条件的非预借现金交易欠款（包括当期对账单项下的交易欠款及账单日之后的所有新签交易欠款）自有关交易的记账日起按本合约第五条第三款规定的利率和计息方式计收透支利息，直至您偿还未还债务之日止。

（2）余额罚息规则。余额罚息规则是指，发卡行只对到期还款日之前未清偿部分，即实际欠款计收从银行记账日起至还款日止的透支利息。目前只有工商银行采用余额计息规则，2009年的《E银行某信用卡章程》第二十一条第二款规定：持卡人可按照对账单标明的最低还款额还款。按照最低还款额规定还款的，发卡机构只对未清偿部分计收从银行记账日起至还款日止的透支利息。

（3）容时容差罚息规则。容时容差罚息规则可以分别从"容时"与"容差"两个部分进行阐释。根据《中国银行卡行业自律公约》第十四条的规定，"容时"是指银行会为持卡人提供一定期限的还款宽限期服务，还款宽限期自到期还款日起至少3天，持卡人若能够在还款宽限期内还款，就可以视同持卡人按时还款；"容差罚息规则"则是指，持卡人未能在到期还款日前还清透支总额的,只有未还清透支额超过发卡机构规定的数额,银行才对透支总额自记账日起按规定利率计息。① 根据上述《公约》第十四条的规定:"……为持卡人提供'容差服务',如持卡人当期发生不足额还款,且在到期还款日后账户中未清偿部分小于或等于一定金额(至少为等值人民币10元)时,应当视同持卡人全额还款。"总的来说,容时容差罚息规则在性质上也属于全额罚息规则,它只是全额罚息规则在适用时的一种特殊安排。自2013年7月1日中国银行业协会正式公布上述的《中国银行卡行业自律公约》,倡导各信用卡发卡行建立信用卡还款"容差服务和容时服务"以来,一些商业银行对罚息规则进行了调整,如招商银行、邮储银行等。

2. 商业银行采用计息规则的依据

(1) 法律法规和规范性文件的规定。《国家发展改革委 中国银监会关于印发商业银行服务政府指导价政府定价目录的通知》(发改价格〔2014〕268号)只对商业银行为银行客户提供的基础金融服务实行政府指导价、政府定价管理。《商业银行服务政府指导价政府定价目录》中也未见关于信用卡透支利率的定价规定。

《中华人民共和国商业银行法》第三十八条规定,"商业银行应当按照中国人民银行规定的贷款利率的上下限,确定贷款利率"。中国人民银行《银行卡业务管理办法》(银发〔1999〕17号)第二十条第一款规定:"银行记账日至发卡银行规定的到期还款日之间为免息还款日。免息还款期最长为60天。持卡人在到期还款日前偿还所使用全部银行款项即可享受免息还款期待遇,无须支付非现金交易的利息。"第二十三条规定,"贷记卡透支按月计收复利,准

---

① 柯航锋:《金融法苑》,13页,中国金融出版社,2009。

贷记卡透支按月计收单利,透支利率为日利率万分之五,并根据中国人民银行的此项利率调整而调整"。该办法规定了享受免息还款期待遇的条件,即"到期还款日前偿还所使用全部银行款项",但对未还清欠款时的处理办法并未作出明确规定。

从法律推理上来说,已知 A 推出 B,并不能必然得到非 A 推出非 B。这是争议焦点的核心所在。即"到期还款日前偿还所使用全部银行款项"推出"享受免息还款期待遇",并不必然得到"到期还款日前未偿还所使用全部银行款项"推出"不享受免息还款期待遇",更无法得到采用何种计息方式的相关依据。因此,各银行的规定更多地体现为经营方式的自主选择。中国人民银行 2016 年发布的《关于信用卡业务有关事项的通知》(银发〔2016〕111 号)更是规定"信用卡透支的计结息方式,以及对信用卡溢缴款是否计付利息及其利率标准,由发卡机构自主确定"。进一步放宽了商业银行在信用卡利率定价、免息期等方面的自主经营权。

(2) 行业协会自律公约的约束。中国银行业协会公布了《中国银行卡行业自律公约》并于 2013 年 7 月 1 日起实施,其中第十四条规定,"……倡导各信用卡发卡行建立信用卡还款'容差服务和容时服务'或对贷记卡透支额在免息还款期内已还款部分给予利息减免优惠……"该条款倡导发卡行为持卡人提供 3 天的还款宽限期,并在持卡人发生不足额还款但是未清偿部分小于 10 元时视同持卡人全额还款,如前文所述实际上是倡导容差计息。另外该条款倡导"对贷记卡透支额在免息还款期内已还款部分给予利息减免优惠",也是鼓励商业银行能在一定程度上采取余额计息。

中国支付清算协会发布的《商业银行信用卡息费计收自律规则》(中支协银行卡发〔2013〕2 号)第三条规定,"成员单位可实施部分计息。部分计息即对贷记卡透支额中已还款金额给予利息减免优惠，对未还款部分按监管机构相关规定收取利息。贷记卡持卡人支取现金的情形除外"。第五条规定，"成员单位应建立人性化和多样化的息费计收容错机制，可通过提供容差还款、还款宽限期、更改账单日等服务，减少持卡人因非主观意愿造成的息费支出，帮助持卡人合理安排还款……"

综上，我国信用卡业务经过三十多年的发展，政府部门和金融监管机构对透支利息计价采取鼓励商业银行根据市场规律自主确定的政策，没有做过多的限制。但是行业自律组织鼓励银行采用余额计息和容差计息规则。

3. 全额罚息计息方式并非国际惯例

（1）美国。美国信用卡发卡机构主要使用"平均每日余额法"（Average Daily Balance）作为计算迟延给付的主要方法。"平均每日余额法"是指发卡机构把账单周期内每天的透支余额相累加，算出账单周期内的日均透支余额，接着再乘以账单周期天数、日利率来计算利息。利率也不是固定的，而是要采用银行对持卡人初始信誉的评估后所得出的浮动利率。美国信用卡市场占有率较高的几大发卡机构如美洲银行、富国银行、第一金融资本公司等均采取每日平均余额法计息，这种计息方式相比全额罚息来看，不仅利息相对减少，也更趋合理。[①]

（2）日本。日本对于利息的规定见于《利息限制法》当中，以金钱为目的的消费借贷利息必须符合该法规定的利息范围，倘若超过了法律规定的利息限制范围，则超过部分无效。具体法条为：本金不满 10 万日元的，年利息不得超过 20%；本金在 10 万日元以上不满 100 万日元的，年利率不得超过 18%；而本金在 100 万日

---

① 王洪：《金融法苑》，46 页，中国金融出版社，2012。

元以上的，年利率不得超过 15%。日本的银行在借贷的过程中要遵守《利息限制法》的具体规定，不可能发生全额罚息导致的结果，所以日本也就无所谓全额罚息之概念。①

（3）中国台湾地区。我国台湾地区大部分银行曾使用过全额罚息计息方式，但随着消费者保护群体对于全额罚息的反对呼声越来越高，台湾地区"监察院"督促"金融监管委员会"作出改进。2010 年 7 月，台湾地区"行政院"出台"信用卡定型化契约应记载事项及不得记载事项"，该文件明确规定了"循环信用利息以未缴付余额计付"，自此台湾信用卡开始实行余额计息。②

由此可见全额罚息并非国际通行的信用卡透支计息规则，一些曾经采用过全额罚息计息规则的国家和地区也出于保护消费者的考虑，摒弃了这一计息规则转而采用更加合理的计息方式。

此外，银行用"国际惯例"这一说法来为自己辩护也并不合适，国际惯例作为法律渊源的一种得到了我国法律的认可，《民法通则》第一百四十二条规定，"……中华人民共和国法律和中华人民共和国缔结和参加的国际条约没有规定的，可以适用国际惯例。"但是法律渊源意义上的国际惯例，指的是国际裁决机构，如国际法院所确认的国际法规则，以及国际活动中共同遵守的不成文的习惯。若仅仅把部分国家的信用卡透支计息规则称为国际惯例，在法院裁判上不应当具有法律效力。

（二）全额罚息规则的利弊分析

全额罚息规则事实上并不违反任何强制性的禁止规定，其作为

---

① 杨梦梅、蔡士博：《信用卡全额罚息相关法律问题探讨》，载《西南金融》，2015 (7)，第 74 页。
② 周彦君：《关于我国商业信用卡透支计息方式的研究》，载《西部金融》，2012 (6)，第 31 页。

一项国际惯例，是信用卡行业较为普遍的做法，从银行业用其作为防范信用卡风险，减少遏制恶意透支和套现情况的角度来看，其具有积极作用。但是从金融消费者权益保护等角度来看，全额罚息规则存在一定的不合理性。

1. 影响发卡行与持卡人的平等地位

甲诉A银行案中，法院认为信用卡领用合约是持卡人和发卡行两个平等的主体之间签订的合同，双方的意思表示真实，也都是适格的主体。从民法的角度分析确实如此，客户申请信用卡是自觉自愿的行为，为了享受这一金融服务带来的便利，对银行的诸多要求也是认可的，比如收取年费、获取个人金融信息、将自己的个人信息提供给必要的第三方等。各银行之间竞争激烈，如果客户对某一家银行的服务不满意还可以注销信用卡换另一家银行，表面上看客户享有充分的选择权。但事实上并非如此，一是各银行之间虽然竞争激烈但提供的几乎是同质化的服务，除了少数银行采取余额计息规则外，大多数银行都选择了全额罚息计息规则或者"全额罚息"+"容时容差罚息"的模式，容差也多限于10元以内，消费者在是否享有全额计息之外的其他服务方式的方面，难以有充分的选择空间。二是客户的议价能力低。信用卡章程和信用卡领用合约都是格式条款，客户只能选择接受或者不接受。同时金融产品和服务具有复杂性，银行完全可以利用自己的优势地位和信息不对称，在格式条款中减轻自己的责任、加重对方的义务，而客户在签署这一份信用卡领用合约时未必能理解合约中影响自己权利义务条款的真正含义。

从民法的角度签订合同的双方是平等的主体，但鉴于金融产品和服务的特殊性，持卡人与发卡行之间的地位并不平等，持卡人作为金融消费者，理应受到经济法上的倾斜保护，以此达到实质上的公平。

2. 全额计息规则加重了消费者的责任

（1）全额计息规则导致赶走"好客户"。持卡人如果只记得信用卡账单的整数，还款时不小心有几元的零头没有偿还，就会导致额外的信用卡罚息。假设信用卡的账单日是每月7日，最后还款日是当月25日，持卡人在5月8日消费10000元，在6月7日收到的账单上就会显示应还金额为10000元，最低还款额为1000元，持卡人在6月25日还款日只还了9999元，而剩下1元的零头没有清偿的话，那么7月7日的账单就会多出因这1元的剩余而产生的利息：10000元×0.05%×48天+1元×0.05%×12天=240.006元。如果采用余额计息规则，7月7日的账单只因这1元产生利息：1元×0.05%×60天=0.03元，两种计息方式导致的利息差额较大。显而易见，全额计息规则在一定程度上加重了客户的负担。

（2）全额罚息为银行在信用卡业务上创造了高额利润。信用卡透支消费后的息费主要是由违约金和透支利息构成，全额罚息指的是透支的利息。资金是具有时间价值的，这个价值在经济学上称为利息，在法律上称为孳息，银行让渡一部分资金供消费者使用，得到相应的报酬无可厚非。法院也认为信用卡领用合约不同于一般的贷款合同，信用卡领用合约既有免息期的规定，又有罚息的规定，合情合理。但此合情合理应理解为补偿银行资金的运营成本，而非片面成为银行利润的增长点。

根据全额罚息的计息规则，信用卡的发卡行是债权人，持卡人是债务人，持卡人从发卡行获得一笔免息贷款，如果按期归还则享受免息待遇，如果到期没有足额还款，无论余额多少都按照全部金额计算透支利息，如果还款金额不到最低还款额还要加收违约金。把已经归还的款项仍然当作本金计算透支利息显然不合理。实际上中国人民银行在1999年的《银行卡业务管理办法》（银发〔1999〕17号）有明确规定的仅仅是"贷记卡持卡人选择最低还款额方式……不再享受免息还款期待遇，应当支付未偿还部分自银行记账日起，按规定利率计算的透支利息"，并未明确最低还款额以上、足额还款以下部分要计收透支利息或如何计收利息。

透支利息不同于一般利息，其带有明显的惩罚性，中国人民银行在1999年的《银行卡业务管理办法》（银发〔1999〕17号）中关于透支利息的规定也很高，"贷记卡透支按月计收复利，准贷记卡透支按月计收单利，透支利率为日利率万分之五，并根据中国人民银行的此项利率调整而调整"。虽然《关于信用卡业务有关事项的通知》（银发〔2016〕111号）关于透支利息有了新的规定，"对信用卡透支利率实行上限和下限管理，透支利率上限为日利率万分之五，透支利率下限为日利率万分之五的0.7倍"。但目前绝大多数银行仍然按照万分之五按月计收复利，以此计算得出的年利率为20%，而银行信用消费贷款产品的利息是7%左右，发卡行如果是为了防范恶意透支风险、防止套现的需要，计收全额罚息三分之一的利息即可以弥补运营损失。信用卡中循环利息也就是罚息的收入占银行信用卡总收入的40%~50%，我国各大银行的信用卡盈利基本上都是靠罚息收入。这也就是在工商银行率先取消信用卡透支部分未还全额罚息后，并没有银行跟进的原因。全额罚息俨然成为各大银行信用卡盈利的手段。① 在这一意义上，全额罚息条款的设计没有合理分配当事人之间的权利与义务。

3. 银行应尽到信息披露义务

《合同法》第三十九条第一款规定，"采用格式条款订立合同

---

① 贺娟：《信用卡领用合约中全额罚息条款法律效力研究》，湘潭大学硕士学位论文，2011年，第20页。

的,……并采取合理的方式提请对方注意免除或者限制其责任的条款,按照对方的要求,对该条款予以说明"。《消费者权益保护法》第二十六条第一款也规定,"经营者在经营活动中使用格式条款的,应当以显著方式提请消费者注意等与消费者有重大利害关系的内容,并按照消费者的要求予以说明"。《中国银行卡行业自律公约》第十三条更是详细规定,"……成员单位应加强信用卡业务信息披露,充分揭示信用卡计息规则的含义,应在信用卡申请表中以突出的字体明确说明计息规则,并通过网站等宣传渠道提供计算规则及模拟案例……"

但在实践中,大部分银行的做法是在信用卡领用合约中用黑体字加粗标注重要条款,以达到提醒消费者注意的要求。这样做的结果有待提升,中国人民银行2015年开展的金融素养调查结果显示:在对待银行格式条款的问题上,34.2%的消费者能够仔细阅读银行的合同条款;54.7%的消费者只是简要阅读合同条款;11.1%的消费者根本不读合同条款。《北京现代商报》和新浪理财频道联合推出的"信用卡罚息调查"显示,"近八成参加调查者不知道少还款零头要被全额罚息"[①]。银行在推销信用卡的过程中,详细介绍的往往是各种增值服务,对信用卡年费、利息计收规则、账单日、最后还款日等与消费者关系重大的事项几乎不会主动提及。

（三）基于利益平衡视角的实践建议

甲与A银行信用卡纠纷案,终审判决中指出,"本案中,关于还款及利息计算方式的条款,并未超出法律法规的许可范围,同时也是银行业为减少恶意透支及信用卡套现的一种风险防范手段"。

---

① 《三一五金融维权风云榜之最冤枉的维权者袁先生》, http://finance.sina.com.cn/money/tz/20050314/07291426598.shtml, 2017年4月9日。

可见，在我国立法、司法实践中注重对银行业利益的保护，认可全额罚息规则在抑制潜在大规模信用卡恶意透支行为、扰乱金融秩序，避免引发系统性金融风险方面的作用，体现了对金融稳定和公共利益的维护。随着我国金融市场外部环境的不断优化及国际金融危机之后的发展趋势，应关注对金融市场中处于弱势地位的消费者予以倾斜性保护。就此而言，银行在消费者申领信用卡和签订协议时，应进一步强化事先对持卡人就相关条款进行充分提醒，如"通过短消息、微信、电子邮件等方式提醒消费者还款金额和时间"等内容，确认消费者认可上述提醒方式，预防逾期相关纠纷的产生，同时，也是保障金融消费者知情权的要求，也能进一步保障消费者的公平交易权。

容时容差计息作为近几年出现的计息政策，日益受到关注。这种计息方式，既有助于银行控制信用风险，又能避免因持卡人未能还清小额欠款而引起的全额计息纠纷。不少银行从提高服务质量，提升客户体验的角度出发纷纷采取容差计息规则。容时容差计息规则同样可以起到减轻利息负担，防范透支风险的作用，值得进一步推广。

四、小结

对于信用卡逾期计息问题，有赖于商业银行、金融消费者、金融监督管理部门、司法机关等共同努力，通过充分调查研究，制定更为合理的信用卡计息政策，在维护金融行业稳定发展的同时，保护金融消费者的合法权益。

第二节 中立评估意见：金融机构信用卡利息与违约金规则的明确性及合理性分析

关于客户张某投诉某银行信用卡利息与违约金收取规则不明、收费不合理纠纷的评估书

张某（以下简称"客户"）于 2012 年 10 月申请办理某银行信用卡，当月发生交易并产生账单，并于 2015 年 4 月还清余款。从产生第一笔账单至完全还清余款共经历 28 期账单，历时 28 个月。因张某第 1 期、第 2 期账单满足最低还款额要求，从第 3 期起，账单均不满足于最低还款额要求，因而进入逾期状态，产生利息及违约金。其间，多期账单还款均为 0 元，直至第 29 期，张某在一次性还清账单余款的同时，溢缴款 205.54 元，溢缴款在当月被领回。现张某投诉某银行信用卡利息及违约金"收取规则不明、收费不合理"。

2018 年 9 月，上海市金融消费纠纷调解中心受理此纠纷后，特邀中立评估专家对此纠纷开展评估，中立评估专家于 2018 年 10 月 16 日出具评估报告初稿，因银行未能提供张某账单及利息及违约金计算方式，对利息及违约金的计算是否正确持保留意见；之后，银行于 2018 年 11 月 6 日提供《补充材料》，提供张某账户账单明细、利息及违约金计算方式及详情说明，现将评估结果提供给当事双方，供参考。

一、当事人双方

消费者：持卡人张某

发卡人：某银行信用卡中心

二、当事人陈述及证据

张某：没有自己的陈述及证据。根据发卡人提供的材料，其投诉内容为：信用卡利息及违约金"收取规则不明，收费不合理"。

发卡人：银行对信用卡的利息及违约金，申领信用卡的合约及章程均有明确的规定及说明，对于客户账单均按规定计算、按时发布、合理收取，投诉的情形不存在，详见《关于客户张某的投诉评估材料说明》（以下简称材料说明）。

2018年9月提供证据：

1.《某银行信用卡（个人卡）通用领用合约》；

2.《某银行信用卡章程（第九版）》。

2018年11月6日补充提供材料：

1. 张某账户历史账单明细；

2. 利息及违约金计算方式及明细；

3. 计息及违约金计算情况说明。

三、案件情况及利息、违约金的计算

（一）案件情况：张某在2012年10月申领信用卡，开始发生交易并产生账单，2015年4月还清余款，从产生第一笔账单至客户完全还清余款共经历28期账单，即历时28个月。张某第1期、第2期账单满足最低还款额要求，从第3期开始，账单均不满足最低还款额要求，因而进入逾期状态，发生利息及违约金。其间，多期账单还款均为0元，直至第29期账单还清余款。以下为账单总览：

第1期：2012年11月账单应还金额为1830.05元，最低还款额为217.57元，客户还款300元，满足最低还款额要求。

第 2 期：2012 年 12 月账单应还 3026.8 元，最低还款额为 364.36 元，客户还款 400 元，满足最低还款额要求。

第 3 期：2013 年 1 月账单应还 3057.52 元，最低还款额为 415.5 元，客户还款 0 元，不满足最低还款额要求。

第 4 期：2013 年 2 月账单应还 3128.78 元，最低还款额为 916 元，客户还款 0 元，不满足最低还款额要求。

第 5 期：2013 年 3 月账单应还 3218.09 元，最低还款额为 1523.86 元，客户还款 500 元，不满足最低还款额要求。

第 6 期：2013 年 4 月账单应还 2815.09 元，最低还款额为 1392.67 元，客户还款 0 元，不满足最低还款额要求。

第 7 期：2013 年 5 月账单应还 2926.17 元，最低还款额为 1872.56 元，客户还款 0 元，不满足最低还款额要求。

第 8 期：2013 年 6 月账单应还 3063.28 元，最低还款额为 2552.84 元，客户还款 0 元，不满足最低还款额要求。

第 9 期：2013 年 7 月账单应还 3231.68 元，最低还款额为 3231.68 元，客户还款 0 元，不满足最低还款额要求。

第 10 期：2013 年 8 月账单应还 3435.38 元，最低还款额为 3435.38 元，客户还款 500 元，不满足最低还款额要求。

第 11 期：2013 年 9 月账单应还 3120.27 元，最低还款额为 3120.27 元，客户还款 0 元，不满足最低还款额要求。

第 12 期：2013 年 10 月账单应还 3309.54 元，最低还款额为 3309.54 元，客户还款 0 元，不满足最低还款额要求。

第 13 期：2013 年 11 月账单应还 3343.91 元，最低还款额为 3343.91 元，客户还款 0 元，不满足最低还款额要求。

第 14 期：2013 年 12 月账单应还 3377.17 元，最低还款额为 3377.17 元，客户还款 0 元，不满足最低还款额要求。

第 15 期：2014 年 1 月账单应还 3411.54 元，最低还款额为 3411.54 元，客户还款 0 元，不满足最低还款额要求。

第 16 期：2014 年 2 月账单应还 3445.91 元，最低还款额为 3445.91 元，客户还款 500 元，不满足最低还款额要求。

第 17 期：2014 年 3 月账单应还 2975.21 元，最低还款额为 2975.21 元，客户还款 500 元，不满足最低还款额要求。

第 18 期：2014 年 4 月账单应还 2496.84 元，最低还款额为 2496.84 元，客户还款 0 元，不满足最低还款额要求。

第 19 期：2014 年 5 月账单应还 2515.11 元，最低还款额为 2515.11 元，客户还款 300 元，不满足最低还款额要求。

第 20 期：2014 年 6 月账单应还 2230.69 元，最低还款额为 2230.69 元，客户还款 0 元，不满足最低还款额要求。

……

第 29 期：2015 年 3 月账单应还 2244.46 元，最低还款额为 2244.46 元，客户还款 2450 元。2015 年 5 月客户领回溢缴款 205.54 元。

(二) 利息及违约金的计算及说明

张某账户账单：见附件 1（略）

利息及违约金计算及说明：见附件 2（略）

四、本案争议焦点

1. 某银行收取的利息及违约金是否存在"收取规则不明"；
2. 某银行收取的利息及违约金是否"收费不合理"。

五、评估意见

针对上述两个焦点问题，依据我国法律规定，综合本案材料，

出具以下评估意见:

(一)银行收取的利息及违约金是否存在"收取规则不明"

此问题涉及是否有据、合法及释明三个层面。

1. 是否有据:《某银行信用卡(个人卡)通用领用合约》第三条对账和缴款 3 规定 "3. 乙方及其附属卡持卡人的当期非现金交易自银行记账日至到期还款日(含)为免息还款期。在免息还款期内偿还当期已出账单的全部款项,无须支付非现金交易的利息。否则,自甲方记账日起按甲方核给的对应期间的日利率计收利息至清偿日止,甲方按月计收复利,如有变动按中国人民银行的有关规定执行"。8 规定 "8. 乙方可以选择以最低还款额方式还款,即于当期到期还款日(含)前将不低于最低还款额的款项偿还甲方。选择最低还款额方式不享受免息还款期待遇。乙方如未于每月到期还款日(含)前还清当期最低还款额,除应支付循环信用利息外,还应支付最低还款额未还部分的 5% 作为违约金,最低为 10 元或 1 美元"。在某银行信用卡章程(第九版)的第二十五条、第二十六条也有同样的规定。

综上所述,某银行收取利息及违约金的行为是有依据的。

2. 是否合法。《某银行信用卡(个人卡)通用领用合约》及《某银行信用卡章程(第九版)》符合《合同法》及《银行法》等法律法规的规定,其设立及规定是合法的。

张某自愿申请领用某银行信用卡,与信用卡中心签订《领用合约》构成了张某与信用卡中心之间的合同关系,《信用卡章程(第九版)》构成了张某与信用卡中心的操作规程。

根据法律规定,合同一经签订,对双方产生法律拘束力,某银行依约收取的利息及违约金是合法的。

3. 是否向张某释明。一是合约及章程上有明确规定；二是张某每月可以通过信用卡客户端掌上生活、官方微信、手机银行，网上银行和电子邮件等渠道收到某银行的通知信息。

综上，张某关于利息及违约金收费规则不明的投诉情况不存在。

(二) 某银行利息及违约金的计算是否正确、合理

1. 银行未能足额计算及收取利息及违约金：

银行从2013年7月未能按收费约定计算复利，见表1：

表1

2013.6					
金额	入账日/交易日	还款日/账单日	计息天数	利息金额	摘要
2805.35	2013/5/6	2013/6/6	31	43.48	上期计息余额
2013.7	本期（C5）开始计收单利，即仅以本金计息				
金额	入账日/交易日	还款日/账单日	计息天数	利息金额	摘要
2718.09	2013/6/6	2013/7/6	30	40.77	计息本金
2013.8					
金额	入账日/交易日	还款日/账单日	计息天数	利息金额	摘要
2718.09	2013/7/6	2013/8/6	31	42.13	计息本金
2013.9					

银行从2013年7月未按最低还款额计算违约金，见表2：

第五章 信用卡逾期罚息涉及的公平交易权分析

表2

2013.7				违约金 (上期最低未还金额 ×0.05)
交易类型	金额	最低额比例	最低额金额	
当期一般消费本金	0.00	10%	0.00	
当期预借现金本金	0.00	10%	0.00	
当期预借现金手续费	0.00	100%	0.00	
当期分期本金	0.00	100%	0.00	
当期分期手续费	0.00	100%	0.00	
当期利息/滞纳金/其他费用	168.40	100%	168.40	
上期+往期/一般消费+预借现金本金	2718.09	10%	271.81	
上期+往期分期本金	0.00	100%	0.00	
上期+往期息费	345.19	100%	345.19	
上期最低未还金额	2552.84	100%	2552.84	127.64
超限额	168.40	100%	168.40	
总（本期最低还款额超过账单金额，故取账单金额3231.68）			3506.64	
2013.8				
交易类型	金额	最低额比例	最低额金额	
当期一般消费本金	0.00	10%	0.00	
当期预借现金本金	0.00	10%	0.00	
当期预借现金手续费	0.00	100%	0.00	
当期分期本金	0.00	100%	0.00	
当期分期手续费	0.00	100%	0.00	
当期利息/滞纳金/其他费用	203.70	100%	203.70	
上期+往期/一般消费+预借现金本金	2718.09	10%	271.81	
上期+往期分期本金	0.00	100%	0.00	
上期+往期息费	513.59	100%	513.59	
上期最低未还金额	3231.68	100%	3231.68	161.58
超限额	203.70	100%	203.70	
总（本期最低还款额超过账单金额，故取账单金额3435.38）			4424.48	

整体详见附件2（略）。

2. 未能足额计算复利及违约金原因：

张某从 2012 年 10 月开卡后，仅在 10 月、11 月、12 月及 2013 年 1 月出现借款（总额 1710 元）及消费（总额 1922.35 元），从 2013 年 1 月 5 日之后再无借款及消费，从 2013 年 1 月到 2015 年 4 月之间发生的所有费用，均是不同交易类型对应的最低额利息不能支付而产生的滞纳金、循环利息及违约金，在 2013 年 7 月之后的每个月，本期最低还款额均大于账单总额的情况，比如：7 月最低还款额为 3506.64 元，账单总额为 3231.68 元；8 月最低还款额为 4424.48 元，账单总额为 3435.38 元。

综上所述，银行未能按规定足额收取利息及违约金，客观上有利于客户；客户投诉的收费不合理从计算方面，没有损害客户利益。

(三) 某银行信用卡收费制度亟待完善及修改

1. 银行收费种类繁多、计算复杂，全是文字表述，既没有计算公式列表，也没有通俗易懂的图解或说明。

首先，存在消费与借款的不同；其次，存在单利、复利……每月存在不同交易类型对应的最低额比例，不能偿还最低额便产生违约金、不享受信用卡免息期等。上述制度，均是大段文字表述，没有计算列表及公式，没有通俗易懂的图解及说明，非专业客户无法理解。本专家也是在银行提供具体列表、详细算法及说明的基础上反复核对、多方比较才理解的。这也是张某投诉的原因之一。

2. 收费制度没有止损的设定及处理。

张某从 2012 年 10 月办卡，仅在前 4 个月存在消费，从 2013 年 1 月 5 日之后便没有出现过任何消费，可账单及费用一直累积到 2015 年 4 月客户还清，两年多的时间均是滞纳金、循环复利及利息的累计计算，到 2013 年 7 月，出现最低还款额高于账单总额的尴尬局面，导致银行不得不从 2013 年 7 月计算单利及按账单总额计算违约金。尽管银行未能足额计算利息及违约金，但客户仍强烈不满而进行投诉。试想一下，如果消费金额较大客户无力承担、如果出现客户死亡、失踪等特殊原因，这种累计能够一直下去吗？张某这么小的消费金额，银行不是也自行调整了吗？未能充分考虑特殊情况的收费制度，有损银行形象，对客户不公。如果银行设定止损制度，看似经济有损，但借贷业务及时了结，内部节能高效，外部形象及社会效果好，用户满意度高。

六、评估结论

1. 张某关于某银行信用卡收取的利息及违约金"收取规则不明"的投诉情况不存在。

2. 张某关于某银行信用卡收取的利息及违约金"收费不合理"的投诉，银行因客观原因未能足额收取，客观上未损害客户利益。

3. 某银行作为发卡行，是收费制度的设计及执行者，收费制度有待完善，向客户的释明方式及服务有待提高。

附件1：张某账户账单（略）

附件2：利息及违约金详情说明（略）

第六章 金融消费者依法求偿权与金融机构风险提示义务分析

我国《消费者权益保护法》明确规定了消费者依法求偿的权利，第十一条规定："消费者因购买、使用商品或者接受服务受到人身、财产损害的，享有依法获得赔偿的权利。"实践中，金融消费纠纷的多元化解机制正在逐步建立，金融消费者依法求偿的路径日益顺畅。

 "12363"典型投诉案例

【案例1】甲投诉A银行信用卡中心

2018年12月5日，甲致电12363反映2018年2月其在泰国时银行卡被盗刷，被盗刷时A银行自动提高额度，一开始卡片额度是8万元，现在额度是24万元。甲联系A银行客服被告知对没有异议的消费先还款，回国后再解决被盗刷的金额。故甲联系家人让其把没有异议的钱款先还了，5月21日到A银行信用卡中心协商被告知必须还被盗刷的钱款。甲提议走法律途径，5月28日A银行将律师函送至其家中。直至12月，A银行仍不愿意与甲协商或是向法院起诉，一直拖着未解决。甲要求A银行尽快解决此事。直至2019年3月，甲仍向12363反映此事未解决。

【案例2】乙投诉B银行信用卡中心

乙持有B银行信用卡，于2018年9月18日发现该卡被盗刷，于是致电 B 银行客服要求冻结信用卡，同时要求提供该笔盗刷的交易流水号，但乙表示由于 B 银行没有及时提供流水号故导致该笔盗刷成功，要求 B 银行赔偿该笔盗刷产生的损失。

B 银行经调查后表示，此事是电信诈骗，乙因轻信虚假调额的诱惑，泄露信用卡关键信息导致被骗，对未妥善保管好信用卡信息所产生的风险和损失，乙负有主观过错，需自行承担盗刷风险。

第一节　法理分析：加强体制机制建设，维护消费者依法求偿权

一、问题的引出

金融消费者保护的相关议题近年来一直是理论与实务研究的热点，尽管对于"金融消费者"这一基本概念之内涵与外延的界定仍未形成高度共识和立法规定，但从最一般意义上理解，金融消费者的概念作为消费者这一上位概念在金融领域的延伸，除了具有金融领域的一些特殊性之外，在消费者法的一般制度和理念层面，两者应该是共通的。我国《消费者权益保护法》所规定的消费者权利，也是金融消费者所应当享有的权利。本章探讨其中的依法求偿权。

二、金融消费者依法求偿权的基本理论

所谓消费者权利，是以生产者与消费者不平等关系为基础的，目的在于补救消费者的弱者地位，不同于传统民法上经济人对经济

人的平等关系上的权利。① 金融消费者的依法求偿权就是有效补救金融消费者的弱势地位、实现金融消费者的损害救济从而保障金融消费者其他权益的重要权利。

所谓消费者的依法求偿权②，即消费者因购买、使用商品或者接受服务受到人身、财产损害时所享有的依法获得赔偿的权利。具体到金融消费领域而言，金融消费者的依法求偿权就是指因购买、使用金融产品或接受金融服务而遭受人身或财产上的损害而产生的寻求赔偿的权利。这里的赔偿既包括人身损害的赔偿，也包括财产损害的赔偿。

法谚云："没有救济就没有权利。"人类的权利自始就与救济相联系。当人类脱离了盲动或依附而获得了一定的权利时，也必有与之相适应的救济手段相随。没有救济可依的权利是虚假的。③ 所以，金融消费者依法求偿权的保障，或者说金融消费者的人身或财产权利受到侵犯时应该如何有效救济，是金融消费者依法求偿权的核心。下文将重点围绕金融消费者依法求偿权的保障（金融消费纠纷的有效解决与权利救济）展开论述。

三、金融消费者依法求偿权保护的规范与实践

我国现行规范体系中，对于金融消费者依法求偿权的保护，体现在不同层级的法律法规等规定中，司法实践也通过法律的适用和制度创新，使金融消费纠纷的解决方式得到了一定的发展。

（一）金融消费者依法求偿权保护的既有规范

我国目前还没有专门的《金融消费者权益保护法》，法律层面

---

① 梁慧星：《消费者运动与消费者权利》，载《法律科学》，1991（5），第38－39页。
② 也表述为"索赔权""获得赔偿权"等。
③ 程燎原、王人博：《权利论》，381页，广西师范大学出版社，2014。

直接规定求偿权的规范见于《消费者权益保护法》第十一条,该条规定:"消费者因购买、使用商品或者接受服务受到人身、财产损害的,享有依法获得赔偿的权利。"

国务院的规范性文件层面,《国务院办公厅关于加强金融消费者权益保护工作的指导意见》(国办发〔2015〕81号)要求:"保障金融消费者依法求偿权。金融机构应当切实履行金融消费者投诉处理主体责任,在机构内部建立多层级投诉处理机制,完善投诉处理程序,建立投诉办理情况查询系统,提高金融消费者投诉处理质量和效率,接受社会监督。"

国务院部门的规范性文件层面而言,《中国人民银行金融消费者权益保护实施办法》(银发〔2016〕314号,2016年12月14日印发)在第四章规定了金融消费纠纷的投诉受理与处理程序,作为对金融消费者依法求偿权的进一步保障。明确"中国人民银行及其分支机构受理法定职责范围内的,和跨市场、跨行业交叉性金融产品与服务的金融消费者投诉。"并规定了两个层次的投诉程序,即金融消费者与金融机构产生金融消费争议时,原则上应当先向金融机构投诉。金融机构对投诉不予受理或者在一定期限内不予处理,或者金融消费者认为金融机构处理结果不合理的,金融消费者可以向中国人民银行分支机构进行投诉。强调鼓励金融机构充分运用调解、仲裁等非诉讼方式解决与金融消费者之间金融消费纠纷。

(二)金融消费者依法求偿权保护的实践发展

在强调矛盾纠纷多元化解、推进多元化纠纷解决机制建设的背景下,金融消费者依法求偿权的保护方面,除了金融机构和监管部门内部的投诉调查处理之外,金融消费纠纷的多元化解方式也得到了一定程度的发展。根据我国《消费者权益保护法》第三十九条的规定，消费者和经营者发生消费者权益争议的，可以通过下列途径解决：（一）与经营者协商和解；（二）请求消费者协会或者依法成立的其他调解组织调解；（三）向有关行政部门投诉；（四）根据与经营者达成的仲裁协议提请仲裁机构仲裁；（五）向人民法院提起诉讼。2015年11月，国务院发布了《国务院办公厅关于加强金融消费权益保护工作的指导意见》（国办发〔2015〕81号）明确要求"建立金融消费纠纷第三方调解、仲裁机制，形成包括自行调解、外部调解、仲裁和诉讼在内的金融消费纠纷的多元化解决机制，及时有效解决金融消费争议"。

就具体的实践而言，司法作为"维护社会正义的最后一道防线"，近年来，法院不断加强对金融消费纠纷的关注，如2018年3月14日，上海市第二中级人民法院以"做合格金融消费者　防金融投资性风险"为主题，召开新闻发布会，发布金融消费纠纷典型案例。此外，通过投诉、调解等方式解决金融消费纠纷的实践也不断发展，以上海市金融消费纠纷调解中心为例，作为专业的金融消费纠纷调解组织，通过依法、自愿、专业的调解，在保护金融消费者合法权益方面能够发挥重要作用。中立评估机制、诉调对接机制、基层调解工作联络站的建设等，初步形成了多元化、多层次的金融消费纠纷解决和金融消费者权利保障机制。

2015年10月31日，习近平总书记主持召开中共中央全面深化改革领导小组第十七次会议，对非诉第三方解决机制建设做出了部署。根据党中央、国务院的统一部署，在借鉴国际良好实践的基础上，中国人民银行在上海、广东、陕西、黑龙江等四地开展了金融消费纠纷非诉讼解决机制的试点并于2017年底在全国全面铺开。2018年7月13日，在全国证券期货纠纷多元化解机制试点工作会上，最高人民法院与中国证监会确定将在全国36个地区、相应级别人民法院和 8 家证券期货纠纷调解组织试点开展证券期货纠纷多元化解工作。同时，各地区金融监管机构也积极响应党中央的号召，积极开展多元化纠纷解决机制的推进工作。例如，2018 年 7 月 3 日，经由青岛市金融消费权益保护协会申请，在青岛市司法局、人民银行青岛市中心支行的指导下，青岛市金融消费纠纷人民调解委员会正式挂牌成立，为金融消费者提供便捷、免费、高效的调解服务。

另外，除了诉讼、调解、仲裁等纠纷解决机制，我国还为金融消费者设置了多种投诉渠道。自 2011 年开始，我国相继在"一行三会"（中国人民银行、中国银行业监督管理委员会、中国证券监督管理委员会和中国保险监督管理委员会这四家中国的金融监管部门的简称；现中国银行业监督管理委员会与中国保险监督管理委员会已合并，被称为"一行两会"）内部设立了金融消费者权益保护部门，以受理金融消费者的投诉。同时，我国消费者保护协会也是受理金融消费者投诉的渠道之一，我国金融消费者在其合法权益受到侵犯之后，也可以向消费者保护协会提出投诉。金融消费者在向各监管部门、消费者权益保护机构投诉时，可以采用电话、网站投诉、书信等方式。各监管部门、消费者权益保护机构在收到投诉之后，应当按照相关规定及时进行处理。

四、金融消费者依法求偿权保护所面临的问题

（一）金融消费者依法求偿权的立法保护不够完善

金融消费者与普通消费者的关系是特殊下位概念与上位概念的关系。普通消费者拥有的权利，金融消费者也应当拥有。目前，我国主要是通过《消费者权益保护法》来保护消费者的合法权益。

《消费者保护法》第十一条规定，消费者因购买、使用商品或者接受服务受到人身、财产损害的，享有依法获得赔偿的权利。该条便是消费者拥有依法求偿权的法律根据。

上述立法并未直接区分普通消费者和特殊消费者，采纳的是将两者进行统一规定的立法保护模式。这种模式无法突出金融消费的特殊属性，导致实践中法律对于金融消费者的权利保护遇到瓶颈。金融消费者作为消费者群体中的一个特殊分类，如果其权利受到侵害，所造成的后果往往较为严重。金融消费不同于一般的消费，所涉及的财产更大。侵犯金融消费者权利，往往会直接给金融消费者造成财产损失，甚至可能会直接影响到金融消费者的正常生活和家庭安宁。因此，金融消费者权益保护的意义重大，应在《消费者保护法》现有保护的基础上，通过专门立法强调对金融消费者的权益保护。

另外，关于金融消费者的依法求偿权，我国应针对现有不足，通过完善法律制度建设，夯实金融消费者依法求偿权基础，以实现对金融消费者权益的有力保障。

(二) 金融消费者依法求偿权的救济途径太过单一

如果一项权利缺乏救济途径，那么这项权利的法律保护效果就是微弱的，或者说这项权利更接近于纸面上的权利，仅发挥了法律的宣示性作用，而没有实现其他效果。我国金融消费者依法求偿权的保护现状接近上述情况。目前，当我国金融消费者面临权益侵害时，首先想到的救济途径便是司法诉讼。由于目前我国对于调解、仲裁等纠纷解决方式的普及较少，许多金融消费者并不了解替代性纠纷解决机制的相关情况及申请程序。因此，对于许多金融消费者而言，司法诉讼变成了唯一可供他们选择的救济途径。

关于通过司法诉讼解决金融消费纠纷时，存在以下问题：一是通过诉讼解决纠纷的成本较高，例如诉讼往往需要耗费巨大的金钱成本、人力成本和时间成本等；二是在当下司法案件不断增加和司法工作人员的数量相对不变的情况下，"案多人少"的矛盾十分突出。大量金融消费纠纷进入司法程序，势必影响司法工作效率，为权利保护带来诸多不便。针对上述情况，我国应积极采取分流措施，增加金融消费纠纷解决的出口，给金融消费者提供更加多元化的选择，以更为充分高效地保障金融消费者的合法权益。

（三）金融消费者维护自身权益的能力较弱

由于经营者机构日益强大以及信息不对称问题的出现，消费者在与相对方的关系之中一直居于弱势地位。而这一现象在金融消费者身上表现得更为明显。金融行业由于具有高度的专业性，一般人往往无法对其中的具体情况加以了解。因此，在金融消费过程中，信息不对称的情况更为严重和普遍。同时，金融消费者在维权时所面对的相对方往往是拥有庞大资本和组织的金融机构力量对比悬殊。另外，由于目前我国国民的法制教育普及程度有待进一步提高，法律意识有待增强。在进行程序复杂、内容烦琐的金融消费时，缺乏法律意识的金融消费者往往会忽视个人权益的保护。比如，在未看清文件的具体内容时便盲目签约、未认真关注金融投资的相关风险等。法律意识的缺乏也导致金融消费纠纷的大量发生。

综上，我们可以看出，我国金额消费者存在维护自身权益的能力较弱的情况。金融消费者作为金融消费中的重要参与方，提升其自身维权能力十分必要。提高金融消费者的依法维权能力，也是有效保障金融消费者合法权益的根本途径之一。

五、金融消费者依法求偿权保护的制度完善

虽然，我国目前关于金融消费依法求偿权保护的规范和实践得到了一定程度的发展，但比较域外经验和思考基本法理可以发现，现行立法和实践仍有很大改善空间。著名民法学家王泽鉴先生曾这样论述消费者权利保护："在实体法上设保护消费者的规定固为重要，但程序法上的救济也不容忽视。消费者权益受侵害时，依法律规定虽得到请求损害赔偿，实际上多未实现。"[1] 所以，金融消费者依法求偿权的保护，应当在完善金融消费者基本法律的同时，重点关注救济性规范的有效发挥，构建以司法终局为保障的多元化多层次的金融消费纠纷解决机制。

（一）加强专门保障金融消费者权利的立法

金融消费者相较于金融机构的弱势地位，亟须专门的权利立法予以规定。但我国目前并没有金融消费者权益保护的专门立法，仅在《消费者权益保护法》第二十八条规定了金融机构的相关义务，该条规定："提供证券、保险、银行等金融服务的经营者，应当向消费者提供经营地址、联系方式、商品或者服务的数量和质量、价款或者费用、履行期限和方式、安全注意事项和风险警示、售后服务、民事责任等信息。"但这一概括性的规定，难以满足实践中的具体适用情形，有学者也已经提出了《金融消费者权益保护法》相关的建议稿。[2]

---

[1] 王泽鉴：《民法学说与判例研究（第三册）》，北京大学出版社，2009年，第22页。
[2] "建议稿"具体内容可参见邢会强：《金融消费者权利的法律保护与救济》，经济科学出版社2016年版，第220－227页。

第六章 金融消费者依法求偿权与金融机构风险提示义务分析

（二）充分发挥诉讼机制保障权利的作用

司法作为纠纷解决和权利保障的最后一道屏障，其完善程度和发达程度对于权利人合法权利的保障和其他纠纷解决机制作用的发挥具有重要影响。针对金融消费纠纷解决、金融消费者求偿权保障问题，在地方各级法院自主发布金融消费纠纷典型案例的基础上，可以探索由最高人民法院定期发布指导性案例。2010年11月26日，最高人民法院颁布《关于案例指导工作的规定》，标志着中国特色案例指导制度正式确立，并将案例指导制度定位为中国特色社会主义司法制度的重要组成部分。指导性案例具有应当参照的效力，未来金融消费纠纷指导性案例的发布将会对后续类似案件的裁判起到重要的参照适用价值。此外，消费公益诉讼制度已经得到立法的明确规定并在司法实践中逐步展开，未来应该充分发挥消费者组织的作用，使金融消费领域的公益诉讼成为通过司法机制预防和化解金融纠纷、保障金融消费者合法权利的重要途径。

（三）不断拓展多元化纠纷解决机制的建设

多元化纠纷解决途径的不完善是我国目前金融消费者求偿权保护的一个不足之处，诉讼作为纠纷解决的最后途径，其具有权威性和终局性的同时，也因为时间、金钱等成本的相对高昂而难以成为金融消费者维权的便捷途径。金融消费者的求偿权，不仅仅是指消费者享有损害救济的权利，更重要的是便捷、迅速、公正地获取救济的权利。因此，加强多元化的纠纷化解机制的建设，对于保障金融消费者求偿权而言十分重要。域外非诉讼的金融争议解决途径占有重要地位，如加拿大金融督查服务与金融消费者管理的行政处理并存，马来西亚金融协调局与客户服务局的投诉处理并存。① 我国也可以探索成立专门的"金融消费者保护局"，配套成立统一独立的金融消费者纠纷处理机构作为接收、处理金融消费者投诉的专门机构。此外，也应当加强金融机构和监管机构内部投诉调处机制的建设，同时，做好投诉调处和调解等方式的衔接，促进各种争议解决机制相互配合，充分发挥不同机制的优势和作用。

六、总结

金融消费者求偿权涉及金融消费纠纷发生后或者金融消费者合法权利遭侵犯之后获得救济的权利，关涉消费者的诸多具体权利，所以，相关争议解决与权利保护制度的建立健全至关重要。本文开篇所展示的典型案例，即为保护金融消费者依法求偿权的一种创新形式，金融消费者因理财产品亏损与银行产生争议，在上海市金融消费纠纷调解中心调解无果的情况下，进一步延伸出中立评估程序，通过专业评估人员结合双方的证据材料和司法判例，进行充分说理并给出评估建议，通过专业的建议，为消费者与金融机构提供了合理的预期，能有效地帮助双方当事人尤其是金融消费者做出诉讼或调解的合理选择，保障金融消费者的依法求偿权。未来的立法和司法应当立足于金融消费者保护的最新理论和实践进展，完善法律法规和多元化金融消费纠纷化解机制，为金融消费者求偿权的实现提供多元、快捷、公正、经济的路径选择。

---

① 于春敏：《金融消费者保护研究：以权利倾斜配置为视角》，上海财经大学出版社2017年版，第161－162页。

第二节　中立评估意见：理财产品转让中金融机构的信息告知与风险提示义务分析

关于周某与某银行股份有限公司
理财产品转让纠纷的评估书

2018年8月30日，上海市金融消费纠纷调解中心接受委托就周某与某银行股份有限公司理财产品转让纠纷进行中立评估。上海市金融消费纠纷调解中心受理此评估事项后，特邀中心中立评估专家对本纠纷开展评估，现将评估结果提供给当事双方，供参考。

一、当事双方

消费者：周某（以下有时称"客户""消费者"或"受让方"）
银行：某银行股份有限公司（以下简称"某银行"）

二、当事人陈述及证据

（一）当事人陈述及主张

消费者周某诉称，其于2018年5月17日通过某银行手机银行APP理财转让平台以203800元的交易价格受让了2018年某理财产品（以下简称"系争理财产品"）。交易发生时，某银行手机银行APP显示，系争理财产品剩余期限61天，预期年化收益率5.5%，交易转让价格203800元。但其购买后发现，系争理财产品的本金为人民币200000元，产品成立日期为2018年3月9日，到期日为2018年7月17日，按产品预期年化收益率5.5%计算，产品到期后的收益为 3948 元。而至交易发生日 2018 年 5 月 17 日，该理财产品应仅产生 69 天利息 2019 元，转让价格却为 203800 元。即消费者持有产品 61 天能得到 100 多元的利息，即损失近 1700 多元。换句话说，受让的交易转让价格严重挤占了其后续持有该产品的可得利润空间，出让方的这一定价极不合理，损害了其作为受让方的预期应得权益。为此，其于购买完成后 5 分钟内即致电某银行客服要求撤销该笔交易，但遭到拒绝。

诉求：要求某银行按手机银行 APP 上显示的剩余期限和预期年化收益率向其支付利息。

消费者周某陈述理由：

1. 某银行设定的转让方定价区间（价格偏离度区间）不符合常理，不应允许转让方设置到该款理财最大的收益值，这对受让方不公平。

2. 交易界面上显示的剩余期限和预期年化收益率存在误导。主要为：

（1）理财转让界面中，消费者看到的要素为预期年化收益率、转让价格、剩余期限。消费者所看到的预期年化收益和剩余期限就是受让理财产品所应取得的收益。

（2）理财转让价格的计算以及产品最终取得的收益数额，应该在转让时就及时显示出来提示消费者，而不是让消费者自己去计算自己所能取得的收益，系统设置存在严重缺陷误导消费者。

银行处理意见：不同意消费者诉求。

银行陈述理由：

1. 理财转让业务是出让方和受让方在平等的基础上自愿达成的，某银行只是提供系统平台，撮合买卖双方进行交易。

2. 对于转让价格的确定，某银行根据出让方持有理财产品份额的期限、参考市值及产品预期收益率等情况给出价格偏离度区间，由出让方在价格偏离度区间内自行设定出让价格；某银行手机银行APP理财产品转让平台，仅基于避免出现非正常交易或利益输送等极端情况的目的，对出让方的转让价格偏离度区间进行设置或限定，并不对正常交易中的出让方定价予以干预。

3. 某银行已经尽到信息告知和风险提示义务，消费者也已阅读并确认签署了某银行提供的转让协议和其他相关文件。

（1）在产品列表即开始显示转让价格，从选择产品、查看产品、确认受让、再次提交至受让成功页面出现4次转让价格，并使用彩色的字体标注来提示客户；

（2）在确认受让过程中，也要求客户阅读并确认签署银行提供的转让协议和转让相关文件，只有客户确认签署相关协议和文件后，受让交易才能继续进行；

（3）在客户确认同意的《某银行个人客户理财产品份额转让协议（电子渠道）》中，明确写明"该价格偏离度区间仅用于约束交易双方挂单价格的合理性，并不代表丙方对该理财产品份额收益的承诺，理财产品份额返还本金及支付收益以本协议和甲丙双方签署的理财产品文件约定为准"。

（二）证据

消费者为支持其主张，提供了如下证据材料：

证据1：某银行手机银行APP的2018年某理财产品交易截图三张。证明系争理财产品在某银行手机银行APP上的页面首页信息显示内容存在误导消费者的情形。

证据2：H银行手机银行APP理财产品交易截图与I银行手机银行APP理财产品交易截图各一张。证明其他银行手机银行APP

上的页面首页上会标示转让价格、转让份额、剩余期限、预期年化收益率等内容，且预期年化收益率会随转让价格的变化而变化。

银行为支持其主张，提供了如下证据材料：

证据1：某银行处理情况汇报；

证据2：某银行客户理财转让业务投诉资料；

证据3：总行财富管理部对于客户投诉内容的回复；

（证据1~3旨在说明某银行对客户投诉进行处理的相关情况，并阐明不支持客户投诉内容的理由）

证据4：某银行个人客户理财产品份额转让协议（电子渠道）（范本）（以下简称"转让协议"）。证明银行已尽到相关提示义务，且各方权利义务均已在转让协议中约定清楚，某银行对受让方的经济损失没有责任。

三、案件情况

根据双方当事人陈述及所提交的证据材料，本案基本情况为：消费者于2018年5月17日在某银行手机银行APP理财转让平台上看到：某理财产品的转让信息，交易转让价格203800元，剩余期限61天，预期年化收益率5.5%。消费者就认为其享有的收益是剩余61天按年化5.5%算出来的收益，故进行了购买。但购买后才意识到，该产品成立日期"2018-03-09"，到期日期"2018-07-17"，按预期收益年化5.5%计算，交易发生时实际只产生了69天的利息2079元，出让人设定的出让价格过高，远远超过出让人持有天数所应得的利息。受让方持有61天的产品却只能拿到5天不到的利息，和某银行标称的剩余期限61天的预期收益相比少了1690元，利益将严重受损。为此，消费者立即致电某银行客服热线要求撤销该笔交易，遭到拒绝，故产生纠纷。消费者遂向某银行和人民银行进行投诉,要求某银行按预期年化收益率向其支付系争理财产品剩余期限 61 天的利息。某银行认为,某银行手机银行 APP 上理财产品买入全程由客户根据个人意愿自主选择,自行完成购买,整个过程某银行人员并未介入,关于理财产品的转让价格,该银行仅设置价格偏离度区间,最终定价权在出让方手中,某银行并不干预产品的最终定价,出让方在价格区间内定价的行为是合理的。同时,某银行对受让方也已尽到应尽的提示义务,因此,对于消费者的要求不予满足。

四、本案争议焦点

本案争议的问题主要有三个:

1. 某银行设定的价格区间是否合理?换句话说,某银行允许出让方自由设定出让价格,是否合理?

2. 某银行提供理财产品转让服务过程中,是否充分履行了信息告知和风险提示义务?

3. 如果某银行的手机银行显示有瑕疵,是否有责任赔偿消费者的"预期应得利息损失"?

五、评估意见

综合双方提交的证据,依据我国相关法律法规的规定,出具评估意见如下:

理财产品转让,是近两年商业银行推出的一项创新业务,其目的是解决理财产品封闭期内产品持有人的流动性问题。对于商业银行理财产品转让,金融管理机关目前尚无直接的明文监管规定,属于一种金融创新业务。

(一)就第一个争议焦点而言,银行提供的是居间服务,对价格区间的设定规则是合理的。

商业银行理财产品可分为封闭式理财产品和开放式理财产品,封闭式理财产品有固定的存续期,存续期间份额固定,产品到期前不可赎回,流动性差。为解决封闭式理财产品流动性差的特点,我国部分商业银行开始开展理财产品转让业务。某银行提供的理财产品转让服务,是一种金融创新服务,为消费者提供交易平台,撮合买卖双方对于理财产品的转让,实质上提供的是一种居间服务,某银行本身并不承担交易的实质风险,仅作为平台方,提供转让场所,设定转让规则,进行交易居间。

但是,我国法律、法规并未对理财产品转让的价格问题做出规定。比较接近的规定有两个:一是规定银行在销售理财产品时,应当根据理财产品风险评级、潜在客户群的风险承受能力评级,为理财产品设置适当的单一客户销售的起点金额(详见原《商业银行理财产品销售管理办法》第三十八条规定,新规《商业银行理财业务监督管理办法》第三十条,注:该评估书出具时,《商业银行理财业务监督管理办法》正式出台,同时《商业银行理财产品销售管理办法》废止);二是规定金融产品的价格偏离度范围。比如,《关于规范金融机构资产管理业务的指导意见》第十八条第二款规定,"金融机构前期以摊余成本计量的金融资产的加权平均价格与资产管理产品实际兑付时金融资产的价值的偏离度不得达到5%或以上,如果偏离5%或以上的产品数超过所发行产品总数的5%,金融机构不得再发行以摊余成本计量金融资产的资产管理产品"。显然这些规定均未涉及理财产品的转让价格问题。

评估专家认为:

首先,关于银行理财产品的转让价格,我国并无相关法律、法规予以限制。由于法律法规并没有规定理财产品的转让必须低于或

第六章　金融消费者依法求偿权与金融机构风险提示义务分析

不高于该产品的本金与出让时的实际享有的利息之和（以下简称"实际本息总额"），出让人为解决资金流动性需求问题，将系争理财产品以确定的价格挂单于某银行手机银行 APP 理财产品转让平台予以转让。对于出让方来说，享有理财产品份额相关权益，也有权利根据持有产品情况、市场价格及自身流动性需求的紧迫程度等原因自主设定转让价格。

其次，某银行转让价格偏离度区间的规则设定合理。一是偏离度区间设立的目的，是为了避免非正常交易和利益输送等极端情况的出现；二是转让价格的偏离度区间根据已持有理财产品份额的期限、参考市值及产品预期收益率等情况通过评估模型自动生成，价格区间设定的相关考量因素较为合理；三是关于转让价格偏离度区间的规则设计和内容已以协议方式明确提示和告知了交易双方。双方签署的《某银行个人客户理财产品份额转让协议》（以下简称《转让协议》）的第一条第九款和第四条第四款明确规定了偏离度区间的内容（银行方提供证据4）。因此，偏离度规则的设计没有违反法律法规的强制性规定，也没有明显地限制一方当事人权利，加重一方当事人义务的情况，相关的考量因素也较为合理，只要出让方的定价不偏离该区间，就应该被认定为是合理的，银行方面无权干涉（注：如果出让方定价过高，可能导致产品在挂单交易期间无人问津，挂单自动失效，出让方的资金流动性需求未能得到满足，而定价过低则虽然出让方的资金流动性需求更容易得到满足，但也意味着要损失部分预期收益。从这个意义上来说，理财产品转让定价的高或低，除明显超出合理性而必须进行必要的干预之外，应当完全由市场主体根据自己的个性化需求自主决定，银行方面不应该也无权进行干涉）。

最后，转让价格的设定，并不代表交易的达成。转让交易在出让人设定转让价格后,尚需要消费者同意,才能达成交易。且某银行在转让协议中也告知了受让人价格区间的设定规则和相关风险。转让价格的设定本身并没有损害消费者的交易自由。

(二)就第二个争议焦点而言,某银行手机银行 APP 页面显示存在一定瑕疵。

根据《商业银行理财产品销售管理办法》以及最新的《商业银行理财业务监督管理办法》等规定,商业银行销售理财产品,应当加强投资者适当性管理,向投资者充分披露信息和揭示风险。商业银行理财产品宣传销售文本应当全面、如实、客观地反映理财产品的重要特性,充分披露理财产品类型、投资组合、估值方法、托管安排、风险和收费等重要信息,所使用的语言表述必须真实、准确和清晰。商业银行发行理财产品,不得宣传理财产品预期收益率,在理财产品宣传销售文本中只能登载该理财产品或者本行同类理财产品的过往平均业绩和最好、最差业绩,并以醒目文字提醒投资者"理财产品过往业绩不代表其未来表现,不等于理财产品实际收益,投资须谨慎"。

本案中,某银行在操作页面和相关协议中多次提示客户应该谨慎决策,确认风险,消费者在购买操作过程中已经确认同意了相关风险和协议。某银行在产品列表即开始显示转让价格,从选择产品、查看产品、确认受让、再次提交至受让成功页面出现 4 次转让价格,并使用彩色的字体标注来提示客户。评估专家认为:银行方尽到了一定的风险提示义务,但仍不完备,存在一定瑕疵。

第一,某银行手机银行的转让交易显示页面不够直观。虽然某银行在双方签署的《转让协议》写明了挂单价格及价格偏离度区间的定义和设定规则,但其交易页面主要显示了预期年化收益率、转让价格、剩余期限等要素,并未提示消费者价格区间的设定规则及

第六章　金融消费者依法求偿权与金融机构风险提示义务分析

挂单价格高低会影响产品的到期收益率。某银行手机银行转让页面显示的要素依次是"预期年化收益率—转让价格—剩余期限"（消费者提供证据1）。其显示的预期年化收益实为转让产品的原始预期收益，并非根据转让价格重新估算的预期收益，但未在转让页面做任何提示。受让方的收益计算方式实际为受让后到期价格－转让价格，但展示页面并没有直接说明该产品的价格区间或者累积到交易当日的预期收益，也未提示消费者受让到期后收益的计算方式。一个普通消费者看到此三种展示要素，第一直觉是可以按照其显示的预期年化收益率及剩余期限取得收益，而不会去用相关公式具体计算其可得收益。因此，其转让业务的页面显示存在一定瑕疵，不足以使一个合理第三人在浏览上述信息时，就对自己预期所能获得的收益和承担的风险做到直观认知。

第二，提供金融创新业务的金融机构，应负有更严格的告知和风险提示义务。理财产品转让，是一项金融创新业务，并不为投资者和消费者所熟知。《中国人民银行金融消费者权益保护实施办法》（银发〔2016〕314号）第十三条规定，"金融机构推出金融科技创新产品前，应当开展外部安全评估，并及时向金融消费者准确披露金融产品的特点和风险"。第十五条规定，"金融机构对金融产品和服务进行信息披露时，应当使用有利于金融消费者接收、理解的方式。对涉及利率、费用、收益及风险等与金融消费者切身利益相关的重要信息，应当根据金融产品和服务的复杂程度及风险等级，对其中关键的专业术语进行解释说明，并以适当方式供金融消费者确认其已接收完整信息"。因此，对于金融创新产品，消费者应当获得比一般理财产品更充分、更完备和更直观的信息告知和风险揭示。其他银行在显示理财转让产品的预期收益时，会根据转让价格的高低提示不同的预期收益率（消费者提供证据2），显示更为直观和清晰。而某银行对理财产品转让的信息展示和风险揭示，没有用消费者易于接受和理解的方式展示关于费用、收益和风险等与消费者切身利益相关的重要信息，致使消费者在接受创新金融服务时，承受的风险超过了消费者可预期的范围。

（三）就第三个争议焦点而言，某银行手机银行界面存在瑕疵，应承担一定责任，但不是消费者的所有预期损失。

消费者未能得到预期的投资收益主要源于两个方面：一方面为其在受让理财产品时支出的成本较高；另一方面为预期投资收益所得仅为理论所得，不是实际所得。

从第一个方面来看，消费者受让系争理财产品价格偏高导致最后实际收益受损。但银行已对系争理财产品的价格区间作出过限定，该转让价格设定属于合理范围。虽银行转让平台的界面显示存在一定瑕疵，但不必然误导消费者购买系争产品并产生损失。某银行为双方转让理财产品提供了平台，提供的是居间服务，交易是否达成在于转让双方。双方签署的《转让协议》明确载明了转让产品的性质、价格区间设定规则和挂单价格设定方式，在交易过程中转让界面也多次显示了系争产品的转让价格，但消费者未尽到足够的谨慎义务而进行了交易。

从第二个方面来看，消费者未能获得实际收益也与理财产品自身的风险特性有关。系争理财产品为非保本产品，预期收益率是理论上的收益率，并非实际收益率，理财产品最后收益有高有低，甚至还存在亏损本金的可能性。

因此，消费者无权要求银行赔偿所有的"预期应得利息损失"。

六、评估结论

综上所述，某银行作为理财产品转让的居间人，在提供理财产

第六章　金融消费者依法求偿权与金融机构风险提示义务分析

品转让这种金融创新服务的过程中，应有义务将本案所涉理财产品的相关情况及信息直观地告知消费者。但其没有用消费者易于接受和理解的方式展示关于费用、收益和风险等与消费者切身利益相关的重要信息，致使消费者在接受创新金融服务时，承受的风险超过了消费者可预期的范围。某银行对消费者的预期损失存在一定的过错，应当承担相应的责任。

消费者作为买受人，有义务在购买该理财产品前，对平台的交易模式、对该理财产品的情况做认真、全面的了解。消费者仅根据APP页面显示的信息，未做深入的核查，就草率地购买了该理财产品，也应承担相应的责任。

经讨论后专家组建议，某银行按照系争理财产品的实际收益率补偿消费者周某50%的预期损失。计算方式为：（实际收益/130×61－已得收益）×50%，产品实际收益为：产品的到期价格——本金20万元，已得收益为：产品的到期价格——受让价格203800元。

附：相关法律规定

一、《中华人民共和国合同法》

第八条　依法成立的合同，对当事人具有法律约束力。当事人应当按照约定履行自己的义务，不得擅自变更或者解除合同。依法成立的合同，受法律保护。

第四百二十四条　居间合同是居间人向委托人报告订立合同的机会或者提供订立合同的媒介服务，委托人支付报酬的合同。

第四百二十五条　居间人应当就有关订立合同的事项向委托人如实报告。

居间人故意隐瞒与订立合同有关的重要事实或者提供虚假情

况，损害委托人利益的，不得要求支付报酬并应当承担损害赔偿责任。

二、《关于规范金融机构资产管理业务的指导意见》

第十八条 金融机构对资产管理产品应当实行净值化管理，净值生成应当符合企业会计准则规定，及时反映基础金融资产的收益和风险，由托管机构进行核算并定期提供报告，由外部审计机构进行审计确认，被审计金融机构应当披露审计结果并同时报送金融管理部门。

金融资产坚持公允价值计量原则，鼓励使用市值计量。符合以下条件之一的，可按照企业会计准则以摊余成本进行计量：

（一）资产管理产品为封闭式产品，且所投金融资产以收取合同现金流量为目的并持有到期。

（二）资产管理产品为封闭式产品，且所投金融资产暂不具备活跃交易市场，或者在活跃市场中没有报价，也不能采用估值技术可靠计量公允价值。

金融机构以摊余成本计量金融资产净值，应当采用适当的风险控制手段，对金融资产净值的公允性进行评估。当以摊余成本计量已不能真实公允反映金融资产净值时，托管机构应当督促金融机构调整会计核算和估值方法。金融机构前期以摊余成本计量的金融资产的加权平均价格与资产管理产品实际兑付时金融资产的价值的偏离度不得达到5%或以上，如果偏离5%或以上的产品数超过所发行产品总数的5%，金融机构不得再发行以摊余成本计量金融资产的资产管理产品。

三、《中国人民银行金融消费者权益保护实施办法》（银发〔2016〕314号）

第十三条 金融机构推出金融科技创新产品前，应当开展外部安全评估,并及时向金融消费者准确披露金融产品的特点和风险。

第十五条 金融机构对金融产品和服务进行信息披露时,应当使用有利于金融消费者接收、理解的方式。对涉及利率、费用、收益及风险等与金融消费者切身利益相关的重要信息,应当根据金融产品和服务的复杂程度及风险等级,对其中关键的专业术语进行解释说明,并以适当方式供金融消费者确认其已接收完整信息。

四、《商业银行理财业务监督管理办法》

第二十六条 商业银行销售理财产品,应当加强投资者适当性管理,向投资者充分披露信息和揭示风险,不得宣传或承诺保本保收益,不得误导投资者购买与其风险承受能力不相匹配的理财产品。

商业银行理财产品宣传销售文本应当全面、如实、客观地反映理财产品的重要特性,充分披露理财产品类型、投资组合、估值方法、托管安排、风险和收费等重要信息,所使用的语言表述必须真实、准确和清晰。

商业银行发行理财产品,不得宣传理财产品预期收益率,在理财产品宣传销售文本中只能登载该理财产品或者本行同类理财产品的过往平均业绩和最好、最差业绩,并以醒目文字提醒投资者"理财产品过往业绩不代表其未来表现,不等于理财产品实际收益,投资须谨慎"。

第三十条 商业银行应当根据理财产品的性质和风险特征,设置适当的期限和销售起点金额。

商业银行发行公募理财产品的,单一投资者销售起点金额不得低于1万元人民币。

商业银行发行私募理财产品的,合格投资者投资于单只固定收益类理财产品的金额不得低于30万元人民币,投资于单只混合类理财产品的金额不得低于40万元人民币，投资于单只权益类理财产品、单只商品及金融衍生品类理财产品的金额不得低于100万元人民币。

五、《商业银行理财产品销售管理办法》（现已废止）

第十三条 理财产品宣传销售文本应当全面、客观反映理财产品的重要特性和与产品有关的重要事实，语言表述应当真实、准确和清晰，不得有下列情形：

（一）虚假记载、误导性陈述或者重大遗漏；

（二）违规承诺收益或者承担损失；

（三）夸大或者片面宣传理财产品，违规使用安全、保证、承诺、保险、避险、有保障、高收益、无风险等与产品风险收益特性不匹配的表述；

（四）登载单位或者个人的推荐性文字；

（五）在未提供客观证据的情况下，使用"业绩优良""名列前茅""位居前列""最有价值""首只""最大""最好""最强""唯一"等夸大过往业绩的表述；

（六）其他易使客户忽视风险的情形。

第三十八条 商业银行应当根据理财产品风险评级、潜在客户群的风险承受能力评级，为理财产品设置适当的单一客户销售起点金额。风险评级为一级和二级的理财产品，单一客户销售起点金额不得低于5万元人民币；风险评级为三级和四级的理财产品，单一客户销售起点金额不得低于10万元人民币；风险评级为五级的理财产品，单一客户销售起点金额不得低于20万元人民币。

第七章　金融消费者的精神损害赔偿诉求及其分析

我国《消费者权益保护法》第十四条规定："消费者在购买、使用商品和接受服务时,享有人格尊严、民族风俗习惯得到尊重的权利,享有个人信息依法得到保护的权利。"该条前半段规定了消费者在消费过程中的受尊重权。金融消费的实践中,可能会出现诸如信用卡欠款受骚扰、暴力催收、工作人员恶语相向甚至肢体冲突等情形,据此,金融消费者认为上述情形侵犯了自己的合法权益,造成严重的精神损害,进而寻求精神损害赔偿,由此引发的相关理论和实践问题值得探讨。

 12363 典型投诉案例

【案例1】甲投诉A银行工作人员态度恶劣

2019年1月2日,甲致电"12363"反映其2018年12月24日11点左右来到A银行,在该行的ATM上转账5000元,机器出现故障导致钱款被吞。甲向该行柜台人员咨询被告知要联系ATM的工作人员,联系ATM工作人员后又被告知是每周一开机,让其等到下周一再解决。直到1月2日,甲接到A银行ATM工作人员电话,被告知此事会在下班前解决,且态度傲慢恶劣,甲要求ATM工作人员向其道歉。

A银行于1月3日回复甲,告知其已对机器进行了轧账,因是元旦节假日故无法及时调账,在1月2日正常上班核实后进行了调账。

【案例2】乙投诉B银行信用卡中心电话骚扰

2019年3月4日,乙致电"12363"反映其一直收到B银行工作人员的电话,该工作人员要求其寻找一个姓刘的人,但乙已与B银行说了不认识此人,银行还是不断打电话骚扰,辱骂他和他的家人。乙要求B银行就该行为对其赔礼道歉。

B银行经调查后表示,持卡人(刘女士)持有B银行信用卡,账户自2019年1月开始拖欠,该行通过短信、信函以及电话等方式实施催收展业。在该行多次未能与持卡人达成有效沟通的情况下,结合内外部信息比对,分析得出乙与持卡人存在关联性,该行催收人员曾致电乙以期获取持卡人的有效联系方式并转告持卡人尽早与该行联系。

第一节 法理分析:金融消费中的精神损害赔偿诉求研究

一、投诉案例与问题提出

在现实生活中,银行业消费者因存取款而遭受到抢劫、银行卡在身边却被异地刷卡、刚向银行提交个人信息各种理财推销员就频繁电话骚扰的现象时有发生,在各类型侵权案件中,精神损害赔偿案件频发。12363金融消费权益保护咨询投诉电话系统自开通以来就多次受到关于精神损害赔偿的投诉,且近年来有不断增长的趋势。比如,王先生持有C银行的储蓄卡,经常接到C银行的推销电话。最近 021-3813×××的号码多次给王先生及其所在公司致电,称王先生欠款 2700 余元。王先生表示自己在 C 银行并无欠款,认为其信息遭到泄露,要求银行不要再致电给他,并想知晓银行通过何种途径查询到其个人信息及公司电话。银行称王先生的弟弟在 C 银行办理业务时,将王先生列为联系人。现其弟欠款,且拒绝接听银行电话,故银行方才拨打预留联系人即王先生的电话。王先生认为,C 银行经常给其拨打推销电话,属于滥用公众对银行的信任谋取商业利益;同时,C 银行未经其许可即向王先生及其公司拨打催收电话,给王先生造成了生活上的困扰和不便,要求银行赔偿其精神损失。

随着金融消费领域的扩大,纠纷类型不断增多,包含精神损害赔偿诉求的案件也日益增多。与此同时,由于精神损害与财产损害明显不同,精神损害具有隐蔽性和不可量化性,精神损害赔偿的权利容易被滥用,在具体认定与数额确定方面较为困难,再加上将抽象的法律规范适用于具象的事实的过程中就存在张力,因此,有必要对精神损害赔偿如何在金融消费纠纷中适用进行理论层面和实践层面的探讨。

二、精神损害赔偿的内涵与历史发展

(一)精神损害的内涵界定

在讨论如何在金融消费领域适用精神损害赔偿法的问题前,必须厘清精神损害赔偿的内涵。精神损害赔偿是一个法条概念,我国《民法通则》《侵权责任法》和《最高人民法院关于确定民事侵权精神损害赔偿责任若干问题的解释》(法释〔2001〕7号,以下简称《精神损害赔偿司法解释》)中均使用了精神损害赔偿这一概念，但并未界定其含义。因此，我们可以从理论法与比较法上探讨其内涵。

大多数大陆法系国家采用"非财产损害"这一概念来表示精神损害的内容，如《德国民法典》第253条明确使用了"非财产损害"的表述；法国侵权法上根据二分法理论和三分法理论的不同将损害分为财产损害、非财产损害或财产损害、非财产损害、人身损害，区别在于人身损害是独立的类型还是同属财产损害和非财产损害的组成部分；《日本民法典》第710条使用了"财产以外的损害"的表述。英美法系国家将精神损害和非财产损害区分开来，非财产损害除了包括精神损害外，还包括因身体损伤等其他权益侵害伴随引起的痛苦。也就是说，英美法语境下的精神损害外延较为狭窄，有学者也将其称为"纯粹精神损害"，即指自然人于其民事权利未受侵害情况下遭受的精神利益损害。① 也有学者对这一概念提出了质疑，认为在我国的法律规范体系下不存在所谓的纯粹精神损害，其本质为损害其他人格利益的精神损害，因此无须另立概念。② 就精神损害与非财产损害的关系而言，笔者采纳张新宝《精神损害赔偿制度研究》中的观点：精神损害是非财产损害的一部分，外部名誉之损害、死亡和残疾本身等损害后果属于非财产损害但不属于精神损害。③ 非财产损害与精神损害的区别在于：第一，非财产损害是上位概念，范围大于精神损害；第二，非财产损害赔偿可以请求保险机构赔偿和社会救助等，精神损害赔偿则不能。④

---

① 鲁晓明：《论纯粹精神损害赔偿》，载《法学家》，2010（1），第122-135页。
② 周琼、陈晓红：《侵害"其他人格利益"精神损害赔偿的限制——一种比较法的视角》，载《法商研究》，2011（5），第102-109页。
③ 张新宝：《精神损害赔偿制度研究》，法律出版社，2012，第17页。
④ 王利明：《侵权责任法研究（上卷）》（第二版），中国人民大学出版社，2016，第715页。

我国《侵权责任法》第二十二条是精神损害赔偿请求权的请求权基础：侵害他人人身权益，造成他人严重精神损害的，被侵权人可以请求精神损害赔偿。精神损害赔偿请求权受到严格限制，即必须以严重精神损害的发生为前提。因此，我们认为精神损害在法律上的概念范围应当限定在能够引起民事责任承担的标准之上。不能产生侵权责任请求权的精神损害更多地具有医学上的意义而不具有法学的探讨价值。① 有学者将精神损害依据程度不同分为严重精神损害、一般精神损害和轻微精神损害。其中严重精神损害可以要求以支付抚慰金的方式主张精神损害赔偿，一般精神损害只能以停止侵害、恢复名誉、消除影响的方式主张精神损害赔偿，而轻微精神损害不得主张任何精神损害赔偿。笔者认为只需区分严重精神损害和一般精神损害即可，轻微精神损害可归入无精神损害范畴，这样也符合立法上以精神损害的严重程度区分责任承担方式。精神损害可以概括为因侵害他人的人身权益而导致的足以引起侵权请求权发生的精神上的痛苦和感情上的伤害。

（二）大陆法系的精神损害赔偿法

我国是大陆法系国家，诉讼模式为"规范出发型"，法律规范模式为请求权体系，因此大陆法系上的精神损害赔偿法具有较大的借鉴意义。而英美法系国家诉讼模式为"事实出发型"，法律规范模式为诉因体系。请求权体系和诉因体系具有本质区别，请求权体系中凡法律规范加以规定的皆须保护，诉因体系中凡法律规范加以禁止的皆应制裁。在这一意义上英美法上的精神损害赔偿法对我国

---

① 也有学者认为，精神损害赔偿在违约责任中也可主张。崔建远：《精神损害赔偿绝非侵权法所独有》，载《法学杂志》，2012（8），第22-30页；王德山：《〈消费者权益保护法〉应明确规定违约精神损害赔偿》，载《湖北社会科学》，2013（10），第162-166页。

的借鉴意义不大。笔者仅就大陆法系的精神损害赔偿法作一论述。

大陆法系精神损害赔偿制度源于罗马法。在罗马法的法典编撰时期,"同态复仇"发展为"救赎金"制度,私犯的受害者可以就损失或罚金提起诉讼,也可提起兼有损失和罚金的诉讼。损失诉是对物之诉,罚金诉适用于对人的私犯(injuria),专指对身体和人格的侵犯。罗马法的罚金诉就相当于精神损害赔偿。罗马法后期的对人私犯(injuria)包括对物质性人格权和精神性人格权的侵害,在侵辱估价之诉中同样也包括对这两种侵权的赔偿。将侵害身体的侵辱之诉从对人私犯之诉中分离出来,就使原来的对人私犯只剩下侵害精神性人格权的精神损害赔偿。

1804年《法国民法典》仅对侵权行为的原则性损害赔偿进行了规定,并未特别规定精神损害赔偿。① 1833年法国通过最高法院的判例确立了精神损害赔偿基本适用第1382条的原则性规定。最高法院曾对精神损害赔偿的适用进行限制,但未获普遍支持。可以看出,法国对精神损害赔偿采取较为宽松的概括主义。法国学术界通说认为,民事责任兼有补偿和私法上惩罚功能,因此不应放纵造成精神损害的侵害人。法国法上精神损害赔偿的主要情形有侵害人格权和人身损害,其中人身损害包括身体损害、乐趣损失、性功能损害、美感损害、青春损失、情感损害等。②

《德国民法典》起草之前,德国民法受康德自由主义哲学思想的影响,认为不应当规定精神损害赔偿金,只在如侵害身体等特殊情况下才承认精神损害赔偿。最先支持精神损害赔偿并改变了原先的否定态度的是温德谢德,他认为"通过造就一个舒适的感受重新

---

① 《法国民法典》第1382条:任何行为使他人受损害时,因自己的过失而致行为发生之人对他人负赔偿责任。
② 张新宝:《精神损害赔偿制度研究》,法律出版社2012年版,第386-398页。

第七章　金融消费者的精神损害赔偿诉求及其分析

消除受害人所遭受的精神痛苦，因此抚慰金也是损害赔偿"。《德国民法典》颁布后，司法实践仍受到立法者对精神损害赔偿的消极态度的影响。《德国民法典》规定精神损害赔偿的有第253条、第847条、第651条和第611条。第253条规定，损害为非财产损害的，仅以法律上有规定为限，才能请求以金钱赔偿。第847条第1款规定，在侵害身体、健康以及剥夺自由的情形下，受害人也可由于非财产损害而请求合理的金钱赔偿。第847条第2款规定，对妇女犯有违反道德的罪行或不法行为，或以诈欺、威胁或滥用从属关系，诱使妇女允诺婚姻之外的同居者，该妇女享有与前项相同的请求权。第651（f）条规定了因违反约定导致丧失假期旅游的娱乐承担精神损害赔偿。第611（a）条规定了在雇佣合同中因性别歧视承担精神损害赔偿。[①] 2002年损害赔偿法改革后，精神损害赔偿制度的适用得到了扩张。主要表现在：第一，侵害身体健康和自由、女性的性自主权和一般人格权均可适用精神损害赔偿；第二，部分违约、过错侵权、无因管理和特别法上的危险责任也可适用精神损害赔偿。

《菲律宾民法典》第2217条规定，精神损害包括身体痛苦、精神痛苦、恐惧、严重的焦虑不安、名誉被污损、情感受伤害、精神受震惊、当众受辱和类似伤害。尽管精神损害不能用金钱计算，但如果它是被告的懈怠性不法行为的最近后果，受害人可以取得赔偿。第2220条规定，法院认定根据情况判予精神损害赔偿合法正当的，对财产的故意损害可以成为判予精神损害赔偿的合法理由。被告诈欺性地实施行为或恶性行为的，相同规则适用于违约。可见，菲律宾民法上的精神损害赔偿的适用范围是精神损害、对财产

[①] 《德意志联邦共和国民法典》，上海社会科学院法学研究所译，法律出版社1984年版，第225页。

的故意损害和诈欺性违约。

三、我国精神损害赔偿请求权的构成要件

在违约精神损害赔偿得到广泛认同成为通说之前，在讨论精神损害赔偿请求权的构成要件问题时仍应先基于侵权行为的构成要件体系下进行探讨。这是因为：第一，从法哲学的角度来看，人的自然权利应当先于社会交往的契约行为所产生的权利得到保护。合同权利是自然权利的派生产物。因此，若精神损害赔偿基于合同权利是正当的，那么基于自然权利必然也是正当的。第二，从法解释学的角度来看，《侵权责任法》中明确规定了精神损害赔偿，但《合同法》中并未做此规定，即便是支持违约领域适用精神损害赔偿的学者也是将一般条款进行解释得出的结论。第三，从法社会学的角度来看，将精神损害赔偿从侵权领域扩展至违约领域是人的自然权利和道德权利在法律上得到承认并予以发展的结果。新类型案件纠纷的出现使人们不得不去关注如何在契约订立及履行中将人身权益和人格利益保护起来。此外，我们认为将精神损害赔偿从侵权领域扩大至部分合同违约领域是大陆法系规范出发型诉讼的固有缺陷所造成的不得已的局面，违约并不能成为精神损害赔偿的请求权法理依据，下文详述。

要件事实是大陆法系规范出发型诉讼的产物，是指符合发生法律效果的要件的事实，当所有法律规范上的要件事实得到确认和证明时，法律规范得以适用。日本一般侵权行为的要件事实可归纳为：1. 原告的权利或者法益受到了侵害；2. 被告的行为存在故意或过失；3. 损害的发生及金额；4. 因果关系。法国民法学者普遍认为的侵权责任承担的构成要件为致害行为、损害以及因果关系。其中致害行为又分为本人的行为、他人的行为和物的行为。

我国的一般侵权行为的构成要件主要有三要件说和四要件说，王利明教授是三要件说的支持者，主张四要件说的学者主要有张新宝教授、杨立新教授和程啸教授。我国的通说为四要件说：加害行为、损害后果、因果关系和过错。这两种学说均以损害事实、行为及因果关系作为构成要件，有区别的是四要件说还认为行为的违法性（即不法行为）也是构成要件之一，而三要件说则认为行为的违法性并非必要，或者已为过错要件所包容。

具体到精神损害赔偿的构成要件，王利明教授认为包括侵害他人人身权益、严重精神损害后果和侵害行为与损害后果之间具有因果关系；程啸教授认为包括侵害人身权益和遭受了严重精神损害，当然根据一般侵权行为的构成要件也要求存在因果关系。不同的是严重精神损害和严重精神损害后果是否属于同一意义。严重精神损害是严重精神损害后果的上位概念，即严重精神损害分为造成严重后果的严重精神损害和未造成严重后果的严重精神损害。产生严重精神损害后果则一定产生严重精神损害，反之则不然。我们赞同以严重精神损害作为构成要件，主要理由有：第一，从法律位阶角度来看，《精神损害赔偿司法解释》中使用了"侵权致人损害，造成严重后果"的表述（概括为严重精神损害后果），而之后颁布的《侵权责任法》则使用了"造成他人严重精神损害"的表述（概括为严重精神损害），《侵权责任法》应当优先于《精神损害赔偿司法解释》。此修改扩大了精神损害赔偿的适用范围，即精神损害无须造成严重后果，只要达到法定的严重程度即可产生精神损害赔偿请求权，为损害后果这一构成要件留下了更大的解释空间。第二，严重精神损害本身就是侵害人身权益的严重后果，无须再另外规定一个派生的严重后果，否则不利于对法益的保护。第三，是否造成严重后果是决定精神损害赔偿金数额的因素之一，将其作为构成要件存在逻辑上的谬误。如前所述，由于精神损害赔偿属于侵权法上的一般侵权责任，因此还应包含过错要件。总结来说，精神损害赔偿请求权的构成要件为：1. 人身权益受到侵害、产生严重精神损害的损害事实；2. 行为人的行为与损害事实的发生存在因果关系；3. 行为人具有过错。

四、我国精神损害赔偿请求权的适用范围

我国最先确立精神损害赔偿制度的是1986年《民法通则》第一百二十条：公民的姓名权、肖像权、名誉权、荣誉权受到侵害的，有权要求停止侵害，恢复名誉，消除影响，赔礼道歉，并可以要求赔偿损失。这一规定仅是对精神性人格权的保护。2001年最高人民法院发布《精神损害赔偿司法解释》，扩大了精神损害赔偿的保护范围，规定对人格权与人格利益、身份权、具有人格象征意义的特定纪念物品的侵害实行精神损害赔偿，实现了精神损害赔偿范围从精神性人格权向物质性人格权、从具体人格权到一般人格权的发展，标志着我国精神赔偿制度正在走向完善。2003年《关于审理人身损害赔偿案件适用法律若干问题的解释》出台，将原先《精神损害赔偿司法解释》中对精神损害抚慰金中的残疾赔偿金和死亡赔偿金定性为财产性赔偿，不再是精神抚慰金，这便与刑事附带民事立法相契合，因为在刑事附带民事诉讼中不允许被害人提起精神损害赔偿的附带民事诉讼，这一规定使被害人仍得在附带民诉中主张残疾赔偿金和死亡赔偿金。2009年《侵权责任法》和2010年的《国家赔偿法》明确使用精神损害赔偿的表述，标志着我国立法层面对精神损害的保护达到了新的高度。

从立法趋势来看，我国对精神损害赔偿的立法保护范围一直在不断扩大，从最初的精神性人格权扩大到了物质性人格权，再扩大

到了人身权益。随着立法的不断完善,我国精神损害赔偿所支持的权益种类越来越多样化,对人民精神权益的保护也更加充分全面。从国际经验上来看,我国不断扩大精神损害赔偿立法保护范围这一做法与目前国际上的主流做法也是趋于一致的。

从司法实践来看,我国在对精神损害赔偿案件进行司法认定时采取的是相对谨慎的态度。根据《最高人民法院关于确定民事侵权精神损害赔偿责任若干问题的解释》第八条第一款的规定,因侵权致人精神损害,但未造成严重后果,受害人请求赔偿精神损害的,人民法院一般不予支持。实践中,司法机关在认定精神损害赔偿时,都会要求主张一方承担存在严重精神损害后果的举证责任,主张一方只有提供相应的就诊记录、病历等医疗文件证明对方的行为确实对其造成了严重的精神损害后果,其精神损害赔偿的诉求才会得到法院的支持。例如,在王舜玲与镇江市第一人民医院医疗损害赔偿纠纷一案中,人民法院最终裁定,由于王舜玲在多家医院就诊的门诊记录均未记载存在严重精神损害后果,故再审判决对王舜玲主张的精神损害抚慰金不予支持。

从适用的法域来看,精神损害赔偿适用于民法侵权法法域和公法赔偿法法域;从民法上侵权的表现形式来看,精神损害赔偿适用于侵害非物质性人格权益、侵权致人伤残、侵权致人死亡、侵害特定物品的财产权益、侵害亲属关系等。值得注意的是,在概括性人身损害赔偿中也可能包含精神损害赔偿,但由于概括性人身损害赔偿不区分赔偿金的性质一次性给予一定数额的赔偿,因此在承认概括性人身损害赔偿的场合也无讨论精神损害赔偿的必要。

五、精神损害赔偿在违约领域适用的特殊问题

违约精神损害赔偿

纵观各国的立法发展，比较普遍的立法例是指在侵权责任中规定精神损害赔偿而不在违约领域或在个别具体的特殊合同领域加以规定。比如，《菲律宾民法典》第2220条规定，法院认定根据情况判予精神损害赔偿合法正当的，对财产的故意损害可以成为判予精神损害赔偿的合法理由。被告诈欺性地实施行为或恶信行为的，相同规则适用于违约。

我国通说也认为精神损害赔偿问题实际上是侵权责任的承担问题，在违约责任的承担中不包含精神损害赔偿（否定说）。《侵权责任法》第22条规定："侵害他人人身权益，造成他人严重精神损害的，被侵权人可以请求精神损害赔偿。"《最高人民法院关于审理旅游纠纷案件适用法律若干问题的规定》（法释〔2010〕13号）第21条规定："旅游者提起违约之诉，主张精神损害赔偿的，人民法院应告知其变更为侵权之诉；旅游者仍坚持提起违约之诉的，对于其精神损害赔偿的主张，人民法院不予支持。"因此，无论从法律还是司法解释层面，普遍的态度是精神损害赔偿不得适用于违约领域。也有学者持相反观点，如崔建远教授认为精神损害赔偿并非侵权法所独有，应当将精神损害赔偿的范围扩张至某些违约领域，基于违约请求权仍得请求精神损害赔偿（肯定说）。其主要观点如下：第一，立法例与立法论不同，固有的法律并非应有的法律，随着社会的发展，法律可能发生变化。且在英美法的立法例中也在违约中支持精神损害赔偿的例证。第二，承认违约领域的精神损害赔偿不违反合同法上的等价交易原则。交易分为常态的交易和矫正的交

易,而矫正的交易状态可以不遵循等价交易原则。第三,承认违约领域的精神损害赔偿不违反合同法上的可预见性原则,是否可预见精神损害与法律规定、立法宣传与合同性质有关。第四,承认违约领域的精神损害赔偿不违反合同法上的鼓励交易原则,因为在违约与侵权发生竞合的情形就形成在侵权中主张精神损害赔偿就不违反鼓励交易而在违约中主张精神损害赔偿就违反鼓励交易的悖论。第五,以《侵权责任法》第二十二条的表述来解释精神损害赔偿只适用于侵权责任不适用于违约责任不符合解释学的逻辑规则,《侵权责任法》并未规定也无法规定违约领域的排除适用。①

按照崔建远教授的观点,即便承认违约领域的精神损害赔偿,也并非是承认所有合同领域均可适用精神损害赔偿,特殊的可提出精神损害赔偿请求权的合同主要有旅游合同、美容服务合同、观影演出合同、骨灰盒保管合同等。德国法上对违约领域的精神损害赔偿也采用法定主义,法律未明文规定的不得适用。我们可以将目前肯定说和德国法上规定的承认精神损害赔偿的合同分为以精神享受和愉悦为目的的合同与本身涉及或很可能涉及合同主体精神、情感、心灵世界的合同。前者如旅游合同、观影演出合同、美容服务合同等,后者如特定物保管合同、雇佣合同等。所谓本身涉及或很可能涉及精神世界,是指如果出现一方违约的情形,另一方受到精神损害具有可预见性。这样分类有助于区分请求权基础进行违约精神损害赔偿的探讨。违反以精神享受和愉悦为目的的合同的义务导致合同目的落空的情形下,守约方势必无法取得合同利益,可能同时会遭受精神损害。

由于合同法上并未禁止赔偿精神损害,且对权利的救济并未超

---

① 关于违约领域适用肯定说和否定说的论战,详见崔建远:《精神损害赔偿绝非侵权法所独有》,载《法学杂志》,2012(8),第22-30页。

过合同本身的目的范围，因此违约损害赔偿请求权可以包括精神损害赔偿。该情形下的精神损害赔偿请求权是违约损害赔偿请求权，不适用侵权法上的精神损害赔偿规定。违反本身涉及或很可能涉及合同主体精神、情感、心灵世界的合同的义务导致守约方精神受到打击的情形下，由于订立合同的意图与寻求精神享受无关，只不过是履行过程中的违约行为直接导致了守约方的精神损害，其本质仍然是人身权益的侵害，如在雇佣合同中，女性劳动者遭受性别歧视或骚扰的事实已经脱离了原本的合同关系，该情形下实际上是对人格尊严或人格权的侵权行为导致的精神损害，精神损害赔偿请求权是侵权请求权，应当适用侵权法上的精神损害赔偿规定。

至此，可以看出，违约领域是否适用精神损害赔偿的争论实则是对于以精神享受和愉悦为目的的合同而言的，因为对于本身涉及或很可能涉及精神世界的合同而言，其精神损害赔偿是基于侵权责任的请求权基础产生的，因而无争议的必要，最多也就是精神损害赔偿的侵权请求权和主张其他违约责任的违约请求权的竞合问题。前文已经提到，之所以会产生争论，是由于大陆法系规范出发型诉讼的本质和固有缺陷导致的。在规范出发型诉讼的架构下，成文法体系化使社会关系分成各种类型，而法律规范总是假设抽象的事实，因此同一个自然事实就可能符合多个法律规范在假设部分的描述，从而可能被不同的实体法律从不同的角度进行评价，而符合多个法律关系的构成要件。大陆法系规范出发型诉讼的内在矛盾之一就是在民事实体法律规范体系内部存在着多个规范对同一事实的重复调整。① 这种内在矛盾是不可避免的。我们认为，在精神损害赔偿请求权是侵权请求权的情形下，应当允许当事人同时提出违约责

---

① 段厚省：《民事诉讼标的论》，中国人民公安大学出版社2004年版，第78-79页。

任请求权和精神损害赔偿请求权,此时的违约责任请求权不包含精神损害赔偿;在精神损害赔偿请求权是违约责任请求权的情形下,不应要求当事人变更请求权,而应当直接基于违约责任的请求权基础审查当事人的主张是否成立。

六、金融消费领域的精神损害赔偿的司法判例与实践建议

金融消费领域中涉及精神损害赔偿请求的判例比较少。最高人民法院发布的公报案例中涉及金融消费纠纷中的精神损害赔偿问题的只有2个,分别为王某诉张某、江苏省某职业学校、A银行股份有限公司南京分行、A银行股份有限公司信用卡中心侵权纠纷案和周某诉江东某行储蓄合同纠纷案。

在王某诉张某、江苏省某职业学校、A银行股份有限公司南京分行、A银行股份有限公司信用卡中心侵权纠纷案中,原告身份证丢失后被他人使用办理了A银行信用卡,并恶意透支,致使原告的姓名被列入银行不良信用记录。法院部分支持了原告的精神损害抚慰金请求,主要理由为:王某因被告张某、信用卡中心的侵权行为,导致其在银行征信系统存有不良信用记录,该不良信用记录对王某从事商业活动及其他社会、经济活动具有重大不良影响。虽然在查清事实后,信用卡中心已经把王某的不良信用记录删除,但损害已经实际发生,给王某实际造成了精神上的痛苦,妨碍了其内心的安宁,其社会评价也必然因此而降低。因此,根据最高人民法院《关于确定民事侵权精神损害赔偿责任若干问题的解释》的有关规定,王某在姓名权受到侵犯、导致名誉受损的情况下,提出精神损害赔偿的诉讼请求,应予支持。

在周某诉江东某银行储蓄合同纠纷案中,原告银行卡被调包、遗忘卡密码及卡、银行未及时挂失,储蓄存款被盗取。法院驳回原

告精神损害赔偿请求的主要理由是本案为储蓄合同违约纠纷，因此不适用精神损害赔偿。

除了公报案例外，其他的案例较为典型的还有周某诉C银行股份有限公司名誉权纠纷案。2009年5月31日，被告C银行收到一份申请人署名为原告周某的信用卡开卡申请表，同年6月18日，C银行审核批准开通了以周某为用户的涉案信用卡，申请资料中的信用卡标准审批表上记载"电话与地址匹配""已对本人电话核实"，信用卡受理登记表上记载"柜面进件""亲见申请人递交并签名""亲见申请材料原件并当场复印"。2009年9月周某收到涉案信用卡催款通知，获悉该卡已透支，且逾期未还款，周某因未办理过涉案信用卡，疑为他人盗用其信息所办，故向公安机关报案。后C银行多次向周某电话催收涉案信用卡欠款。因涉案信用卡欠款逾期未还，该卡在周某的个人信用报告中记载为冻结。2010年7月，为涉案信用卡欠款一事，C银行与周某发生纠纷至上海市某区人民法院寻求救济，次月该院组织双方进行诉前调解。同年11月，C银行向该院提起（2010）浦民六（商）初字第7068号一案，要求周某偿还信用卡欠款，后于同年12月撤回起诉。2011年3月周某的个人信用报告中，关于涉案信用卡的不良信用记录已经消除。一审法院认为：本案中，C银行于2009年5月31日收到的开卡申请表上申请人签名一栏并非周某亲笔签名，显然周某并未亲至C银行柜台申请开通涉案信用卡，而C银行的相关材料上却记载有"亲见申请人递交并签名""已对本人电话核实"等内容，可见C银行对涉案信用卡的开通审核未尽到合理的审查义务，存在过错。然后周某名誉是否受到损害，应依据其社会评价是否因C银行的行为而降低加以判断。本案中，名誉是否受损的争议焦点在于中国人民银行征信系统上的记录是否会降低周某的社会评价。对此，周某称征信系统中的不良信用记录对周某从事商业活动及其他社会、经济活动造成重大不良影响，C银行则称征信系统中的内容对外保密，不会贬低周某名誉，结合周某提供的个人信用报告上记载查询原因系"本人查询"，而C银行提供的个人信用报告上记载查询原因系"贷后管理"，可见查询者包括信用卡的持卡人和发卡行，至于社会公众能否查询，则无从体现。故周某主张其名誉因征信系统中的不良记录而受到损害，并未提供充分的证据予以证明，法院难以采信。周某又称其同事和朋友得知其因信用卡纠纷被银行告上法庭，对其名誉造成了严重的不良影响，对此，法院认为，诉讼系法治社会中解决纠纷的常用、合理手段，周某名誉不因其被他人起诉而有所损害，故对该主张，法院不予采纳。周某又称，C银行侵犯了其姓名权。对此，法院认为虽然C银行在审核过程中存在过错，该过错与实际开卡人的行为共同导致涉案信用卡未经周某知情同意就使用了周某姓名，但根据本案实际情况，C银行已消除了周某在征信系统中的不良信用记录，并撤回了催收欠款的诉讼，可见并未造成严重后果。①

从以上司法判例中可以看出，金融消费中涉及精神损害赔偿的纠纷就很少，支持精神损害赔偿的案例更为罕见，司法实践也是采取极为谨慎的态度。通过前文对精神损害赔偿理论层面和实践层面的探讨，就金融消费中的精神损害赔偿问题可以总结出以下几点：第一，金融消费纠纷产生的精神损害赔偿主要是由于侵犯消费者的隐私权、名誉权、姓名权、人格尊严和个人信息受保护权导致的，此类侵权行为实际上已经与金融消费本身无关，而是单纯地对消费者个人的权利造成侵害。因此，判断金融消费者是否享有精神损害

---

① 以上案例为笔者在北大法宝网站（http：//www.pkulaw.cn/）以"精神损害赔偿""金融""银行"等为关键词检索的结果。

赔偿请求权仍要严格基于精神损害赔偿请求权的构成要件。第二，就精神损害赔偿的构成要件而言，无论采取何种学说，必须要产生严重的精神损害或出现由于精神损害引发严重的后果，才有支持精神损害赔偿请求的可能。第三，无论是违约领域适用肯定说还是否定说，均不赞成对所有合同领域适用精神损害赔偿。基于合同的请求权无法超越合同订立本身的目的范围。对于金融机构与消费者订立的储蓄、理财等服务合同，既非以使消费者感受到精神愉悦为目的，也非本身涉及消费者的精神世界，因此基于此类合同而产生的违约责任请求权不能包含精神损害赔偿的主张。

第二节　中立评估意见：未经消费者同意为其开立银行卡并引发征信问题的分析

关于消费者孙某与某银行信用卡纠纷的评估书

2018年5月23日，某银行委托上海市金融消费纠纷调解中心对本次纠纷进行中立评估。上海市金融消费纠纷调解中心受理此评估事项后，特邀中心中立评估专家对本纠纷开展评估，现将评估结果提供给当事双方，供参考。

一、当事双方

消费者：孙某

银行：某银行

二、当事人陈述及证据

(一) 当事人陈述及主张

消费者孙某诉称，2017年8月中旬消费者去某银行办理工资卡事宜，被某银行第二支行告知名下已有卡，故不能再办理一类个人借记卡。经现场电话查阅，发现在本人不知情的情况下，该银行于2009年为其"办理"了一张信用卡，且已记录在个人征信记录里。对于信用卡在本人不在场、未授权、未签字的情况下办理出来的情况，消费者认为银行涉嫌信用卡诈骗罪和侵犯个人隐私权。

诉求：要求该银行消除征信记录、书面道歉并赔偿其2009年至2017年之间的经济损失和精神损失。

消费者孙某陈述理由：

1. 根据我国有关信用卡的规定，信用卡均限于合法的持卡人本人使用，不得转借或转让，这也是各国普遍遵循的一项原则。信用卡诈骗罪表现形式为非持卡人以持卡人的名义使用持卡人的信用卡而骗取财物的行为。

2. 在本人不知情的情况下使用他人身份信息办理信用卡，侵犯了个人隐私权，违反了刑法第二百五十三条之一的规定：国家机关或者金融、电信、交通、教育、医疗等单位的工作人员，违反国家规定，将本单位在履行职责或者提供服务过程中获得的公民个人信息，出售或者非法提供给他人，情节严重的，处三年以下有期徒刑或者拘役，并处或者单处罚金。

银行处理意见：不同意消费者诉求。

银行陈述理由：

某银行与上海市高等教育自学考试委员会办公室（以下简称自

考办）合作，面向高等教育自学考试考生发行自学考试信用卡，专门用于考生的报名缴费、考试准考证。某银行为了方便考生办理自考卡，缩短开户时间，将考生预留在自考办的个人信息预先导入该银行的自考生信息库，事先生成一个自考信用卡的卡号，待考生需要时，填写申请表配对成功后即可制卡，大大缩短了办卡周期。

(二) 证据

消费者提供了一份"关于某银行违法办理信用卡的情况说明"。银行为支持其主张，提供了如下证据材料：

1. 关于客户孙某自学考试卡的情况说明；
2. 关于对自学考试卡恢复收取年费及开办升级产品自学考试卡（信用卡）的公告；
3. 某银行内部管理系统自考信息查询截屏。

三、案件情况

根据双方当事人陈述及所提交的证据材料，本案基本情况为：2009年9月21日，某银行根据孙某留在自考办的个人信息，未经孙某本人申请，生成了一个自考信用卡的卡号6××××××××××××××××，并报送金融信用信息基础数据库，该信用卡未实际发放，并一直处于未激活状态。孙某于2017年8月中旬去该银行第二支行办理工资卡事宜，才被告知名下有这张信用卡。孙某要求某银行消除征信记录、书面道歉并赔偿其2009年至2017年之间的经济损失和精神损失。

四、本案争议焦点

本案争议的问题主要有2个：

1. 银行在办理信用卡和报送征信信息的过程中是否存在问题？
2. 消费者的财产损失和精神损害如何界定？

五、评估意见

综合双方提交的证据，依据我国相关法律法规的规定，出具评估意见如下：

（一）就第一个争议焦点而言，首先，某银行未经孙某本人申请，生成了自考信用卡卡号的行为，与《商业银行信用卡业务监督管理办法》第三十八条"发卡银行应当公开、明确告知申请人需提交的申请材料和基本要求，申请材料必须由申请人本人亲自签名，不得在客户不知情或违背客户意愿的情况下发卡"的规定不符。其次，某银行在未取得孙某同意的情况下，将该信用卡信息报送金融信用信息基础数据库的行为，与《征信业管理条例》第二十九条第二款"从事信贷业务的机构向金融信用信息基础数据库或者其他主体提供信贷信息，应当事先取得信息主体的书面同意"的规定不符。某银行在办理信用卡和报送征信信息的过程中确实存在违规行为。

（二）就第二个争议焦点而言，首先，关于财产损失，《中华人民共和国侵权责任法》第二十条规定，侵害他人人身权益造成财产损失的，按照被侵权人因此受到的损失赔偿；被侵权人的损失难以确定，侵权人因此获得利益的，按照其获得的利益赔偿；侵权人因此获得的利益难以确定，被侵权人和侵权人就赔偿数额协商不一致，向人民法院提起诉讼的，由人民法院根据实际情况确定赔偿数额。孙某要求某银行赔偿其财产损失，应当提供此种侵害造成其财产损失的证明，但孙某未予以提供。某银行也未因制作信用卡卡号和报送征信信息的行为而获得利益，因此，对于孙某的财产损失，本评估无法认定。

其次,关于精神损害赔偿,《中华人民共和国侵权责任法》第二十二条规定,侵害他人人身权益,造成他人严重精神损害的,被侵权人可以请求精神损害赔偿。也就是说,并非只要侵害他人人身权益被侵权人就可以获得精神损害赔偿,只有在"造成他人严重精神损害"时才能够获得精神损害赔偿,"严重精神损害"是构成精神损害赔偿的法定条件,偶尔的痛苦和不高兴不能认为是严重精神损害。某银行未经孙某同意为其办理信用卡和报送征信信息的行为,并未对孙某的信用记录造成负面影响,难以构成严重精神损害,因此,对于孙某精神损害赔偿的要求,本评估不予支持。

(三)孙某认为某银行违规为其办理信用卡的行为涉嫌信用卡诈骗罪和侵犯个人信息罪。本评估意见仅对民商事主体之间的民商事法律关系展开,刑事责任的认定不属于本评估范围,如果消费者有合理依据应当向司法机关反映。

六、评估结论

本案中,某银行在办理信用卡和报送征信信息的过程中确实存在违规行为,但未造成严重后果,根据《征信业管理条例》第二十五条的规定,信息主体认为征信机构采集、保存、提供的信息存在错误、遗漏的,有权向征信机构或者信息提供者提出异议,要求更正。因此,孙某可以向金融信用信息基础数据库或者某银行提出异议,要求删除相关信用卡信息。

第八章 金融消费者个人信息保护的规范分析

近年来，我国消费者个人金融信息被泄露、窃取、贩卖的事件屡见不鲜。因消费者个人身份信息、财产信息、账户信息、信用信息、金融交易信息等被不法分子掌握，导致消费者人身、财产安全遭受侵害的案件频发。特别是在互联网环境下，消费者个人金融信息泄露渠道多、泄露范围广、泄露速度快、泄露规模大，加之互联网络环境复杂，普通金融消费者网络安全意识和安全知识匮乏，使个人金融信息保护难的问题更加突出。同时，随着大数据、云计算、人工智能等新技术与金融业的逐步融合，个人金融信息所蕴含的经济价值被激发，个别金融机构从自身利益出发，超范围收集消费者个人金融信息，以概括授权方式获取消费者个人金融信息使用授权或同意，或未经消费者授权或同意将其个人金融信息用于营销或对外提供的事件时有发生，严重侵犯金融消费者合法权益。个人金融信息保护已逐渐引起消费者、金融机构和监管部门的重视，成为迫切需要解决的问题。我国《消费者权益保护法》第十四条规定消费者享有个人信息依法得到保护的权利；2015 年《国务院办公厅关于加强金融消费者权益保护工作的指导意见》（国办发〔2015〕81 号）提出保障金融消费者的八项基本权利，信息安全权即为其中之一。

金融消费权益保护舆情典型案例

【案例1】警惕遗失身份证沦为犯罪"隐形衣"①

2016年8月,刘某在银行申办网银时,被银行工作人员发现存在人证不符情况。银行随即报警,刘某被当场抓获。经查,刘某未满18周岁,受广告利诱,在不法分子指使下多次持他人遗失身份证到银行申请开户,先后在河南信阳等13个县市骗领银行卡14张。

2014年8月,杜某与刘某某(非上案中的刘某)在香港创设虚拟货币"暗黑币"公司,并利用互联网兜售"暗黑币",先后组织数十人到深圳各大银行冒名开立50余张银行卡,利用这些账户从事犯罪资金收支活动。后被徐州市公安机关查获,泉山区法院一审判决杜某构成组织领导传销活动罪。

【案例2】A借款软件收集个人信息 是否越界引发争议②

据财新周刊2017年7月6日报道,A借款软件新修订的用户服务合同,因涉嫌超范围收集、使用个人信息而引发关注。根据该服务合同,A借款软件可在客户概括授权的方式下,通过多种途径,收集包括身份、财产、消费等在内的诸多个人信息,并可提供给第三方使用。该舆情反映了"市场主体涉嫌侵害个人信息安全权"问题中存在着一定的风险,引发社会舆论关注。

---

① 《警惕遗失身份证沦为犯罪"隐形衣"》(2017年4月30日),http://legal.people.com.cn/n1/2017/0430/c42510-29245439.html。

② http://finance.caixin.com/2017-07-06/101111119.html,2017年7月6日。

第一节 法理分析：个人金融信息保护的现状及建议

一、问题的引出

在大数据时代下，个人信息的经济价值越来越凸显，而随着信息技术的发展，金融领域的信息化程度也越来越高。这在便捷了金融消费者的同时，也使得侵害金融消费者个人信息的手段、频度与危害都大大增加。系统漏洞、病毒木马攻击、用户信息泄露等事件频发，金融消费者信息安全权的保护，成为一个亟须关注的问题。

下述案例1中投诉人陈某认为被投诉银行泄露其信息并无故冻结其银行账户，质疑被投诉银行能否保障其信息安全及账户的正常使用，并要求银行方面对账户信息泄露予以合理解释，告知事实真相并道歉。案例2中涉案银行未与第三方公司开展业务合作和营销，在未经消费者授权或同意的情况下查询消费者个人信用报告，并将部分消费者信息提供给第三方公司，侵害了消费者的信息安全权。本章将从我国消费者个人金融信息保护现状、国外消费者个人金融信息保护实践和经验以及加强我国个人金融信息保护的建议等三个方面展开论述。

【案例1】陈某投诉某银行泄露客户信息案

2014年4月10日，金融消费者陈某致电12363投诉A银行，称在2014年2月10日有陌生人到其家中，声称自己的亲戚王某误将一笔款项由A银行江苏省某支行汇至陈某名下。陈某表示质疑，并通过该银行网上银行进行查询，发现自己的银行账户被冻结。后陈某到 A 银行上海市某支行营业网点进行查询，工作人员称陈某的信息可能是 A 银行江苏省某支行透露的。陈某当场质疑 A 银行是否能够保障储户的信息安全及账户的正常使用，并要求银行方面对账户信息泄露予以合理解释，告知事实真相并道歉。

接到投诉后，12363 电话请 A 银行对相关情况进行调查核实并反馈。后收到回复，经查，江苏金融消费者王某计划通过 B 银行网上银行划款给自己在 A 银行的借记卡，因未核实收款方姓名，而将款项误划入曾与其有过资金往来的投诉人陈某的 A 银行借记卡中。王某发现资金错划他人卡后，前往 A 银行江苏省某支行进行咨询，大堂工作人员以为其受到了电信诈骗，故提供了收款人陈某的身份证号码，并告知王某输错密码三次可以冻结对方账户的方法。王某为尽早追回款项，根据陈某的身份证号通过银行以外其他途径，获得了陈某上海住址及联系电话。2014 年 2 月 10 日，王某委托其在上海的亲戚于当晚前往陈某在上海的住处，索要 50100 元款项，进而引发陈某的强烈不满。

【案例2】C 银行上海某支行违规查询个人信用报告案

2012 年初，C 银行在了解到 D 信息咨询（北京）有限公司（以下简称 D 公司）拥有一定数量的个人客户资源后，向 D 公司提出分享客户资源，开展交叉营销和业务合作。C 银行希望在 D 公司个人客户中开展信用卡营销，D 公司希望通过 C 银行获取其客户的个人信用信息或对其客户提供的个人信用报告的真实性进行核实。

2012 年 2 月中旬至 4 月中旬，C 银行在客户未填写贷记卡申请表的情况下，查询了 3.2 万位客户的个人信用报告，同时将其中 926 位客户的部分个人信息向 D 公司进行了口头反馈。

由于双方的业务合作未达到预期效果，且 C 银行还接到 20 余次与个人信用报告有关的咨询投诉，故于 2012 年 4 月 16 日终止了与 D 公司的合作。在合作期间，C 银行未向 D 公司提出或收取任何费用。

针对 C 银行的违规行为，金融管理部门及时组织相关部门开展调查取证。依据《中国人民银行关于银行业金融机构做好个人进行信息保护工作的通知》（银发〔2011〕17 号）和《个人信用信息基础数据库管理暂行办法》（中国人民银行令〔2015〕第 3 号）相关规定，及时约谈 C 银行高管人员，对 C 银行予以行政处罚，责令其改正并处以 3 万元罚款，同时通报业内金融机构。

C 银行表示完全接受金融管理部门的通报批评和处罚，并依据内部管理办法给予相关责任人警告、通报批评、免职等处分和 1000 元至 10000 元不等的经济处罚。

(一) 案例 1 相关法律问题分析

1. 关于违规提供个人信息

本案中，商业银行擅自将陈某的身份证号码和联系方式提供给他人，违反了关于个人信息保护的行政法规和部门规章的规定，如《商业银行法》第二十九条第一款规定，商业银行办理个人储蓄存款业务，应当遵循存款自愿、取款自由、存款有息、为存款人保密的原则；《个人存款账户实名制规定》第八条第一款规定，金融机构及其工作人员负有为个人存款账户的情况保守秘密的责任；《银行卡业务管理办法》第五十二条第（七）项规定，发卡银行对持卡人的资信资料负有保密的责任等。目前虽有银发〔2011〕17 号规定的约谈、责令限期整改等软性管理措施，但是由于对此类客户信息缺乏相应的罚则，监督管理手段有限。

商业银行擅自向他人提供陈某信息，根据现在银行通用的银行卡章程，应该违反了与收款人陈某的合同约定，依据《合同法》的规定，构成违约责任（视合同具体约定而论，如果合同未约定的，则不构成违约责任）。同时依据《侵权责任法》第二条的规定，又构成侵权责任。《合同法》第一百二十二条规定：因当事人一方的违约行为，侵害对方人身、财产权益的，受损害方有权选择依照本法要求其承担违约责任或者依照其他法律要求其承担侵权责任。

如果合同约定了违约责任，则构成违约责任与侵权责任的竞合，可以由陈某选择银行的责任承担方式。如果合同未约定违约责任的，则仅构成侵权责任，可以由陈某请求银行承担侵权责任。

2. 关于擅自冻结账户

本案中，现有材料虽然使用了"冻结"二字，但银行是否进行了冻结的行为尚待确定。《中华人民共和国行政强制法》第九条第四项规定，冻结存款、汇款属于行政强制措施，该法第三章第三节专门就冻结的条件和实施程序做出了规定。第六十五条第三项规定，违反本法规定，金融机构将不应当冻结、划拨的存款、汇款予以冻结或者划拨的，由金融业监督管理机构责令改正，对直接负责的主管人员和其他直接责任人员依法给予处分。《商业银行法》第二十九条第二款也规定，对个人储蓄存款，商业银行有权拒绝任何单位或者个人查询、冻结、扣划，但法律另有规定的除外。如果存在银行擅自冻结了陈某账户的情况，依法应由金融业监督管理机构责令改正，对直接负责的主管人员和其他直接责任人员依法给予处分。

所以在本案中，银行无权擅自冻结账户，亦无权向汇款人提供收款人的身份信息和联系方式。如果真的出现疑似电信诈骗的情况，银行应建议汇款人及时报案，并在公安司法机关介入后根据法律规定，积极应公安司法机关的要求处置。如果仅出现填错收款人的情况，银行可应汇款人的申请通知收款人，代汇款人请求收款人返还汇款（但不得向汇款人及第三人提供收款人身份信息及联系方式），并将电话记录、短信通知等相关沟通情况妥善保存。若收款人拒不返还，银行可建议汇款人向公安机关报案，由公安司法机关按照收款人的侵占行为进行介入，在公安司法机关介入后，银行应根据法律规定，向公安司法机关提供收款人的身份信息及联系方式。

（二）案例2相关法律问题分析

1. 未经授权查询个人信用报告

本案中，C银行在未要求客户填写贷记卡申请表的情况下，即未取得客户书面授权的情况下，查询了3.2万名客户的个人信用报告，属于未经授权查询的行为。《个人信用信息基础数据库管理暂行办法》第十二条规定，商业银行办理下列业务，可以向个人信用数据库查询个人信用报告：（一）审核个人贷款申请的；（二）审核个人贷记卡、准贷记卡申请的；（三）审核个人作为担保人的；（四）对已发放的个人信贷进行贷后风险管理的；（五）受理法人或其他组织的贷款申请或其作为担保人，需要查询其法定代表人及出资人信用状况的。第十三条规定，除本办法第十二条第（四）项规定之外，商业银行查询个人信用报告时应当取得被查询人的书面授权。C银行未收到贷款申请，也未获得书面授权，擅自查询个人信用报告，属违规行为。

同时《个人信用信息基础数据库管理暂行办法》第十二条列举了征信查询的五种目的，本案中，C公司以与D公司进行交叉营销和业务合作为目的，将征信查询结果提供给D公司，供D公司了解客户信用情况，并不是出于办理业务的需要，属于将查询结果用于规定外的其他目的。

2. 违规提供个人信用信息

本案中，D公司为信息咨询公司，其是否属于建立或变相建立的个人信用数据库，因案例提供信息有限，尚不能确定。但其从C银行处获取了926位客户的个人信用情况，可见其掌握的客户信息量较大。如果确属于未经批准建立或变相建立的个人信息数据库，则C银行存在违规提供个人信息的情况。《个人信用信息基础数据库管理暂行办法》第七条规定，商业银行不得向未经信贷征信主管部门批准建立或变相建立的个人信用数据库提供个人信用信息。

《征信业管理条例》第42条的规定更为具体：信息使用者违反本条例规定，未按照与个人信息主体约定的用途使用个人信息或者未经个人信息主体同意向第三方提供个人信息，情节严重或者造成严重后果的，由国务院征信业监督管理部门或者其派出机构对单位处2万元以上20万元以下的罚款；对个人处1万元以上5万元以下的罚款；有违法所得的，没收违法所得。给信息主体造成损失的，依法承担民事责任；构成犯罪的，依法追究刑事责任。

《征信业管理条例》和《个人信用信息基础数据库管理暂行办法》都对违规提供个人信用信息作出了规定，但《征信业管理条例》从2013年3月起实施，本案发生在《征信业管理条例》实施之前，涉及法律适用问题。

2004年最高人民法院在法院系统下发了《关于审理行政案件适用法律规范问题的座谈会纪要》明确："行政相对人的行为发生在新法施行以前，具体行政行为作出在新法施行以后，人民法院审查具体行政行为的合法性时，实体问题适用旧法规定，程序问题适用新法规定。"因此，在本案中应适用《个人信用信息基础数据库管理暂行办法》。

（三）个人信息的法律意义

1. 宪法层面

首先，个人信息体现了宪法关于保障公民自由的要求。宪法的价值之一就是通过限制国家机关的权力来保障公民权利的行使，进而保障公民自由。自由是人的属性，是人之所以成为人的主体性之所在，无自由，则人就不成为主体。在大数据时代，个人信息在公共场所与私人领域均广泛流通，利用电脑和移动终端设备上网或是扫二维码付款消费等都有可能留下个人信息痕迹，这也使得对于公民个人信息的处理问题面临着前所未有的挑战。如果不能够很好地把握利用个人信息对私人生活进行干预的尺度，就极有可能对公民的自由产生影响，甚至剥夺个人的决策和行动自由。在更深层次上，使用信息技术整合、分析个人信息，预测个人的想法及行为模式，会导致诱导个人决策和行动的后果。[1]

其次，个人信息体现了对效率价值的追求。在数据获得空前增长的当下，只要通过合适的途径对数据进行挖掘、提取、储存与利用，就能够大大提高市场经济运行的效率，数据已经成为战略资源。而个人信息作为数据的基础来源，如果无法得到正确处理，不仅会侵害公民个人的财产安全，也会造成数据资源的极大浪费，降低数据资源的合理配置率，影响社会整体的经济效益。

最后，个人信息是现代人权观的内容之一。人权是人类文明所追求的基本价值之一，是人类进步的表现。在大数据时代，"数据痕迹"随处可见，公共部门与私人机构都在无声息中给公民戴上了"数据手铐"，个人的每次行为、交易均存在被监视的风险。如果不

---

[1] 任龙龙：《大数据时代的个人信息民法保护》，对外经济贸易大学法学院博士学位论文，2017年，第42页。

对个人信息加以法律上的具体保护，防范个人信息处理带来的高风险，就会侵扰公民的个人生活与基本权利，无法达到现代人权观的保护要求。

2. 民法层面

2017年10月1日实施的《民法总则》将个人信息的保护首次以立法的形式在民法层面加以确立。《民法总则》第一百一十一条规定："自然人的个人信息受法律保护。任何组织和个人需要获取他人个人信息的，应当依法取得并确保信息安全，不得非法收集、使用、加工、传输他人个人信息，不得非法买卖、提供或者公开他人个人信息。"

从民法的角度来看，个人信息是兼具财产和人格属性的权利。一方面，大数据时代的环境下，现实的钱货交易为虚拟的信息变动所逐渐取代，个人信息承载的财产价值日益凸显；另一方面，在信息社会，有可能涉及信息主体的人格尊严和人身自由的情况贯穿了个人信息的收集、处理及利用过程。2016年11月21日，中国青年政治学院互联网法治研究中心发布了我国第一份《中国个人信息安全和隐私保护报告》，参与调研的人数超过百万，报告显示超七成参与调研者认为个人信息泄露问题严重。在各级法院审理的涉及侵犯公民个人信息的案件中，个人信息以不同的价格出售，信息泄露数量惊人。猖獗的盗用和屡禁不止的地下交易从另一个侧面凸显了个人信息的价值：个人信息利益已经成为信息社会发展中的新生利益，其所有和分配规则亟须法律做出回应。[①]

3. 消费者权益保护法层面

《消费者权益保护法》第十四条规定："消费者在购买、使用

---

① 郝思洋：《个人信息权确立的双重价值——兼评〈民法总则〉第111条》，载《河北法学》，2017（10），第130页。

商品和接受服务时，享有人格尊严、民族风俗习惯得到尊重的权利，享有个人信息依法得到保护的权利。"2015 年《国务院办公厅关于加强金融消费者权益保护工作的指导意见》中提出："（十）保障金融消费者信息安全权。金融机构应当采取有效措施加强对第三方合作机构的管理，明确双方权利义务关系，严格防控金融消费者信息泄露风险，保障金融消费者信息安全。"可见，个人信息在消费者权益领域是重点保护对象之一。

事实上，金融消费者相比传统消费者而言，更需要法律保护，因为在金融消费领域，消费者与经营者之间的"信息不对称"情况更为严重，金融产品的运作与分析大多需要专业的知识，大部分消费者对于风险收益形式、费用及利润结构、提前退出的惩罚机制、税收负担等都难以正确理解，[1] 这导致在双方博弈过程中，经营者一方会占有明显的信息优势。与此相联系，个人信息在金融消费领域有着举足轻重的地位，因为与其他消费领域相比，金融消费领域中的个人信息往往与消费者个人资产相挂钩，其所覆盖的资金更多、所影响的内容更关键。根据受工信部信息安全协调司委托的一项调查显示，60%的受调查对象对当前个人信息保护的现状表示不满，而有近 75% 的调查对象希望立法进一步来加强个人信息保护。[2]

二、我国消费者个人金融信息保护现状

（一）立法分散、原则性强

我国对个人金融信息安全没有专门的立法，在法律法规层面仅

---

[1] 任超：《网上支付金融消费者权益保护制度的完善》，载《法学》，2015（5），第 83 页。
[2] 《首部个人信息保护国标制定完成》，http://www.spsp.gov.cn/contents/4/216017.html，2013 年 7 月 9 日。

有零散规定与金融消费者个人信息安全相关。《消费者权益保护法》明确经营者应对消费者个人信息严格保密，但没有因金融领域个人信息的特殊性而再做具体规定。《商业银行法》《证券法》《保险法》要求金融从业机构为客户保密，但规定过于原则、笼统，缺乏可操作性。于 2017 年 6 月 1 日起实施的《网络安全法》明确了网络运营商应履行的网络义务，但适用范围限于网络信息，无法涵盖金融消费者的全部个人信息。此外，《侵权责任法》明确了公民享有隐私权，但没有涉及信息安全方面的内容；《刑法修正案（九）》明确了侵犯公民个人信息罪，但实践中大量侵权行为达不到入刑标准。《征信业管理条例》对个人征信信息的采集、查询、使用等作出了明确规定，对我国金融消费者个人信息安全立法具有里程碑意义，但由于适用范围仅限于个人征信信息，仍不能覆盖全部的个人信息。[1] 同时这些规定仍旧过于原则，比如仅仅规定了为储户保密的大原则，却没有具体可操作的条款。当出现个人金融信息泄露的情况之后，对其处理也没有权威、公开的程序。

其他效力层级较低的规范性文件中，关于个人金融信息的保护，有规定无罚则，通过软性管理措施，虽然能起到启示作用，但对于一些性质较为严重、情节较为恶劣的泄露信息行为，不能起到有效的惩戒作用。

（二）金融机构收集与使用信息不够规范

一方面，随着科技与技术的进步，金融机构对信息这一重要战略资源的收集能力显著增强。在信息服务目标的指导下，金融机构通过完善信息服务的机制、规范内部的信息标准、完备集中储存与

---

[1] 肖慧敏：《金融消费者个人信息安全现状与对策建议》，载《金融发展评论》，2017(8)，第 107 页。

第八章　金融消费者个人信息保护的规范分析

加工信息的数据仓库、开发对信息进行特殊加工的应用工具、建立能够实现商用信息共享、分析、互动等的资讯发布平台等措施不断完善自身对消费者信息搜集与利用的能力。并且在越来越多高层次分析人才服务于金融信息技术与信息资源的影响下，打造出了较全面、较专业的研究分析体系和金融机构信息"智库"。[1] 另一方面，由于个人金融信息重要性的提高，金融机构开始倾向于更多地收集消费者的个人金融信息，有些可能已经超出其合理所需的信息的范围，更有甚者在未经消费者同意的情况下擅自收集其信息。而由于金融消费者与经营者之间的"信息不对称"，大部分消费者对于金融产品具体的运作模式、自己所需参与的程度等都不清楚，就导致处于弱势地位的消费者只能服从占信息优势的经营者的指令。据报道，93%以上的消费者在进行个人外汇买卖和银行存取款时，被要求提供姓名、身份证和联系方式；23.3%和12.2%的消费者表示在最近一次金融消费中，被要求提供个人收入、家庭资产状况；还有11.1%和1%的消费者在最近一次金融消费中，被要求提供个人体检情况和心理测试报告。调查发现，从银行存取款到购买证券、还贷款、汇款、理财、办理信用卡到个人外汇买卖，消费者个人信息被收集的详细程度逐级递增。但能符合《消费者权益保护法》对个人信息收集、使用要求的金融机构并不多，只有48.6%的消费者获知个人信息用途，35.7%的消费者在提供个人信息时并没有被明示将作何用；仅有39.5%的消费者认为金融机构采集个人信息是为了告知金融产品或服务发生的变化，还有23.5%的消费者认为金融机构这样做，是为了告知金融安全保护事项。相比之下，更多的消费

---

[1] 罗熹：《增强信息在金融领域创造价值的能力》，载《中国金融》，2011（17），第16页。

者对金融机构采集其个人信息感到"一头雾水",无法理解。① 金融机构对个人金融信息的过度收集,增大了个人信息泄露的风险。

在收集了消费者的这些个人信息之后,金融机构并没有完善的内控机制对其进行管控,也没有规制员工行为的完备方案,导致许多机构内部人员风险意识极差,甚至在利益诱惑之下,主动从事非法提供或出售个人金融信息的行为,比如四川绵阳警方就曾破获一起侵犯公民个人信息案,抓获包括银行行长在内的犯罪团伙骨干分子15人、查获公民银行个人信息257万条、涉案资金230万元,此前也有银行员工通过获取的征信系统查询账号登录银行内网,获取公民个人征信报告50余万份,以30~50元不等的价格出售给各级中间商。② 由于银行所掌握的个人金融信息关涉个人的经济状况、购买能力等,是许多中介机构争相获取的资源。一方面不法分子可能利用金融机构信息管理的系统漏洞窃取信息;另一方面,在缺乏严格管控措施的情况下,一些银行内部工作人员不惜以身犯险,主动倒卖个人金融信息,使消费者的信息安全面临巨大风险。

(三) 消费者信息安全意识和知识不足

从消费者自身来看,其也缺乏信息安全和风险防范的意识。当前消费者个人金融信息泄露现象十分普遍,且以个人身份信息、财产信息、账户信息、金融交易信息、个人消费习惯、投资意愿等衍生信息甚至社会关系信息为主,其直接后果是信息主体饱受垃圾电话、短信、邮件等骚扰,更为严重的是不法分子利用这些信息实施伪卡盗刷、电信诈骗等违法犯罪活动,直接导致信息主体经济损失

---

① 《理财,泄露个人信息的"漏洞"?》http://newspaper.jfdaily.com/jfrb/html/2014-03/12/content_1149202.htm,2014年3月12日。
② 《个人信息倒卖黑手难斩断,部分银行职员参与其中》http://www.yinhang123.net/zixun/zuixindongtai/360205.html,2016年10月24日。

甚至人身伤害。①但是金融消费者却对无处不在的信息窃取行为缺乏警觉，比如在不安全的无线网络环境下输入密码、在钓鱼网站输入个人信息、向不法分子提供验证码、随意出借个人的身份证、银行卡等，这些都可能使个人金融信息泄露而危及人身、财产安全。

同时，在个人金融信息泄露的情况出现之后，很多消费者也缺乏相应的知识与技能来及时制止损失的发生。比如消费者可能不清楚出现特定信息泄露的事件后应该向哪个部门进行投诉，也对维权的程序与方式等不甚了解。

（四）金融信息监管部门相关职权仍待发展

中国人民银行、中国银行保险监督管理委员会、中国证券监督管理委员会作为金融监管部门，都分别成立了金融消费者保护机构，在各自的职权范围内开展金融消费者权益保护工作，基础性制度建构不断完善，个人金融信息保护作为其中的一个方面，虽然引起了重视，但尚未能形成完整可执行的运作体系，对侵害个人金融信息安全的行为的监管有待进一步加强。

三、欧美个人金融信息保护制度

（一）欧盟个人金融信息保护法律制度

欧盟的数据保护法律框架，把包括个人金融信息在内的一切个人信息统称为个人数据，通过统一的立法进行保护。欧洲议会和欧盟理事会出台了《个人数据处理和自由流动保护指令》（以下简称《数据保护指令》）、《与欧共体机构和组织的个人数据处理相关的

---

① 郝思洋：《个人信息权确立的双重价值——兼评〈民法总则〉第111条》，载《河北法学》，2017（10），第108页。

个人保护以及关于此种数据自由流动的规章》《电子通信领域个人数据处理和隐私保护的指令》《个人数据自动化处理之个人保护公约》等一系列规定。欧盟各成员国在此基础之上分别进行国内立法。

在上述法律中，发布时间最早、影响最深远的是《数据保护指令》，它是目前关于个人信息保护最为严格和完整的一部法律，它确立的原则和内容贯穿了以后的欧盟个人数据保护法律体系。《数据保护指令》由欧洲议会和欧盟理事会于 1995 年 10 月共同发布，并于 1998 年 10 月正式生效。该指令的制定有两个基本目的：一是允许数据在欧盟范围内自由流动，禁止成员国以保护数据为由阻碍数据在欧盟内部流通；二是在全欧盟范围内实现数据保护最低限度制度。① 该指令对个人数据的保护范围，数据主体对个人信息的存取权、获得信息权和拒绝权，数据处理合法性原则，消费者对信息共享的控制标准，以及司法救济、法律责任和制裁等方面做了明确规定。

（二）美国个人金融信息保护法律制度

美国对个人金融信息保护采取分散的、单行的立法模式。1970年美国通过《银行保密法》，它承认银行对客户的保密义务，却又赋予政府相当大的获知该相关信息的权力，因此被认为是对公民隐私权的严重侵犯，遭到了各方面的反对与质疑。故之后美国国会于1978 年通过了《金融隐私权法》，该法修正了《银行保密法》赋予政府过大权力的弊病，对联邦机构取得银行客户资料和记录的权力进行了限制。

---

① 朱伟彬：《我国个人金融信息保护法律问题研究》，载《西部金融》，2014（10），第25 页。

其后美国又于1976年颁布了《公平信用报告法》,这部法律规定信用报告机构和利用机构的义务,要求它们确保提供信息的准确性,对消费者负有公开信息的义务。接下来,美国又于1999年制定《金融服务现代法》,这部法律第五章的隐私条款规定了对非公开的个人信息的保护。金融机构有尊重客户隐私的义务,并保护客户非公开个人信息的安全性和机密性。2000年6月,货币监理署、联邦储蓄保险公司和储蓄管理办公室共同制定《消费者财务隐私保密最终规则》,它要求银行、保险公司、投资公司和抵押公司等金融机构共同执行。其具体内容包括该规则中受保护的主体、保护内容、银行应履行的义务、银行的免责事由以及信息再用问题。[①] 通过这些法律,美国对个人金融信息的保护逐渐深入与细化,同时也建立起了配套的信息保障机制,从技术、管理与法律多方面,为金融消费信息提供较为全面的保护。

四、加强我国个人金融信息保护的建议

(一)加强个人金融信息保护立法

从目前来讲,加强我国个人金融信息保护立法工作可以从两方面来完善:一是借鉴欧盟的立法经验,推动出台《个人信息保护法》,在该法中设立个人金融信息保护专门章节;二是由金融管理部门制定《个人金融信息保护办法(条例)》突出个人金融信息较个人一般信息的特殊性和重要性,明确消费者对个人金融信息享有的各项权利和救济途径,对金融机构收集、保存、使用、对外提供个人金融信息等行为进行有效规制,明确金融管理部门的职责分

---

① 阳露昭,丁丽雪:《美国的金融信息保护制度及其对我国的启示》,载《浙江金融》,2009(5),第22页。

工、协作机制,以及对违法违规行为的责任追究措施等。

(二) 健全金融机构个人金融信息保护机制

金融机构应当将金融消费权益保护理念贯穿消费者个人金融信息收集、加工、存储、使用和向境外传输的全流程,合法、合理地收集和处理个人金融信息;应建立个人金融信息数据库分级授权管理机制,合理确定本机构员工调取信息的范围、权限及程序,并严格执行;应采取有效技术措施确保信息在内部使用及对外提供等流转环节的安全,防范信息泄露风险;金融机构对其持有的个人金融信息负有保密义务,未经消费者授权或同意不得将消费者个人金融信息用于营销或对外提供。

(三) 明确监管部门和监管职责

在我国,目前"一行两会"及其分支机构已经搭建起金融消费权益保护的工作机构,并将个人金融信息保护作为金融消费权益保护的重要内容。建议在国家金融稳定发展委员会下设立专门的个人金融信息保护委员会,在金融管理部门分别负责各自监管领域内个人金融信息保护的基础上,负责牵头协调不同部门之间的沟通协作。制定消费者个人金融信息安全保护管理制度,开展个人信息安全专项检查,规范金融机构信息安全工作,并将相关监管情况对社会公布,加强社会监督;制定信息泄露投诉机制,确保金融消费者在遭遇信息泄露时,能及时有效地寻求救济。此外,金融管理部门应与公安、工商和其他有关部门形成联动机制,对消费者个人金融信息泄露事件进行有效预防和严厉打击。

(四) 完善救济途径与手段

应明确消费者在信息安全权遭受侵害时的救济途径。多措并举，构建包括和解、第三方调解、仲裁、诉讼在内的多元化金融纠纷解决体系，专业、高效、经济地解决金融纠纷，维护金融消费者合法权益。同时，针对互联网条件下金融消费者的特点，探索构建在线争议解决平台，打破争议解决的时空限制。

（五）加强金融消费者信息安全教育

建议采取多种形式大力开展消费者个人金融信息安全专项教育，加强宣传教育的针对性和有效性，以提高消费者的信息安全意识和风险防范能力，同时使消费者了解在自身合法权益遭受侵害时的救济途径和程序。

第二节　中立评估意见：未妥善保管个人金融信息引发被冒名开卡的责任分析

关于消费者王某与某银行信用卡中心否认办卡纠纷的评估书

2017年7月21日，消费者王某（以下简称"消费者"）就其与某银行信用卡中心（以下简称"银行"）否认办卡纠纷一事通过12363热线投诉至中国人民银行，经银行回复后仍继续投诉；8月8日，上海市金融消费纠纷调解中心接受委托就双方之间的否认办卡纠纷进行调解，调解中心经过电话调解，双方未能达成一致调解结束。9月20日消费者再次通过12363热线投诉此纠纷。

2017年9月27日，上海市金融消费纠纷调解中心接受委托对本次纠纷进行中立评估。上海市金融消费纠纷调解中心受理此评估后，特邀中心中立评估专家对本纠纷开展评估，现将评估结果提供给当事双方，供参考。

金融消费者投诉处理法理分析与研究

一、当事双方

消费者：王某

银行：某银行信用卡中心

二、当事人陈述及证据

（一）当事人陈述及主张

王某（身份证号130984××××××××××××），2017年5月收到某银行信用卡账单（额度12000元，已消费11999元），发现被他人于2017年4月25日通过手机银行办理了一张某银行信用卡（虚拟卡，无实体卡）。王某与某银行电话协商此事，银行要求客户去报案，但公安部门告知王某冒名办卡应由银行报案，不予立案。在账单还款日后，某银行向王某和家人发送催收短信。

王某诉求：1. 要求某银行信用卡中心承担其名下信用卡（卡号：6222××××××××××××××）欠款本金及其利息的全部责任，并取消不良征信记录；2. 要求某银行信用卡中心查明向其家人发送威胁短信是否是某银行所为，要求某银行就发送威胁短信向其本人道歉。

王某陈述理由：

1. 其本人并未申请办理过信用卡，某银行信用卡中心没有尽到审核义务，未当面对客户身份予以识别，未经其本人签字确认就为其开办了虚拟信用卡，不应要求消费者承担该信用卡透支款的清偿责任。2. 催收短信涉嫌威胁、恐吓，某银行信用卡中心应承担相应责任。

某银行信用卡中心处理意见：不同意消费者诉求。

某银行信用卡中心陈述理由：

1. 消费者王某于 2017 年 4 月 24 日通过某银行网点进行身份识别，并开通手机银行业务，通过手机银行申办信用卡无须再到网点面签。2. 银行前期与消费者王某的电话沟通中，王某曾承认在 4 月身份证和手机都曾给过同一人，存在自身信息泄露的情况。因此不能认定为冒名办卡，涉案信用卡的还款责任应由客户王某承担。3. 由于客户没有按时还款，银行进行了正常催收，催收内容并无恐吓、威胁言辞。

(二) 证据

消费者仅提供了相关陈述但未提供相关证据材料。银行为支持其主张，提供了如下证据材料：

证据 1：王某手机银行签约照片、王某手机银行签约信息，证明某银行已对王某进行了身份识别，并开通手机银行业务。

证据 2：王某短信推送记录，证明某银行已向王某银行预留手机号码发送了相关业务的开通提示、验证码和资金变动通知短信，履行了合同约定的通知提醒义务。

证据 3：王某催收记录、短信记录，证明某银行催收内容无恐吓、威胁言辞。

证据 4：信用卡官网介绍、某银行官网关于手机银行申请信用卡的操作流程，证明某银行已向社会公示相关信用卡办理流程，王某通过手机申请办理的涉案信用卡为虚拟信用卡，无实体卡，经某银行信用卡中心审核核发。

证据 5：《某银行电子银行个人客户服务协议》，证明王某应当根据电子银行个人客户协议和信用卡协议、章程的规定行使权利和履行义务。

证据6：银行与客户沟通的录音，证明王某承认于4月将身份证和手机给过别人。

三、案件情况

根据双方当事人陈述及提交的证据材料，本案基本情况如下。

消费者王某于2017年4月24日在某银行石家庄市某某储蓄所的自助机上进行了实名认证，并签约《某银行电子银行个人客户服务协议》，开通了手机银行业务并成为手机银行的高级客户，享有通过手机银行自助办理某银行虚拟信用卡的权限，绑定手机号码为137×××××××。

2017年4月25日，有人通过消费者的上述手机银行申请并开通了某银行虚拟信用卡，卡号后四位2×××，信用额度为人民币（下同）12000元（以下简称"系争卡"）。该系争卡为消费者名下在某银行开立的首张信用卡。在系争卡开通后的三日内，连续交易，截至2017年4月27日11：55可用额度仅为69元。

消费者于2017年5月16日收到银行发出的系争卡账单，账单显示欠款金额为11999元（以下简称"系争损失"），最后还款期限为2017年6月3日。随即联系银行客服，表示自己从未办理过系争卡，并拒绝承担系争损失。但在与银行客服的沟通中，消费者也承认，自己曾在2017年4月将上述绑定手机银行的手机和本人身份证给过同一案外人。

银行遂以此认为消费者存在道德风险，不能认定他人冒名办卡，坚持要求消费者本人承担全部系争损失。后又因消费者未按时还款且银行通过客户预留的联系方式长期无法联系到客户，银行遂按照流程向其本人及其联系人的手机发送催收短信，同时，按照国家征信管理相关规定，将上述信用卡逾期未还的情况进行了上报。

第八章　金融消费者个人信息保护的规范分析

四、本案争议焦点

1. 银行（某银行信用卡中心）在办理、发放信用卡时是否尽到了对申领人的身份识别和审核义务；

2. 消费者（王某）是否尽到妥善保管个人身份认证要素义务，是否应承担信用卡清偿责任；

3. 银行（某银行信用卡中心）的催收方式是否合法，是否存在过错。

五、评估意见

综合双方提交的证据，依据我国法律规定，出具以下评估意见：

（一）关于第一个争议焦点问题，银行（某银行信用卡中心）未尽到对申领人的身份识别和审核义务。根据《商业银行信用卡业务监督管理办法》第三十八条、第四十三条，《中国人民银行、中国银行业监督管理委员会、公安部、国家工商总局关于加强银行卡安全管理预防和打击银行卡犯罪的通知》（银发〔2009〕142号）第一条第二款的相关规定，"对首次申请本行信用卡的客户，不得采取全程系统自动发卡方式核发信用卡""对申领首张信用卡的客户，发卡机构要对客户亲访亲签"。《中国人民银行办公厅关于贯彻落实〈中国人民银行、中国银行业监督管理委员会、公安部、国家工商总局关于加强银行卡安全管理、预防和打击银行卡犯罪的通知〉的意见》（银办发〔2009〕149号）详细定义了亲签亲访制度，即发卡机构要亲自访问申请人本人、见到申请人本人签名，并在信用卡申请表受理栏上标注上述亲签亲访事项。

据银行调查反馈，该涉案信用卡为消费者在该行申领的"首张信用卡",申请过程为通过手机银行提交申请,涉案卡片申请成功后,预留手机将收到核卡短信,回复短信后,即可获取卡片有效期、安全验证码等信息。同时,卡片自动激活。即,全程系统自动核发信用卡,无银行对客户亲访亲签的过程。银行主张系争信用卡为虚拟卡,客户在办理手机银行时已经进行过身份认证,因此在后续开通系争卡时无须再核实申请人的身份。这种做法将"亲签亲访"的身份审核时间提到了申请前,而非"申请后、发卡前",与现行监管规定不符。现行监管规定并不区分传统信用卡还是电子虚拟信用卡,客户办理手机银行并不等同于同意申请虚拟信用卡,银行在申领、审核和激活流程中均未实现"亲访亲签"等强验证环节,未确认卡片申请人为客户本人及其办卡意愿,客观上加重了手机银行客户的风险责任。

(二)银行未尽到风险提示义务。根据《电子银行业务管理办法》第三十九条第二款规定:"在电子银行服务协议中,金融机构应向客户充分揭示利用电子银行进行交易可能面临的风险"。本案中,消费者和银行签订的《某银行电子银行个人客户服务协议》(证据5)中规定"(三)手机银行服务的开通及服务内容:……甲方可在银行柜台或银行移动POS签约,成为手机银行的高级客户;甲方为网上银行高级客户的,也可通过网上银行进行手机银行签约,成为手机银行的高级客户。高级客户可享受的服务包括:查询、转账、缴费、证券基金业务、手机股市、信用卡等服务,高级客户还可申请开通或变更手机银行所提供的其他功能。"该服务所具有的以非现场方式实现信用卡申请开通、激活的功能超出普通用户的预知范围。但本案无证据证明银行将上述协议内容对消费者进行了明确告知,该协议内容也未特别提示消费者通过手机银行可直接申请开通、激活信用卡(未做突出显示、特别说明),加大了客户的风险。银行关于通过宣传说明或官网公示的方式可了解该项功能的主张,并未得到客户认可。银行也未能提供有效证据证实消费者王某知悉并了解该手机银行功能。

此外,由于银行提供的《某银行电子银行个人客户服务协议》中关于"视为本人所为"等免责条款,属于免除银行责任、加重客户责任、排除客户权利的格式条款,银行在未能证明事先已尽到合理的提示和说明义务的情况下,不能依据该类格式条款免责。

(三)关于第二个焦点问题,消费者未尽到妥善保管个人身份认证要素义务,存在一定过错,应承担相应责任。消费者王某于2017年4月24日通过某银行智慧银行系统进行身份识别,签约开通手机银行,双方已形成电子银行服务合同关系(证据1,证据5)。双方签订的《某银行电子银行个人客户服务协议》第三条主要义务第(五)、第(六)项约定:"甲方身份认证要素是乙方在提供电子银行服务过程中识别甲方的依据,甲方必须妥善保管,不得将身份认证要素提供给任何第三方(包括乙方工作人员)或交于任何第三方(包括乙方工作人员)使用。使用上述身份认证要素所完成的一切交易操作均视为甲方本人所为,甲方应对由此产生的后果负责。(六)如甲方的身份认证要素发生遗失、被盗、遗忘或怀疑已被他人知悉、盗用等可能导致甲方账户安全性降低的情形,甲方应立即对账户进行挂失或对相关电子银行渠道进行终止,在挂失或终止生效之前发生的损失均由甲方承担。"(客户服务申请人为"甲方",某银行股份有限公司为"乙方")。根据该协议第一条约定,身份认证要素包括:客户号(用户昵称、证件号码等)、密码、电子证书、网银盾、动态口令、签约设置的主叫电话号码、签约设置的手机SIM卡或UIM卡等涉及个人账号安全、用于身份识别的相关信息。按照双方的约定及诚实信用原则,消费者王某应妥善保管上述个人身份认证要素，并对相关信息的遗失、被盗、遗忘而产生的后果负责。

本案系争卡是通过消费者的手机输入身份信息进行申请并开通的。从操作流程看，某银行设置的手机银行申请信用卡需要多重信息（身份信息、密码、验证码）输入验证，任一信息不准确，均会导致申请程序失败（证据4）。银行在相关业务申请时和交易发生时，也多次向消费者预留手机发送信息进行风险提示（证据2）。由此可以推断出通过消费者的手机银行申领信用卡的案外人要么掌握了消费者的身份认证要素，要么在消费者输入开卡所需的身份认证要素后掌握了其手机。目前尚无证据证明银行泄露过消费者的身份认证要素，也无证据证明存在何种技术手段可在不输入消费者身份认证要素的情况下申请并开通系争卡。但通过银行提供的录音可知（证据6），消费者王某承认其于2017年4月将身份证和手机给过同一人，即消费者对泄露自身身份认证要素方面存在一定过错，应承担相应责任。

（四）关于第三个争议焦点，银行催收短信并无威胁、恐吓内容。从短信内容上来看（证据3），系引述国家的相关法律法规，说明信用卡逾期还款责任等提示告知，属于基本情况描述和后续程序告知，不存在夸大或故意渲染的成分，也未发现含有威胁、恐吓内容。从催收形式看，银行为确保客户能还款，在客户反映手机丢失或在联系不上客户的情况下，将相关催收信息发往消费者其他联系人的手机上，或委托催收律师进行催收也无不妥。

六、评估建议

综上所述，由于某银行信用卡中心未尽到风险提示义务，未提示、告知消费者手机银行开通后即可以非现场方式实现申请开通、激活的功能，也未按照相关监管规定对消费者王某的首张信用卡进行"亲签亲访"，应承担较多责任；消费者王某未妥善保管好自己的身份信息、密码等个人身份认证要素，存在一定过错，也应承担相应责任；某银行信用卡中心的催收方式和催收内容并无不妥，无须进行赔偿。

综合考虑前述因素，建议涉案信用卡透支本息由某银行信用卡中心承担较多责任。

附：相关法律规定

一、《商业银行信用卡业务监督管理办法》

第三十八条 发卡银行应当公开、明确告知申请人需提交的申请材料和基本要求，申请材料必须由申请人本人亲自签名，不得在客户不知情或违背客户意愿的情况下发卡。

第四十三条 对首次申请本行信用卡的客户，不得采取全程系统自动发卡方式核发信用卡。

二、《中国人民银行、中国银行业监督管理委员会、公安部、国家工商总局关于加强银行卡安全管理预防和打击银行卡犯罪的通知》（银发〔2009〕142号）

切实规范银行卡发卡行为

……

（二）控制信用卡发卡风险。发卡机构可通过查询人民银行征信系统、中国银联银行卡风险信息共享系统、资信调查等方式分析申请人的资信状况，合理确定授信额度。对申领首张信用卡的客户，发卡机构要对客户亲访亲签，不得采取全程自助发卡方式。谨慎发展无稳定工作、收入的客户群体，从严授信。发卡机构不得将信用卡发卡营销业务外包，不得擅自对信用卡透支利率、计息方式、免息期计算方式等进行调整。禁止单位代办信用卡，法律法规另有规定的除外。

三、《中国人民银行办公厅关于贯彻落实〈中国人民银行、中国银行业监督管理委员会、公安部、国家工商总局关于加强银行卡安全管理、预防和打击银行卡犯罪的通知〉的意见》（银办发〔2009〕149号）

进一步加强银行卡风险管理，努力遏制银行卡风险案件高发势头

……

（四）准确理解142号文有关规定。

……

3. 关于"对申领首张信用卡的客户，发卡机构要对客户亲访亲签，不得采取全程自助发卡方式"。

对在本发卡机构申请首张信用卡的客户，发卡机构要建立亲访亲签制度。亲访是指发卡审核人员或营销人员采取面谈、上门和电话等多种方式，访问申请人本人，并在申请表受理栏注明亲访事项。亲签是指发卡机构柜面受理人员或营销人员要亲自见到申请人本人签名，并在申请表受理栏注明亲自见到申请人本人签名。对于未严格执行亲访亲签制度、造成风险案件的，发卡机构要承担相应的责任。

鼓励信用卡发卡机构对所有在本发卡机构申领信用卡的客户，都采取亲访亲签制度。

四、《电子银行业务管理办法》

第三十九条第二款　在电子银行服务协议中，金融机构应向客户充分揭示利用电子银行进行交易可能面临的风险，金融机构已经采取的风险控制措施和客户应采取的风险控制措施，以及相关风险

的责任承担。

五、《合同法》

第三十九条 采用格式条款订立合同的，提供格式条款的一方应当遵循公平原则确定当事人之间的权利和义务，并采取合理的方式提请对方注意免除或者限制其责任的条款，按照对方的要求，对该条款予以说明。

格式条款是当事人为了重复使用而预先拟定，并在订立合同时未与对方协商的条款。

第四十条 格式条款具有本法第五十二条和第五十三条规定情形的，或者提供格式条款一方免除其责任、加重对方责任、排除对方主要权利的，该条款无效。

第五十二条 有下列情形之一的，合同无效：

（一）一方以欺诈、胁迫的手段订立合同，损害国家利益；

（二）恶意串通，损害国家、集体或者第三人利益；

（三）以合法形式掩盖非法目的；

（四）损害社会公共利益；

（五）违反法律、行政法规的强制性规定。

第五十三条 合同中的下列免责条款无效：

（一）造成对方人身伤害的；

（二）因故意或者重大过失造成对方财产损失的。

六、《最高人民法院关于适用〈中华人民共和国合同法〉若干问题的解释（二）》

第十四条 《合同法》第五十二条第（五）项规定的"强制性规定"，是指效力性强制性规定。

第九章　网络支付服务提供商的责任边界分析

随着近年来互联网技术的蓬勃发展，互联网金融产品和服务的消费者日益增多，与此相关的金融消费纠纷也开始出现，互联网金融的消费者保护和教育工作日益受到国内及国际社会的高度重视。

金融消费权益保护舆情典型案例

【案例】某公司打赢多起用户投诉官司：支付机构代收货款对资金损失不用担责[①]

赵某因其与被上诉人某网络科技有限公司（以下简称某公司）合同纠纷一案，不服北京市某区人民法院民事判决，向北京市某中级人民法院提起上诉。

经查，一审法院认定某公司系获得支付业务许可证的非银行支付机构，根据A公司与某公司的相关协议，某公司根据A公司的指令下发（代付）款项并收取一定数额的服务费。系争的3.3万元款项均为赵某通过某公司的支付平台向签约商户A公司支付，其后某公司根据A公司指令将前述款项转账给陈某（在与赵某的交流过程中自称某理财公司人员）。

一审法院认为，某公司在交易过程中仅提供网络电子支付服

---

① http://paynews.net/article-35090-1.html，2017年11月21日。

务，起到支付平台的作用，并非资金的最终收取方。某公司应建立交易风险管理制度和交易监测系统，保护客户权益。此种风险控制措施也应限于一定的范围和程度，不得影响当事人之间的正常交易秩序。具体每笔交易款的支付原因及款项性质，某公司没有权利、能力或义务逐一审查；且某公司表示，在接到对A公司的投诉后解除了与A公司之间的合同，停止对其提供支付服务。可认定某公司采取了基本的风险控制措施，对赵某主张的资金损失不存在相应的过错责任。赵某的诉讼请求缺乏事实及法律依据，该院不予支持。二审法院认为，一审判决认定事实清楚，适用法律正确，应予维持。

第一节　法理分析：互联网金融的特点及消费者权益保护

一、问题的引出

国内习惯上通常使用的术语"互联网金融"，在国际上相对应的概念有"数字金融"（digital finance）或"数字普惠金融"（digital financial inclusion），其概念往往更广，不仅包含新兴的基于互联网的金融产品，也包含传统金融的数字化。2016年，二十国集团（G20）出台了《G20数字普惠金融高级原则》，这是国际社会首次在该领域推出高级别的指引性文件，填补了重要空白，成为普惠金融领域国际顶层设计的关键一环。"采取尽责的数字金融措施保护消费者"以及"重视消费者数字技术知识和金融知识的普及"在《G20数字普惠金融高级原则》中均被列为各国应重点关注的内容。

由于技术的复杂性和信息的规模化,互联网金融的发展中蕴含了更隐蔽与更具扩散性的风险,下述"E"事件就是互联网金融领域中严重侵害消费者权益的典型案例。

【案例】"E"非法集资案

"E"是"A系"下属的B(北京)网络科技有限公司运营的网络平台。2014年2月,A集团收购了这家公司,并对其运营的网络平台进行改造。2014年7月,A集团将改造后的平台命名为"E",打着"网络金融"的旗号上线运营。

"E"对外宣称,其经营模式是由集团下属的融资租赁公司与项目公司签订协议,然后在"E"平台上以债权转让的形式发标融资;融到资金后,项目公司向租赁公司支付租金,租赁公司则向投资人支付收益和本金。在正常情况下,融资租赁公司赚取项目利差,而平台赚取中介费;然而,"E"从一开始就是一场"空手套白狼"的骗局,其所谓的融资租赁项目根本名不副实。他们虚构融资项目,把钱转给承租人,并给承租人好处费,再把资金转入关联公司,以达到事实挪用的目的。

根据人民银行等部门出台的《关于促进互联网金融健康发展的指导意见》,网络平台只进行信息中介服务,不能自设资金池,不提供信用担保。据警方调查,"E"将吸收来的资金以"借道"第三方支付平台的形式进入自设的资金池,相当于把资金从"左口袋"放到了"右口袋"。不仅如此,A集团还直接控制了3家担保公司和一家保理公司,为"E"的项目担保。

"1元起投,随时赎回,高收益低风险"是"E"广为宣传的口号。许多投资人表示就是听信了"E"保本保息、灵活支取的承诺才上当受骗的。"E"共推出过6款产品,预期年化收益率在9%至14.6%,远高于一般银行理财产品的收益率。"E"的推销人员鼓动投资者,"E"产品保本保息,哪怕投资的公司失败了,钱还是照样有。而且一般的理财产品不能提前支取,但"E"提前10天可以拿出来。然而,最高法在2010年出台的关于非法集资犯罪的司法解释里明确,不能用承诺回报引诱投资者。实际上,由于金融行业天然的风险性,承诺保本保息本身就违背客观规律。银监会更是明确要求,各商业银行在销售理财产品时必须进行风险提示。

但是,"E"抓住了部分老百姓对金融知识了解不多的弱点,用虚假的承诺编织了一个"陷阱"。为了加快扩张速度,A集团还在各地设立了大量分公司和代销公司,直接面对老百姓"贴身推销"。地推人员除了推荐"E"的产品外,甚至还会"热心"地为他们提供开通网银、注册平台等服务。正是在这种强大攻势下,"E"仅用一年半时间,就吸引来90多万实际投资人,客户遍布全国。[①]

本案于2017年9月12日在北京市某中级人民法院一审,法院经审理查明:被告单位安徽A控股集团、A国际控股集团有限公司于2014年6月至2015年12月间,在不具有银行业金融机构资质的前提下,通过"E""F"两家互联网金融平台发布虚假的融资租赁债权项目及个人债权项目,包装成若干理财产品进行销售,并以承诺还本付息为诱饵对社会公开宣传,向社会公众非法吸纳巨额资金。其中,大部分集资款被用于返还集资本息、收购线下销售公司等平台运营支出,或用于违法犯罪活动被挥霍,造成大部分集资款损失。此外,法院还查明A国际控股集团有限公司、丁某等人犯走私贵重金属罪、非法持有枪支罪、偷越国境罪的事实。

法院认为,二被告单位及被告人丁某、丁甸某、张某等10人

---

① http://www.xinhuanet.com/info/2016-02/01/c_135062174.htm,2016年2月1日。

以非法占有为目的,使用诈骗方法进行非法集资,行为已构成集资诈骗罪。被告人王某等16人违反国家金融管理法律规定,变相吸收公众存款,行为已构成非法吸收公众存款罪。二被告单位以及丁某、丁甸某、张某等26名被告人的非法集资行为,犯罪数额特别巨大,造成全国多地集资参与人巨额财产损失,严重扰乱国家金融管理制度,犯罪情节、后果特别严重,依法应当予以严惩。对A国际控股集团有限公司以集资诈骗罪、走私贵重金属罪判处罚金人民币18.03亿元;对安徽A控股集团以集资诈骗罪判处罚金人民币1亿元;对丁某以集资诈骗罪、走私贵重金属罪、非法持有枪支罪、偷越国境罪判处无期徒刑,剥夺政治权利终身,并处没收个人财产人民币50万元,罚金人民币1亿元;对丁甸某以集资诈骗罪判处无期徒刑,剥夺政治权利终身,并处罚金人民币7000万元。同时,分别以集资诈骗罪、非法吸收公众存款罪、走私贵重金属罪、偷越国境罪,对张某等24人判处有期徒刑3年至15年不等刑罚,并处剥夺政治权利及罚金。①

2017年11月29日,北京市高级人民法院依法对本案二审公开宣判,裁定驳回上诉,维持原判。

二、案例分析

(一)市场准入制度不明确

我国互联网金融市场准入门槛比较低,没有对其从事相关业务的资质进行严格要求,只要具备工商营业执照,在工信部备案就可

---

① http://www.pkulaw.com/pal/a3ecfd5d734f711d2c988fd2b25695af831c77c441486f45bdfb.html?keyword=%E4%BA%92%E8%81%94%E7%BD%91%E9%87%91%E8%9E%8D,2017年9月12日。

以成立互联网金融企业，从事金融交易活动，这样会使得一些自身很不成熟的企业也进入互联网金融领域，产生极大的风险。据不完全统计，我国每年都有几十家互联网金融理财平台倒闭或者跑路，而且理由各异，如2016年2月3日，山东泰安市F创投P2P网贷平台发布公告称"老板被火化了"，平台的相关业务已经停止运营。很多并不具备相关经营能力的企业在互联网金融新兴发展的诱惑下进入该市场，却不审慎地考虑风险防范与持续运营，甚至像E这样开始就是以敛财为目的的骗局，为互联网金融消费者带来了极大的风险。

（二）信息披露规则缺乏具体标准

在中国人民银行、工业和信息化部、公安部等十部门联合发布的《关于促进互联网金融健康发展的指导意见》中，规定了"从业机构应当对客户进行充分的信息披露，及时向投资者公布其经营活动和财务状况的相关信息，以便投资者充分了解从业机构运作状况，促使从业机构稳健经营和控制风险。从业机构应当向各参与方详细说明交易模式、参与方的权利和义务，并进行充分的风险提示。……加强互联网金融产品合同内容、免责条款规定等与消费者利益相关的信息披露工作，依法监督处理经营者利用合同格式条款侵害消费者合法权益的违法、违规行为。"目前来看，对互联网金融领域的信息披露多为原则性的规定，缺乏具体实施的标准和监督机制。

E利用信息披露规则中的漏洞，在其上线的项目中，既未披露借款企业名称、融资租赁机构名称，也未披露担保公司和保理公司的名称，还在各大媒体、电台、网络等进行大规模宣传，仅强调高额收益，对风险只字不提。① 可见现行对信息披露的规定还未能很好地起到监督互联网金融企业运营、防范风险的作用，也使保护金融消费者知情权与财产安全权的这一目的落空。

（三）资金托管制度的缺失

作为一个网络融资平台，E本应仅提供交易信息并从中收取居间服务费用，而不能将投资人的出资作为自有资金沉淀。但E私设资金池，将出资放入由平台全权处置的资金账户中，对资金的使用也得不到任何监督，自然很容易异化为非法吸收公众存款甚至集资诈骗。

然而，为了取得投资人的信任，很多网络融资平台宣称客户的投入资金皆由第三方托管，比如E通过各大网站、论坛发布《E与×银行签署资金存管协议》。然而，在事件爆发后，调查机关才发现E宣称的×银行资金托管系其单方伪造事实，×银行也只是事后向客户发布消息称其从未与A融资租赁公司开展过资金托管合作。② 但是如果能够真正建立起资金托管制度，E这类平台就不能再将投资人的资金置于自己的任意处置之下，以融资租赁之名行非法集资之实，给金融消费者造成资金损失的风险也会随之降低。

三、理论探讨

（一）互联网金融消费者保护的特点

作为数字化时代的产物，互联网金融模式具有技术性、虚拟

---

① 姚军，马云飞，张小莉：《金融法苑》总第94辑，第140页。
② 冯雨，王潜：《从"庞氏骗局"看P2P平台的法律风险及完善建议——以"e租宝事件"为视角》，载《金融法苑》，2016（2），第75页。

性、规模性、集中性、隐蔽性、复杂性、跨国性、传染性、草根性等特点,产品和服务的提供者与消费者之间的关系更为复杂、多样化,这些特殊性使得该模式下的金融消费权益保护显得更为迫切和必要,在立法规范、监督管理、安全保障、隐私保护、争议处理等方面都与传统金融有很大不同。

1. 金融消费者呈现出"无国界"特征

传统金融消费行为受地域的局限较为明显,金融消费者绝大多数为本国居民。互联网金融受互联网开放、共享、全球互联的特性影响,获得了前所未有的流通便利,由于其脱离传统金融机构的固定营业场所与工作人员而直接进行交易,因此只要互联网覆盖的区域就存在潜在的消费者,其受众不再具有地域局限性,所面对的消费人群是整个互联网用户群体,无论国籍与地域。所有的金融消费行为依托于互联网即可在线完成,形成了金融产品、服务对象全球化的无国界。

另外,互联网金融服务的对象更多的是资产较低、风险承受能力较差的中低收入阶层和小微企业,从这个角度来看,互联网金融也有利于吸收未达到传统金融资产及风险承受要求的外国消费者。同时,这一无国界性和不特定性的特征也对互联网金融消费者保护工作提出了更高的要求。

2. 法律制度尚不健全

法律存在的价值是降低经济活动中的交易成本、转移交易风险,为减少交易者在交易中可能遭受的损失。[①] 然而目前金融消费者权益保护法律体系尚不健全,现有的《消费者权益保护法》《产品质量法》中没有金融消费者保护、金融服务质量方面的规定;而

---

① 刘丹冰:《金融创新与法律制度严谨关系探讨》,载《法学杂志》,2013(5),第104页。

《中国人民银行法》《商业银行法》《证券法》《保险法》等法律对金融消费者的保护大多只是原则性触及，少有直接规定，可操作性不强。特别是缺少对基于互联网发生交易的电子合同、电子签名等法律制度的规定，法律制度及相关配套措施的不完善使得我国互联网金融的发展在很长时间内处于"真空地带"。

从民法的角度来看，民法是调整平等主体间法律关系的，但是金融消费者与互联网金融商品的提供者之间存在较为严重的信息不对称，亦即二者之间地位并不能说是对等的，因此很难将对于金融消费者的保护纳入民法的管辖范围。另外，民法是一部确认权利而非限制权利的法律，对金融消费者的保护势必要通过限制经营者的权利实现，这是与民法精神相悖的，民法不可能丧失其固有属性而对权利加以限制。① 因此，通过民法来限制经营者权利进而保护金融消费者的权益的可行性是有限的。

从消费者权益保护法的角度来看，2014年新《消费者权益保护法》（以下简称"新《消法》"）第二十八条首次明确规定了金融服务的经营者提供经营地址等信息的义务，但是第二条中依旧是将消费者限定为：为生活消费目的的消费者，亦即金融消费者是否能被纳入新《消法》的保护之中是存在疑惑与争议的。这也使得新《消法》在金融消费者权益保护方面发挥的作用尚待商榷。

3. 交易信息不完全对称

1970年，美国经济学家George Akerlo提出了著名的"柠檬理论"，以阐释信息不对称的问题。对于柠檬来说，仅从外表很难判断其品质的优劣，对内部的腐烂程度也无从知晓。② 互联网金融消

---

① 胡光志、周强：《论我国互联网金融创新中的消费者权益保护》，载《法学评论》，2014（6），第136-137页。
② 邢会强：《信息不对称的法律规则——民商法与经济法的视角》，载《法治与社会发展》，2013（2），第114页。

费者处于信息劣势地位，作为专业的金融机构在对金融产品进行创新的过程初始就已经具备了较多的信息优势，如专业的金融知识、优秀的金融人才、对技能创新工具信息的全面掌握等。交易信息不完全对称主要有以下两种情况：

一是经营者的身份信息难以识别。在很多场景下消费者与经营者是以虚拟网络为平台进行金融交易，经营者的身份信息披露不全或虚假，购买者很难或无法判断销售者的真实身份。

二是金融产品和服务的信息披露不充分。消费者对于金融产品的了解仅仅只限于经营者提供的产品描述，且互联网金融机构主要采用电子格式合同的方式与消费者签约，因此消费者在网上购买产品时即使并不能完全理解潜在风险或是产品具体内容时也只能选择接受，也就是说，消费者更多的是凭借经验和习惯对产品和服务信息进行主观判断。另外，互联网金融产品提供者为了获得利益，可能会对产品进行不实宣传甚至虚假宣传，强调高收益却对风险避而不谈，这也会造成信息的不对称。①

4. 电子合同不完全平等

一是合同拟制的单方性。互联网金融消费的合同大都采取电子合同的形式，但其条款都是经营者事先拟定好的，即多为格式条款甚至格式合同，消费者一般只能接受或拒绝，缺乏对合同的谈判权。互联网金融产品作为特殊商品，与普通消费品相比具有更强的专业性，并且因为结合了互联网科学技术和金融市场专业知识导致其更为复杂，普通消费者在阅读合同时如果对合同条款或专业术语有疑问，也很难及时获得有效的解答。同时，有些经营者可能会为了获得更多利益，在合同中以复杂的专业术语设置陷阱，不当劝

---

① 张婕：《互联网金融消费者权益保护研究——以监管为视角》，北京交通大学法学院硕士学位论文，2017年，第7页。

诱，甚至恶意劝诱消费者。

二是合同形式的多样性。在互联网金融交易中，很多经营者以"服务条款""告知"等形式，发出要约，消费者对服务条款、告知等内容不会特别注意，随意点击确认即被默认为同意合同内容。有些经营者甚至会将同意接受要约作为默认的形式，消费者如果没有注意不做更改，就会直接被视为同意合同内容，这种行为严重威胁了互联网金融消费者的权益。

三是霸王条款的隐蔽性。金融产品服务的合同条款较为复杂，其中很多含有免除经营者义务或加重消费者责任的条款很难被察觉，消费者在网上进行浏览时很难去充分阅读和理解格式合同内容。一旦发生纠纷，虽然能够通过法律关于"格式合同"的规定进行维权，但是诉讼作为权利救济最后的手段，过程较为冗杂漫长，如果能够从源头上减少纠纷的发生，就能够大大提升互联网金融消费者权益保护的效率。

5. 资金安全存在隐患

互联网金融消费通过数字流转来完成信息传输，各种支付方式都是采用数字化的方式进行，具有方便、快捷、高效、经济的优势。但是网络的开放性增加了木马、病毒、黑客攻击等风险，金融消费者在网上交易过程中，可能面临如账号和密码被破解，资金被盗，信用卡被未经授权使用，支付系统被攻击等安全隐患。

由于互联网因素的存在，如果发生网络问题导致消费者资金损失，是难以就该损失对经营者责任和消费者责任之间进行区分的。另外，由于存在互联网支付的非面对面属性，相较于传统线下的犯罪而言，成本大幅下降。消费者在网络平台进行小额投资而遭遇逾期、坏账或欺诈时，其维权后的收获通常不大。①

6. 个人隐私容易泄露

在互联网金融消费过程中，大量的私人信息和数据等被信息服务系统收集、储存、传输，金融消费者的隐私权不可避免受到威胁，甚至被经营者非法使用，或者因为过失泄露等。加之金融消费者的个人财产信息、信用信息、金融交易信息等所隐含的商业价值正逐渐被发现和利用，在利益驱使下，侵权行为时有发生。

并且，由于各类平台的数据安全管理水平良莠不齐，部分平台在数据保护中存在薄弱环节，可能会被黑客利用而产生信息泄露的潜在风险。② 2016 年 5 月 18 日，全球最大黑客组织匿名者（Anonymous）突袭希腊央行之后，宣称长达 30 天的 DDoS 攻击开始，深受 DDoS 攻击之扰的金融机构还有许多互联网金融行业，比如蚂蚁金服、网贷之家等多家 P2P 平台或第三方信息服务平台都接连遭受了黑客攻击。截至 2016 年 5 月，全国金融行业包括互联网金融安全漏洞总量同比增长 181.9%。③

7. 消费者举证难度更大

按照"谁主张、谁举证"的原则，金融消费者对自己的权益被侵害负有举证责任。但是互联网金融的交易行为依托于网络进行，对电子证据的取证，需要专业技术手段才能完成。《消费者权益保护法》中仅规定对于耐用商品的消费纠纷适用举证责任倒置，即由经营者承担有关举证责任，但该规定尚未涵盖互联网金融消费。

---

① 邓建鹏：《互联网金融消费者困境及其权益保护》，载《银行家》，2016（11），第 124－126 页。
② 张松、史经伟、雷鼎：《互联网金融下的操作风险管理探究》，载《新金融》，2013（9），第 33 页。
③ 陶雪：《论中国互联网金融消费者权益的法律保护》，华中科技大学法学院硕士学位论文，2016 年，第 21 页。

另外，互联网金融大多以无纸化、非面对面的方式进行交易，合同订立、条款说明、开立账户、资金流通结算等交易行为都只在互联网空间留下痕迹。而交易所形成的电子数据与电子文本大多保存在平台所提供的服务器，消费者难以获得明确证据。①

8. 管辖权存在争议

互联网金融的无形性和虚拟性对传统的管辖原则提出了新问题。在互联网金融交易中，仅有被告所在地的地缘特征较为明显，基于合同履行地、侵权行为发生地、侵权结果发生地等传统的管辖权原则在互联网背景下，地缘特征不明显，在适用上面临难题。加之，互联网金融无国界化的特征，使犯罪嫌疑人、被害人以及与其犯罪行为相关联的网站服务器、银行相关账户信息往往分布在不同的行政区域，因此在国际法视野下，主权管辖的理论也面临挑战。

（二）P2P平台应是信息中介而非信用中介

信息中介是利用市场的不对称，依靠提供信息来获取居间盈利的机构；信用中介在金融市场中，则承担着更多的风险防范职能。从互联网金融领域的代表性业务P2P为例，追溯到P2P的历史不难发现，P2P在其原产地——美国等西方国家，所扮演的角色就是一种十分纯粹的信息中介机构。美国不论是监管还是征信体系，都较为健全，其关于P2P的监管条例多达数十条，而且美国的征信体系相当完善且透明，包括个人信用记录、社保号、个人纳税、银行账号等，都是个人可以查阅得到的。征信体系的高度完善，使得P2P平台能够摆脱信用、担保等职能，专注于做一个信息撮合的服务平台。出借人可以在各种信用机构查询到借款人的征信信息，风险完

---

① 李勇坚：《互联网金融视野下的金融消费者权益保护》，载《经济与管理研究》，2016（9），第57页。

全由个人甄选并承担，P2P平台不做过多干预。在我国，由于征信体系与国外存在一定不同，P2P在国内的发展也具备某些特点，现在我们看到的平台，有的会宣称本息保障，某家老牌平台甚至是行业内首开"平台担保"先河的P2P平台。本来是提供信息撮合的业务模式，却演变成了需要承担风险的信用担保平台。

平台如果提供担保，就意味着将投资人的风险全部转嫁到了自己身上，一旦借款项目出现问题，而平台又有着本息保障的承诺，如若不履行兑付，将会对平台的运营产生致命影响；从另一方面看，平台自有资金如果不能够应付坏账或逾期项目的垫付，很有可能会出现吸纳新投资人资金来填补旧账的恶性事件，一旦涉及以新还旧，后果将不堪设想。

放眼国内目前的P2P投资环境，普通投资者的风险意识和投资教育程度欠缺，加之征信体系待完善、信息不对称，出借人和借款人双方很难能够准确获得对方信息，风险难以避免。投资人常常忽视投资的风险，以为P2P平台是一个提供高收益的储蓄机构：资金放在这里，平台就要保证安全。因此，部分平台认为如果想要平稳运营甚至合理盈利，就得取信于投资人，而这个"取信之道"就是提供担保。只有这样，平台才能更好地实现线上能"融"，以便线下的"放"。这样一来，客观上改变了平台的性质，诱发大量风险。

（三）互联网金融消费者权益保护的国际经验

目前，互联网金融仍处于发展阶段，许多国家的监管思路仍以本国金融业创新、竞争力与监管相互协调为主。一般仅成立专门的工作机构负责跟踪、监测互联网金融的发展状况，并适时制定一些指导性建议、监管规则或标准。因此，各国在对待互联网金融的消费者权益保护时，存在着较大差异。

1. 美国的互联网金融消费者保护

美国是互联网的发源地，也是互联网金融的前沿阵地之一，美国对网络环境的管理非常严格。1996年至今，美国国会及政府部门已经通过了130余项与网络相关的法律法规。同时，美国联邦和州各级法院也针对互联网环境形成了一整套较为完善的司法判例。自"9·11"和金融危机后，《爱国者法案》《国土安全法》和《信息安全与互联网自由法》等法律再次降低了美国互联网的自由度。这些法律以国家安全的名义，大幅提升了美国政府对互联网金融的监管力度，使得消费者隐私、个人信息和知识产权让位于国家安全；《爱国者法案》更是授权美国财政部长可以控制国内或发生在国内的国际互联网金融流通活动，获取并管理互联网中的个人金融信息，这给互联网金融活动和消费者权益带来了前所未有的影响。

对于P2P平台的监管，美国《JOBS法案》规定："发行人要在证券交易委员会备案，向投资者和众筹融资平台披露规定信息，且每年通过众筹融资平台募资的总额不超过100万美元。"运营过程中首先由借款人在平台上发布贷款需求，待融资结束，由银行将资金发放给借款人，再将贷款出售给平台，平台发行收益权凭证给投资者，同时将筹集到的投资资金置换成贷款。[①] 对于投资资金美国建立起了资金托管制度，募集到的资金将直接存入银行开设的专用账户中，平台运营者不会直接接触到资金，更不能擅自挪作他用，可以增强投资人资金的安全性。

2. 欧盟的互联网金融消费者保护

欧盟基于言论自由的网络认知，坚持适度审慎和保护消费者的原则。欧盟成员国为个人金融信息与知识产权保护建立了完善的法

---

① 黄雪吟：《我国互联网金融消费者权益保护的法律之路》，载《法治与社会》，2017(3)，第92页。

第九章 网络支付服务提供商的责任边界分析

律框架,但这种框架更加依赖于既有的法律。而这些法律应当考虑网络技术的科技属性,在防止不正当行为的原则上,应当以审慎的安全战略来保护互联网个人金融信息与交易行为,各国监管当局都需要避免不必要的过度管制。欧盟这种强调网络信赖性和安全性的管理思路,使得欧洲各国在具体工作中,需要更多地依靠行业自律性团体的作用。如德国的网络媒体协会(ICTF),其作为民间组织却被授权检查德国互联网上的各种内容,并为从业者提供标准和建议。

欧盟与网络信贷相关的立法主要是消费者信贷、不公平商业操作和条件等指引性文件,这些指引对广告中及信贷合同缔约前应向消费者提供的信息范围、交易方应将主要信息以明确清晰方式展示的义务等进行了规定。欧盟对网络信贷的具体监管要求:一是只有注册的信贷提供者才有权通过网络发布信贷广告。二是对通过网络发布的信贷广告有额外的披露要求。三是对网络信贷规定了比其他信贷形式更严格的披露要求。四是消费者在签订信贷合同前应有充分的时间考虑合同信息及相关的解释说明。五是规定了借款人在14天内享有无须说明理由的撤销权,且该规定适用于网络信贷。

对于第三方支付机构,欧盟对其有最低资本金要求、投资活动限制、业务风险管理、记录和报告制度等要求。比如规定第三方支付机构提供服务过程中沉淀的资金属于其负债,其投资活动受到严格的限制;要求第三方支付机构必须具备稳健与审慎管理、行政管理和会计核算程序以及适当的内部控制机制;要求其定期提交财务报告、审计报告等定期报告,记录和保留一定时间内的交易记录等。[①] 而英国为了限制不公平合同条款,制定了《不公平合同条款

[①] 朱绩新,章力,章亮亮:《第三方支付监管的国际经验及其启示》,载《中国金融》,2010(12),第32页。

法案》《消费者合同不公平监管规则》《消费者信贷法案》等一系列法律，在第三方支付机构的责任认定上为消费者提供了有力的保护。① 这些相关法律法规与具体标准的制定与执行，使得互联网金融领域的消费者权益保护更具有可操作性与效率性，对于我国在这方面的发展与进步有着重要的借鉴意义。

四、实践建议

（一）完善互联网金融消费者权益保护立法

研究修订《中国人民银行法》等法律，适时出台《个人信息安全保障法》和《金融消费者权益保护法》，逐步完善金融消费者权益保护的相关法律制度，明确互联网金融的内涵与外延，明确监管部门开展消费者保护工作的责任和权限，明确各参与方的权利和义务，建立交易安全、信息安全等方面规范和标准。

如果重新立法难度较大，则可以在《消费者权益保护法》中新增有关互联网金融消费者权益的内容，比如在法律条文中对互联网金融消费者进行明确定义，将《消费者权益保护法》规定的普通消费者享有的权利内容延伸至金融领域。同时，根据个人收入、风险承担能力、理财经验、专业知识等将互联网金融消费者群体划分为普通消费者与专业投资者，对他们分别进行保护与对待。

（二）开展消费者金融知识教育和信息安全教育

结合互联网金融的特点，对金融消费者开展有针对性的互联网金融知识教育和信息安全教育，建立完善的金融消费者教育体系。

---

① 邵燕：《互联网金融交易中的消费者风险及对策》，载《现代经济探讨》，2016（4），第42页。

鼓励金融服务机构在社区开展定点定时的投资教育宣讲，督促经营者在网站较显眼的位置设置与经营金融产品有关的金融知识栏目或链接，设置专业的网络客服，对消费者的线上提问进行及时、有效的处理与解答。通过深入持续普及互联网金融产品和服务的专业知识，提高消费者选择互联网金融产品及服务时辨别陷阱、规避风险的能力，使消费者在金融交易中扮演更为主动、专业的角色。

(三) 督促经营者加强互联网金融业务管理

第一，建立合格投资者准入制度。可以从经济实力与风险承受能力等方面对投资者进行限制，让投资者在签约前先进行个人风险评估测试，同时要向投资者明示风险评估的重要性，提示投资者谨慎对待与认真考虑，帮助其进行理性投资，保障其资金安全。

第二，结合互联网金融产品的特点，完善相关的业务操作规范以及内控制度，强化信息披露和细化投资风险提示，帮助消费者摆脱虚假与无用信息，充分保障消费者知情权、公平交易权、隐私权，为维护互联网金融消费者权益提供制度保障。

第三，加强技术安全建设，健全计算机网络安全管理体系，引入优秀的技术人才，更新技术手段，及时防范安全漏洞。在合同签订的各个环节保障消费者权益。需要从订立合同前广告发布、到信息披露，再到投诉处理程序，对互联网金融经营者进行严格的程序和要件规定。

第四，完善与客户的沟通机制和争议处理机制，建立稳定、和谐的金融产品和服务提供者与消费者之间的关系。设置互联网金融交易冷静期，冷静期给予金融交易双方思考期限，在合同签署后的法定时间内，可以无条件解除合同且不用承担相应的法律责任。①冷静期制度不仅可以减少投资者冲动消费的可能，也能够制约互联网金融机构及其工作人员不会因为经济利益而诱导欺骗消费者购买不适合其风险承担能力的金融服务或产品。②

（四）加强互联网金融消费者权益保护的监管协作

第一，要进一步完善行为监管体系，加强各部门的分工协作，并且确保不同地区、不同部门之间监管标准的一致性，在有统一标准的前提下才能够因地制宜地作出变通规定。同时由于互联网金融跨行业、跨区域性明显，故可采取中央与地方、地方与地方之间联合监管的方式避免监管漏洞。

第二，加强非现场监管，对发展中存在的风险保持实时监控。比如定期检查经营者网站上关于风险提示、信息披露的内容是否符合规定；不定期抽查经营者金融产品运营状况；也可以要求经营者在网站上设置签约时录屏的程序。

第三，充分发挥行业协会的自律作用。目前，全国各地已经成立互联网金融专业协会，中国人民银行已经发起成立中国互联网金融协会，证监会也在中国证券业协会下设立了互联网证券交易专业委员会，北京则是成立了网贷协会。要加强这些行业协会的自律监管作用，并且处理好行业协会与政府监管之间的关系。

（五）构建"多元化"的互联网金融争议解决机制

建立多元化的争议解决机制包括当事人自行协商、相关监管部

---

① 方某杰：《金融产品交易中冷静期制度研究》，载《中央财经大学法学院学报》，2015(11)，第23页。
② 杨立新：《非传统销售方式购买商品的消费者反悔权及其适用》，载《法学》，2014(2)，第36页。

门协调、独立第三方调解、仲裁、诉讼等途径。当事人自行协商可以强化金融产品和服务提供者的责任意识；监管部门协调和独立第三方调解可以降低争议当事人的成本。针对互联网金融的特点，还可以建立在线争议解决机制，比如推进网络仲裁，随着"互联网+"的推进，网络仲裁为以互联网为媒介的交易提供更加便捷、灵活的途径。[1] 网络仲裁不只是互联网与仲裁的简单叠加，而是利用信息通信技术与互联网平台，让互联网与仲裁业务进行深度融合，能够大大提高效率，更加有效地保障金融消费者权益。[2]

第二节 中立评估意见：客户入金投资中金融机构作为支付通道的责任分析

关于冯某与某银行支付业务纠纷的评估书

冯某于2018年5月通过人行12363投诉，称2017年6月其通过某银行支付通道向A期货平台进行入金投资，之后发现该平台是一家骗子公司且造成其资金受损，前期与银行多次沟通始终未得到解决。之后，客户继续向银行总行及人行投诉。

2018年8月7日，上海市金融消费纠纷调解中心接受委托对本次纠纷进行中立评估。上海市金融消费纠纷调解中心受理此评估事项后，特邀中心中立评估专家对本纠纷开展评估，现将评估结果提供给当事双方，供参考。

---

[1] 张苓薇：《网络仲裁相关法律探讨》，载《法制与经济》，2009（18），第61页。
[2] 陶雪：《论中国互联网金融消费者权益的法律保护》，华中科技大学法学院硕士学位论文，2016年，第41页。

一、当事双方

投诉者：冯某

银行：某银行

二、当事人陈述及证据

(一) 当事人陈述及主张

冯某诉称，2017年6月其通过某银行支付通道向A期货平台进行入金投资，之后发现该平台是一家骗子公司且造成其资金受损。

诉求：要求某银行协助其联系商户，退回当初投入的钱款。

银行处理意见：不同意冯某诉求。

银行陈述理由：

冯某投诉的A期货平台不是某银行的商户，经查询订单号发现，该支付通道实际为商户"B服饰公司"使用，该商户由某银行外包渠道商"C公司"拓展，于2017年5月接入某银行系统，7月末停止交易，8月退出合作。2017年6月，冯某通过自主授权方式主动向该商户转账，并未提出异议，某银行系统正常对交易资金进行了清分，不存在违规情况。

(二) 证据

冯某未提供证据材料。

银行为支持其主张，提供了如下证据材料：

1. 关于冯某投诉内容的核实情况汇报；
2. 某银行第三方移动支付渠道商合作协议；
3. 某银行微信支付服务协议截图；

4. 订单号对应的商户详情表。

三、案件情况

根据双方当事人陈述及所提交的证据材料，本案基本情况为：2017年4月11日，某银行与C公司签订第三方移动支付渠道商合作协议，约定：C公司为某银行拓展商户，某银行审批后为符合准入条件的商户提供第三方移动支付服务和资金清算服务；C公司负责处理其与拓展商户或者其他主体之间的纠纷。同年5月，C公司拓展了B服饰公司接入某银行系统，通过QQ支付扫码通道进行交易，某银行为该商户提供交易资金清分服务。6月，冯某向A期货平台进行入金投资，通过自主授权方式主动向B服饰公司划转了钱款，某银行根据财付通提供的交易数据对交易资金进行了清分。2018年5月24日，冯某向12363投诉，认为A期货平台存在欺诈，要求某银行联系商户退回当初投入的资金。

四、本案争议焦点

本案争议的问题主要有2个：
1. 冯某向A期货平台进行入金投资，是不是正常的支付交易？
2. 某银行和C公司是否尽到了适当的商户审核责任？

五、评估意见

综合双方提交的证据，依据我国相关法律法规的规定，出具评估意见如下：

（一）就第一个争议焦点而言，冯某认为上述系争交易存在欺诈行为，但并未提供其支付时是违背其本意（或者遭遇盗刷）的证据，该支付行为需要冯某的实时授权许可，而且其在投诉内容中也称：在支付之后才发现该期货平台是骗子公司，想追回支付的款项。《电子支付指引（第一号）》（中国人民银行公告〔2005〕第23号）第十九条第二款规定，发起行执行通过安全程序的电子支付指令后，客户不得要求变更或撤销电子支付指令。某银行按照冯某的指令完成了支付行为，作为银行来说，不需要也不可能知道支付背后的基础原因关系。如果冯某对该款项有争议，某银行可以告知其收款商户的信息，由冯某向该商户追偿。

（二）就第二个争议焦点而言，某银行与C公司签订的第三方移动支付渠道商合作协议约定：C公司为某银行拓展商户，某银行审批后为符合准入条件的商户提供第三方移动支付服务和资金清算服务；C公司负责处理其与拓展商户或者其他主体之间的纠纷。但是，某银行未能提供B服饰公司入网审核资料，不符合《银行卡收单管理办法》第九条："收单机构应当对特约商户实行实名制管理，严格审核特约商户的营业执照等证明文件，以及法定代表人或负责人有效身份证件等申请材料"的规定。因此，某银行在商户管理方面存在一定的瑕疵。

六、评估结论

本案中，冯某向A期货平台进行入金投资，属于正常的支付交易，不存在可撤销的情节，某银行无须承担退回支付款项的责任，但可以告知冯某相关收款商户的信息，便于其向该商户追偿。某银行在商户入网审核中存在一定的瑕疵，鉴于某银行已与该商户停止合作，故就此不再提出评估意见。

第十章　网络支付侵权行为地及其行政处罚管辖地分析

电子商务的高速发展，要求新的支付方式与之相适应，二者之间矛盾的产生，使交易双方要求有更快捷的支付方式来适应这种新型商业模式，伴随着网络交易的大量出现，网络支付①应运而生。网络支付是网络时代最重大的支付创新，是对传统支付模式的一种变革。网络支付在给我们带来便利的同时，相伴产生的各类纠纷日益增多，加之支付机构的一些新情况、新问题，对金融消费投诉受理和日常监管工作带来了很多困惑。

 12363 典型投诉案例

【案例1】甲投诉某支付机构

2019年3月6日，甲致电12363投诉某支付机构，称其昨日遇到电信诈骗，银行卡内的钱通过该支付机构被划走3笔，要求该支付机构查清钱款去向并追回钱款。

4月9日，人民银行收到该支付机构提交的报告，该案涉及的商户名为"杭州某贸易有限公司"，该商户于2019年1月开通快捷、代付业务，该支付机构于3月7日将商户部分资金冻结处理，

---

① 《中国人民银行非金融机构支付服务管理办法》第二条规定："本办法所称非金融机构支付服务，是指非金融机构在收付款人之间作为中介机构提供下列部分或全部货币资金转移服务：（一）网络支付；……"

建议甲通过报警或司法途径追回资金。

【案例2】乙投诉B银行信用卡中心

2019年5月20日,乙致电12363投诉B银行信用卡中心,称其户籍所在地是辽宁省,信用卡在北京办理,额度5万元,因特殊原因导致信用卡逾期。B银行客服让乙找户籍所在地辽宁信用卡中心,辽宁信用卡中心又告知客户去找北京的B银行。乙称在寻找该案的具体负责人期间心脏病发作,其还向北京市公安局经侦支队报案。乙要求B银行总行负责人与其联系解决问题。

第一节 法理分析：网络支付中的侵权行为地、违法行为发生地的确认及其行政管辖

一、问题引出

网络支付这种支付模式最先由谁创造出来已无法考证。但PayPal[①]公司的建立可以说是世界网络支付的一个里程碑,在网络支付史上有重要地位。

追溯国内最早的非银行机构网络支付,应该是成立于1999年的上海环迅和北京首信,其他如"支付宝"成立于2004年,"财付通"成立于2005年9月。截至2017年末中国人民银行已经审核批准247家非银行支付机构获支付许可牌照。

《非金融机构支付服务管理办法》指出,网络支付是指依托公

---

① PayPal(中国称为"贝宝"),是美国eBay公司的全资子公司。1998年12月由Peter Thiel及Max Levchin建立。是一个总部在美国加利福尼亚州圣荷西市的因特网服务商,允许使用电子邮件来标识身份的用户之间进行转移资金,有别于传统的现金支付、邮寄支票或者汇款的一种支付结算方式。

共网络或专用网络在收付款人之间转移货币资金的行为，包括货币汇兑、互联网支付、移动电话支付、固定电话支付、数字电视支付等。《非银行支付机构网络支付业务管理办法》中所称网络支付业务，是指收款人或付款人通过计算机、移动终端等电子设备，依托公共网络信息系统远程发起支付指令，且付款人电子设备不与收款人特定专属设备交互，由支付机构为收付款人提供货币资金转移服务的活动。收款人特定专属设备，是指专门用于交易收款，在交易过程中与支付机构业务系统交互并参与生成、传输、处理支付指令的电子设备。[①] 可以看出，无论是收款人或者付款人，最终都要通过与支付机构的业务系统产生交互，支付机构提供的是货币资金转移服务。网络支付行为产生侵权，一般来说必须经过支付机构的业务系统。

二、典型投诉案例分析——郭某投诉某网络支付公司案

2016年2月17日、3月2日，郭某两次向A地人民银行消保部门投诉某支付机构（该支付机构在工商登记中显示其住所于2015年4月7日由A地变更为B地，但主要业务仍在A地）。第一次称其2016年2月3日登录该支付机构手机客户端，发现"新版本：9.5.1——马上更新××宝，除夕夜，8亿现金红包央视春晚见！"的提示，选择不升级后，无法对余额进行转账、代付、取现等操作。第二次郭某又于2016年2月28日发现，该支付机构安卓版手机客户端可能存在在不通知用户的情况下偷偷循环调用手机前置摄像头并录音的行为。郭某要求A地人民银行对该支付机构进行行政处罚并考虑注销其《支付业务许可证》。

---

① 《非银行支付机构网络支付业务管理办法》第2条。

在本案例中，郭某第一次投诉，支付公司对客户支付账户的支付功能进行限制，属于双方之间的合同履行问题，双方应当依照合同约定履行，如违约可能涉及相关违约责任，造成损失可能需向违约方要求救济或者赔偿，如果从侵权的角度分析，可能涉及因支付机构未能正常提供相关支付结算服务，进而侵犯金融消费者的自主选择权、财产安全权等问题；第二次投诉中，投诉人投诉的主要内容为该支付机构手机客户端在使用过程中存在自动开启用户手机摄像头并录音的情形，可能涉嫌违反支付机构保护客户隐私的义务，若该支付机构未经同意收集消费者个人信息，可能涉及侵犯消费者信息安全权或者隐私权，如果因此造成了客户的损失，可能会发生应给予民事赔偿的法律责任。除了消费者对于民事违约和侵权责任的主张，消费者还主张人民银行对该支付机构涉嫌违法违规的行为进行处罚，这就涉及支付机构的行政责任问题，也涉及监管机构的行政处罚问题。对于支付机构的违法违规行为，人民银行作为监管机构有相应的监管权力，可以对涉嫌违法违规的支付机构进行行政处罚。对此类违法违规的侵权行为进行处罚，首先要明确的一个问题就是行政处罚的管辖权问题，特别是地域管辖权的问题。比如，是以机构注册地还是侵权行为地确定对应的行政处罚地域管辖权？网络支付环境下，侵权行为地的认定是否涉及更复杂的问题？下文将主要围绕这些问题，对网络支付侵权行为及行政处罚管辖的实践与理论问题进行分析。

三、实践与理论探讨

（一）网络支付业务的产生与发展，并未对侵权行为地和违法行为发生地的认定产生实质性改变

网络空间是一种相对独立的非物理、非实体空间，是各种信息

活动的场所。网络空间具有全球性、实时交互性等特性。网络空间的特性，尤其是其非实体性，使侵权行为实施地和侵权结果发生地较传统侵权行为而言变得较难确定。网络空间的特性使得侵权人住所地（如登记地）与法院的地域联系进一步降低。单纯以侵权人登记地作为管辖依据，实践中存在诸多不便。

虽然网络侵权是对传统侵权行为纠纷管辖规则的挑战，但是侵权行为地管辖规则仍然适用于网络侵权案件，需要解决的问题是如何在网络环境下寻找正确的侵权行为地。我们不能将侵权人住所地与侵权行为地等同起来，更不能将侵权人住所地作为判定相关案件行政处罚管辖权的唯一依据。

1. 网络支付业务中侵权行为地的认定

侵权行为地，是侵害他人合法权益的法律事实所在地，其认定关系到侵权纠纷案件管辖法院的确定。《中华人民共和国民事诉讼法》第二十八条规定："因侵权行为提起的诉讼，由侵权行为地或者被告住所地人民法院管辖。"为了对侵权行为地予以明确，自2015年2月4日起施行的《最高人民法院关于适用〈中华人民共和国民事诉讼法〉的解释》（法释〔2015〕5号）第二十四条规定："《民事诉讼法》第二十八条规定的侵权行为地，包括侵权行为实施地、侵权结果发生地。"在该解释中，针对日益活跃的信息网络，专门就侵权行为实施地以及侵权结果发生地，进行了更为具体明确的界定。该解释第二十五条规定："信息网络侵权行为实施地包括实施被诉侵权行为的计算机等信息设备所在地，侵权结果发生地包括被侵权人住所地。"在一般的网络侵权案件中与地域管辖发生联系的参数主要有：侵权人终端设备所在地、IAP（提供用户上网服务提供商，如电信）服务器所在地、域名服务器DNS所在地、ICP（网络内容服务提供商，如搜狐、新浪）服务器所在地等。其中，侵权终端设备和ICP服务器是实施侵权行为的必要工具,可以认为是主观意志得以外化的手段,所以司法实践中一般把它们的所在地认定为侵权行为实施地。《最高人民法院关于审理利用信息网络侵害人身权益民事纠纷案件适用法律若干问题的规定》第一条对利用信息网络侵害人身权益民事纠纷案件进行了解释,是指利用信息网络侵害他人姓名权、名称权、名誉权、荣誉权、肖像权、隐私权等人身权益引起的纠纷案件。第二条规定:"利用信息网络侵害人身权益提起的诉讼,由侵权行为地或者被告住所地人民法院管辖。侵权行为实施地包括实施被诉侵权行为的计算机等终端设备所在地,侵权结果发生地包括被侵权人住所地。"

网络支付业务的产生与发展,并未对侵权行为地的认定产生实质性改变,而仅仅是法律适用问题。需要说明的是,网络支付业务是一项业务的统称,并非具体的一种侵权类型;要确定网络支付业务中的侵权行为地,还需就不同的侵权案件类型具体分析。在侵权行为地的认定上,应在适用司法解释的基础上把握以下两点:一是管辖应具有合理性,网络参与并未改变侵权法律关系的本质,也未产生新的法律关系,认定管辖地应符合侵权行为地原则确立的初衷,比如能够直接和集中体现被告的侵权意图,方便侵权证据收集和案件情况查明,有助于恢复被侵害的社会秩序等;二是管辖应具有确定性,也即在一定的认定原则下,管辖地是容易确定的,既不应泛化,也不应因原告的情况变化而随意变化,否则管辖权制度将形同虚设。

此外,消费者在自身权益遭受不利后,可能存在侵权责任与违约责任竞合,既可以侵权纠纷起诉,也可以合同纠纷起诉;在侵权案件管辖上,既可选择侵权行为地,也可选择被告住所地。只是说,在网络支付业务中,侵权行为地可能难以确定,但并不意味消费者无法找到管辖法院,更不意味其权利侵害无从救济。比如,在银行卡盗刷案件中,银行流水显示资金通过支付机构转移,持卡人认为支付机构未经许可发送扣款指令,属财产权侵权行为,那么发卡行所在地为侵权结果发生地;当然,在此类纠纷处理上,持卡人也可能以不当得利起诉支付机构,或者以储蓄合同纠纷起诉发卡行,将支付机构列为第三人,需要结合具体案件进行分析。

2. 网络支付业务中违法行为发生地的认定

对违法行为地,主要有两种理解:广义的理解认为违法行为发生地包括违法行为着手地、实施地、经过地、结果地,即包括实施违法行为各个阶段经过的空间。狭义的理解认为违法行为发生地仅指违法行为实施地。

我国《行政处罚法》第二十条规定:"行政处罚由违法行为发生地的县级以上地方人民政府具有行政处罚权的行政机关管辖。法律、行政法规另有规定的除外。"《中国人民银行行政处罚程序规定》第三条规定:"中国人民银行实施行政处罚,实行分级管理、分工负责。"第四条规定:"中国人民银行执法职能部门负责行政处罚案件的立案、调查,提出处罚意见。……"第五条规定了中国人民银行总行负责查处的金融违法行为,包含总行直接监管的金融机构的违法行为、全国范围内有重大影响的违法行为、总行认为应当由其直接查处的其他违法行为。第六条规定了人民银行分支机构负责查处辖区内金融违法行为,包括所监管机构的违法行为、人民银行总行授权其监督管理的金融机构的违法行为、其他单位和个人的违法行为。第七条规定:"上级人民银行可以直接查处下级人民银行辖区内的有重大影响的金融违法行为,可以授权下级人民银行查处应由上级人民银行负责查处的金融违法行为。下级人民银行认为应由其查处的金融违法行为情节严重,有重大影响的,可以请求上级行查处。"以上规定确立了对违法行为进行行政处罚的地域管辖原则，地域管辖确定了行政主体系统内同级之间首次处理行政事务的分工和权限，虽不涉及行政事务的实体性处置，但关系到行政主体能否公正、有效地处理行政事务。之所以确立地域管辖原则，一是在于明确行政管理秩序，可以提高行政主体的责任心，避免行政管辖权的争抢或推诿；二是行政主体便利行使管辖权，能以最低的成本管理行政事务；三是行政主体有效行使管辖权，便于收集证据，恢复社会秩序。

与侵权行为地一样，网络支付业务发展也未对违法行为发生的认定产生实质性改变，只是在适用中需要考虑一些特殊情形。网络支付业务牌照，一经获得借助于互联网的跨地域性，支付机构便于在实践层面在全国范围内开展业务。也正是由于这一特点，一些支付机构，其主要办事机构所在地与注册地不一致，这些都对支付机构违法行为发生地的认定产生了一定影响。

(二) 网络支付业务中支付机构的行政监管管辖问题分析

当前实践中，网络支付业务（仅限支付业务条线，反洗钱等处罚仍是属地原则）的行政处罚工作多由法人机构所在地人民银行分支机构进行，法人机构所在地也以注册地为准。这一实践思路主要着眼于对机构本身的监管，定位为对违规机构的处罚。

从目前立法的角度，我们可以对现行行政处罚的一般规定和实践原则进行一定的梳理。我国《行政处罚法》第二十条规定："行政处罚由违法行为发生地的县级以上地方人民政府具有行政处罚权的行政机关管辖。法律、行政法规另有规定的除外。"以违法行为发生地为依据确定管辖权，有其合理性。行为人的行为构成行政违法，其中一个重要要件是客观上实施了行政违法行为，以行政违法

第十章 网络支付侵权行为地及其行政处罚管辖地分析

行为的发生地作为行政机关管辖行政违法活动基准点是比较科学的。中国人大网的"法律问答"对此进行解释说明：首先，规定违法行为发生地的行政机关管辖，便于行政执法机关对违反行政管理秩序的案件的管辖，适用起来范围较广，既包括实施违法行为地也包括危害结果发生地，它囊括了行为人实施行政违法行为的全过程，无论违法行为人在其实施违法行为的哪个阶段被发现，都可以立即依法就地给予行政处罚，有利于行政机关及时有效地打击行政违法活动；其次，规定违法行为发生地的行政机关管辖有利于行政执法机关对违法事实的进一步侦查，便于调查、取证，可以有效地节省执法机关的人力、物力，提高工作效率；最后，规定违法行为发生地的行政机关管辖符合行政机关各司其职的原则。①

关于行政处罚管辖的规定中，行政法规层面，《海关行政处罚实施条例》（国务院令第420号）、《商标法实施条例》（国务院令第651号）等作了特别规定；但值得关注的是，一些部门规章也在坚持行政处罚的管辖的基本原则的前提下，作了适当灵活的规定，比如《公安机关办理行政案件程序规定》（公安部令第125号）第九条规定："行政案件由违法行为地的公安机关管辖，由违法行为人居住地公安机关管辖更为适宜的，可以由违法行为人居住地公安机关管辖。"通过查阅判决发现，虽然部门规章部分地变通了行政处罚的管辖原则，但法院予以认可，主要原因可能是法院无权对部门规章进行审查。而《非金融机构支付服务管理办法》（中国人民银行令〔2010〕第2号）只规定了级别管辖，也即注销《支付业务许可证》的行政处罚由总行管辖，其余由副省级城市中心支行以上的分支机构管辖，并未规定地域管辖或明确由法人机构所在地分支

---

① 《法律为什么规定"行政处罚由违法行为发生地"的行政机关管辖?》，http://www.npc.gov.cn/npc/flsyywd/flwd/2002-04/18/content_293092.htm，2002年4月18日。

机构进行处罚。

如前文所述，关于为何由法人机构所在地分支机构进行处罚，究其原因，主要是因为当前的行政处罚定位为对违规机构的处罚，而非对违规行为的处罚。换一个角度讲，《非金融机构支付服务管理办法》（中国人民银行令〔2010〕第2号）第四十七条规定："任何非金融机构和个人未经中国人民银行批准擅自从事或变相从事支付业务的，中国人民银行及其分支机构责令其终止支付业务。"也即，对未经批准擅自从事或变相从事支付业务的，人民银行分支机构有职责终止其支付业务，履职主体指向支付业务发生地的人民银行分支机构；那么，对已经批准从事支付业务的支付机构，在法人机构所在地以外违规从事支付业务时，如果不由支付业务发生地的人民银行分支机构进行处罚，也有值得商榷的空间。

即使由法人机构所在地进行处罚，那么对"机构所在地"的理解也不应该过于狭隘，机构所在地不仅仅指机构注册地，还应该包括机构的住所地。我国《民事诉讼法司法解释》（法释〔2015〕5号）第三条规定："法人或者其他组织的住所地是指主要办事机构所在地，主要办事机构所在地不能确定的，注册地或者登记地为住所地。"注册地对工商、税务非常重要，但对业务监管并无特别意义。法人的主要办事机构可以依据公司机关所在地、公司的主要业务部门所在地、公司在公务、商务活动中所用的联系地址并辅以营业面积的大小、主要员工的工作地、办公场所的性质（自有、租赁）等因素综合判断。从业务监管的角度，主要办事机构所在地与注册地不一致，增加了监管部门的行政处罚成本，而且在多数情况下，监管部门并不能及时、完整发现和制止违法行为，在一定程度上削弱了监管部门的公信力和行政处罚的震慑力，容易产生监管真空。所以，对主要办事机构所在地与注册地不一致的支付机构，也应该加强监管。

《非金融机构支付服务管理办法》第七条规定："中国人民银行负责《支付业务许可证》的颁发和管理。申请《支付业务许可证》的，需经所在地中国人民银行分支机构审查后，报中国人民银行批准。"非银行支付机构是人民银行颁发支付牌照，属于人民银行监管的机构。具体日常监督管理方面，由所在地分支机构进行。《非金融机构支付服务管理办法》中支付机构的各种报备、报送材料等事项，都是对口其所在地分支机构的。按人民银行行政管理和执法实践，以及现实情况，人民银行对银行业、支付业机构一般遵循属地管理原则，也就是由机构注册地人民银行分支机构进行业务管理，履行日常监管职责。具体对支付机构来说，所在地人民银行就是该机构进行公司工商注册登记，并提交"符合要求的营业场所"地理位置上的副省级以上中心支行。对网络支付机构来说，通常基于人民银行属地化管理的需要，以及开业前人民银行进行现场辅导，以及报批中对营业场所的要求，支付机构的公司注册登记地、住所以及实际经营营业场所通常是在同一地理区域。很少出现本章案例中，注册登记地变更为B，实际营业场所仍在A的情况。

在分离的情况下，行政处罚由违法行为发生地负责，日常监管由法人机构所在地（注册地）负责，主要考虑是主要办事机构所在地变更无须审批，具有不确定性，是否为主要办事机构所在地也需要综合判断，可能当地分支机构并不及时知晓。

（三）网络支付业务中支付机构的投诉管辖问题分析

中国人民银行及其分支机构受理支付机构相关的消费者投诉的依据主要如下：一是根据《消费者权益保护法》第三十九条规定："消费者和经营者发生消费者权益争议的，可以向有关行政机关投诉。"二是《中国人民银行金融消费者权益保护实施办法》第三十五条"中国人民银行及其分支机构受理法定职责范围内的……金融消费者投诉。"

在投诉受理的地域管辖上，并没有规章及以上的规范性文件的明确规定。《中国人民银行金融消费权益保护工作管理办法（试行）》（银办发〔2013〕107号）作为内部管理文件，规定了投诉受理的地域管辖问题，其第十三条规定："金融机构所在地与金融消费者所在地、争议发生地和合同签订地不一致，导致发生管辖权争议的，由金融消费者选择的中国人民银行分支机构根据便民高效、有利于保护金融消费者的原则受理该投诉，由相关的中国人民银行分支机构之间协商处理该投诉。"根据第四十八条规定，支付机构的投诉受理同样适用上述规定。总行关于地域管辖的规定，是基于属地管理、便民高效原则所作的安排。

四、小结

（一）总的原则

1. 遵守法律、法规和有关规定

法律是准绳，任何时候都必须遵循。法律是不可逾越的红线，任何机关、任何人都必须在法律设置的权力界限内活动，不可做出逾越法律界限的行为。在治理网络支付侵权的问题时，有关机关必须严格遵守法律、法规和有关规定，合法合规地行使自己的行政权力、履行自己的行政职责。

2. 有利于查清违法事实，有利于开展调查取证，有职权做出相应处理决定

在处理有关网络支付侵权的相关问题时，有关机关应以有利于查清违法事实,有利于开展调查取证为自己的行为指南,切实高效地处理相关事务。同时,根据行政法中的职权法定原则,行政机关的职权是由法律加以规定的,行政机关行使职权时必须按照法律规定的范围和程序。因此,有关机关在对具体网络支付侵权问题做出处理决定时,必须以拥有法律明确规定的相应职权作为前提。只有在法律明确规定了有关机关拥有某项职权的情况下,有关机关才可以依法对外行使自己的权力。

3. 方便消费者维权,切实保护金融消费者合法权益

在现代社会强大的金融机构面前,消费者处于相对弱势的地位。因此,为实现实质的公平正义,法律和政策应适当向消费者的权益保护倾斜。具体而言,当经营者不法侵害消费者的合法权益时,有关机关应遵循方便消费者维权的原则,切实保护消费者的合法权益。

4. 积极利用上级指定管辖的规定

在处理网络支付侵权问题时,经常会出现地区管辖的争议问题,这不仅延误处理进程,也不利于消费者的权益保护。为高效迅捷地处理相关纠纷,我们认为应尊重消费者的选择权,根据有利于查清违法事实,有利于开展调查取证的原则,综合考虑被投诉机构所在地和侵权行为地等因素,确立投诉管理的分支机构,这种做法不仅可以尽快解决相关纠纷的管辖问题,而且能够及时帮助金融消费者挽回损失,维护其合法权益。

(二)具体应用

在投诉处理中,人民银行分支机构可依据《中国人民银行金融消费权益保护工作管理办法(试行)》之规定,按照属地管理、便民高效,有利于保护消费者的原则受理投诉。

在行政处罚中，人民银行分支机构应按照《行政处罚法》等的规定，由违法行为发生地人民银行行使行政处罚职权。

第二节 中立评估意见：客户入金投资亏损时，金融机构应否承担责任

关于消费者方某与某银行
支付通道投资受骗并造成损失投诉纠纷的评估书

方某（以下简称"消费者"）于2018年1月通过人行12363投诉，称其通过某银行微信支付订单投资受损，要求某银行退还投资款36500元人民币。后分别于2018年1月19日、2月9日向银行出具书面《撤销声明书》《撤诉声明书》、声称其已与支付合作商取得联系协商赔付、撤销对银行的投诉。之后，客户继续向某银行总行及人行投诉。

2018年7月2日，中国人民银行上海总部金融消费权益保护部投诉调查处委托上海市金融消费纠纷调解中心对本次纠纷进行中立评估。上海市金融消费纠纷调解中心受理此评估后，特邀中心中立评估专家对本纠纷开展评估，现将评估结果提供给当事双方，供参考。

一、当事双方

消费者：方某
银行：某银行

第十章 网络支付侵权行为地及其行政处罚管辖地分析

二、当事人陈述及证据

（一）当事人陈述及主张

方某（身份证号 371421×××××××××××）陈述：2018 年 3 月，其通过银行支付通道向 R（微信公众号）进行入金投资 44 笔，金额共计 36500 元。后来发现是一家骗子公司且造成资金受损，为此投诉某银行。

消费者诉求：

1. 要求某银行退还其投资款 36500 元；

2. 消费者认为某银行总行包庇其分行，要求银行对其投诉尽快处理。

银行陈述事实：

1. 某银行未与"R"（微信公众号）平台开展支付及资金结算业务【此节未见客户表述，见银行的《情况说明》及工单记录】。

2. 方某投诉发生业务的时间为 2018 年 3 月，银行根据支付订单查询，业务发生时间在 2017 年 7 月 4 日至 7 月 26 日，系消费者手机自主发起微信支付，收单商户为 A 超市、B 商贸有限公司、C 汽车快修服务部、D 服装店。四商户系银行支付通道外包服务合作机构"E 网络科技有限公司"拓展上线、接入微信支付系统。

3. 银行发现消费者投诉涉及的商户存在疑似违规交易，在 2017 年 10 月底前（签订合同有效期为 2017 年 6 月 6 日至 2018 年 6 月）已将商户全部清退并停止了合作。

4. 接到投诉，银行及时进行了调查及处理，不存在不作为或包庇情况。

银行处理意见：（1）不同意消费者的退还要求。（2）对投诉已作出处理，不存在包庇及不作为。(3) 出于做好服务的原则，继续敦促外包服务机构积极配合寻找商户，协助解决纠纷。

银行陈述理由：

1. 银行提供的是支付通道即人民币支付及结算服务，不开展也不担保实体业务；2. 消费者自主选择及确定是否开展实体业务，决定后下订单及发起支付业务；3. 银行接到投诉，积极联系外包服务机构及商户，与消费者沟通协商，不存在包庇或不作为情形；4. 银行因于2017年10月停止与商户合作，目前暂未联系上商户，但愿意继续敦促外包服务机构积极配合寻找商户，协助消费者解决纠纷。

(二) 证据

消费者：未提供陈述及材料，现有陈述系投诉来电时的记载及银行的情况说明。

银行：为支持其主张，提供了如下证据材料：

证据1：方某手持身份证及《撤销声明书》的截屏视图。

证据2：2018年1月19日方某《撤销声明书》及2018年2月9日《撤诉声明书》，证明方某承诺已经与合作支付商取得联系并协商赔付，撤销对某银行的投诉；投诉已得到妥善处理，不再发表维权言论。

证据3：2017年6月6日银行与E网络科技有限公司签订的《某银行微信支付渠道合作协议》（以下简称《合作协议》），证明E网络科技有限公司为银行移动支付云服务的渠道合作伙伴，银行为乙方拓展的符合要求的商户提供移动支付云服务和资金清算业务；作为甲方仅是执行商户在微信等相关平台生成的交易信息和指令,由此产生的一切风险、争议和责任均由乙方承担;乙方负责拓展商户及商户接入后的本地运营服务、负责拓展的商户或其他主体的业务及之间纠纷的处理。

证据4:方某订单支付的四家实体商户,即:A超市、B商贸有限公司、C汽车快修服务部、D服装店。

三、案件情况

方某投诉案情:

2018年3月,其通过银行支付通道向R(微信公众号)进行入金投资,订单号等共计44笔,金额36500元。后来发现是一家骗子公司且造成资金损失。经查:银行从未与R进行过业务合作,消费者业务发生在2017年7月4日到7月26日。如果按照客户投诉,或许发生多笔业务而张冠李戴,本次投诉应属不实投诉。

根据银行核查案情:

方某于2017年7月4日至7月26日,通过手机微信支付方式向E网络科技有限公司拓展接入的1家商户支付货款或投资款(通过前期调解沟通,消费者无法确认交易是属于支付货款或投资转账,故交易的具体性质不详)44笔,共计36500元,方某未能收到对应的货物或收回投资本息,故于2018年1月向某银行进行投诉。银行调查订单情况并与方某沟通情况后,方某两次出具书面撤销声明书,因事情未能解决,遂继续投诉。

四、本案争议焦点

1. 某银行对方某支付款是否具有退还或赔偿责任。
2. 某银行是否存在包庇、不作为行为。

五、评估意见

综合本案材料,依据我国法律规定,出具以下评估意见:

(一) 某银行深圳银行不具有退还或赔偿责任

1. 承担退还或赔偿责任的前提是负有法律义务,银行在本案中仅提供支付云服务及资金结算,并不开展及负责实体业务。在与E网络科技有限公司的《合作协议》中也有清楚的约定与划分。

2. 作为开展实体业务的4家商户,其经营资质及提供的商品或服务,符合合同关系特征,故该商户向消费者提供符合合同及质量要求的商品或者服务,既是合同义务也是法律责任。未能交付货物或服务,商户应向方某承担退还或赔偿损失的责任。

3. E网络科技有限公司作为微信支付渠道合作商,在《合作协议》中向某银行承诺负责处理其拓展商户与其他主体之间的纠纷(是否对商户提供商品或服务向消费者提供连带责任不详),对方某投资的损失至少负有协调处理的责任。

4. 考虑到方某维权的实际难度及银行常规在合同终止满一年退还保证金的惯例,可继续敦促外包服务机构寻找商户,协助解决消费者的损失问题。

(二) 银行是否存在包庇及不作为问题

从消费者2018年1月19日、2月9日的撤销声明书及银行调取的微信支付单、收单商户的调查等材料看,银行针对投诉进行了调查及核实,并给予意见,不存在不作为及包庇状况。只是问题未能得到解决,消费者存在不满意见。

六、评估结论

1. 某银行不具有退还或赔偿消费者损失的法律责任;
2. 某银行不存在包庇下属或不作为的行为;
3. 建议银行继续敦促外包服务商联系收单商户,协助消费者挽回损失。

第十一章　金融消费纠纷投诉处理机制理论与实践

第一节　金融消费纠纷投诉处理机制的构建

金融消费者投诉处理机制是金融消费权益保护体系中最基础也是最核心的部分。无救济就无权利,当消费者权利受到侵害时,存在高效、经济、可得的救济渠道,这个权利保护机制才是有效的。20国集团《金融消费者保护的高级原则》要求：各国应当建立开放、可负担、独立、公平、及时、高效的金融消费者投诉处理和赔偿机制。世界银行发布的《金融消费者保护的良好经验》指出,应当为消费者提供经济、有效、权威和专业合适并匹配充足资源的独立第三方纠纷解决机制。例如独立的金融申诉专员机构,或一个具有类似效率和执行力的机构。这个机构的行为应当是公正的,并独立于指派它的机构、业界和涉及投诉的金融机构,同时也独立于任何消费者和消费者组织。该机构或类似机构作出的决定对金融机构应当具有约束力。金融消费投诉处理可分为金融机构内部处理程序和金融机构外部投诉处理,本文讨论的是金融机构外部投诉处理机制。

第十一章　金融消费纠纷投诉处理机制理论与实践

(一) 我国金融消费纠纷外部投诉处理的主要渠道

当金融消费者与金融机构产生纠纷时，我国现行的纠纷解决机制主要包括金融机构内部处理、向金融监管部门投诉、仲裁或诉讼等。这些机制在一定程度上解决了涉及消费者切身利益的一些实际问题，有效防范和化解了大量因纠纷所产生的不稳定因素，但在实践中仍暴露出不少弊端。一是金融机构作为当事人之一，一旦自身利益与消费者权益产生冲突，其既充当运动员又充当裁判员的缺点，难以让消费者真正信服，且必然存在部分金融消费纠纷无法通过金融机构内部处理机制解决。二是通过商事仲裁或诉讼方式解决金融纠纷的周期长、成本高，再加上作为个体的金融消费者举证能力有限，仲裁或诉讼失败的风险较高，消费者权益难以真正得到保护。特别是现有的商事仲裁模式，无法快速、高效地解决以"大批量、小金额"为特点的金融消费纠纷。商事仲裁机构的仲裁员都是兼职，即在本职工作之外，利用业余时间从事纠纷仲裁，从业时间不可控；商事仲裁机构的仲裁员均为资深专家，需要仲裁机构支付较高的办案薪酬。而金融消费纠纷大多数争议金额在万元以下，多为几百元、几千元，商事仲裁机构受理此类案件获得的收入无法覆盖办案成本，因此商事仲裁机构对办理金融消费纠纷案件没有积极性。

目前，向金融监管机关投诉，是金融消费者处理消费纠纷的主要选择。近年来，"一行两会"都在完善投诉处理机制上进行了探索和实践。

1. 中国人民银行的金融消费纠纷投诉处理机制

2013年发布的《中国人民银行金融消费权益保护工作管理办法（试行）》规定，人民银行受理的范围包括两大类：（1）中国人民银行法定职责范围内的金融消费者投诉；（2）涉及跨市场、跨行业交叉性金融产品和服务的金融消费者投诉。

2013年，人民银行选择在上海、湖北、广东、江苏和陕西五省（市）以不同模式试点开通"12363金融消费权益保护投诉咨询电话"，作为人民银行受理金融消费者咨询和投诉，加强金融消费权益保护的重要平台和渠道。由于试点受到广大消费者的欢迎，2013年10月在全国范围内推广12363电话。随着2014年12月30日北京地区12363电话的开通，实现了12363电话在全国31个省市的全面覆盖。12363电话由人民银行金融消费权益保护部门负责运行管理。

为了公正、高效地处理好金融消费者的投诉，人民银行本着"稳妥起步、不断完善、先试点后推广"的原则，2013年起，在上海、广东、陕西、黑龙江等省（市）进行了省（市）级金融消费纠纷调解组织建设试点，在山东、广东省进行了地（市）级调解组织建设试点。2017年底，金融消费纠纷调解组织建设在全国全面铺开各试点地区结合实际，推动调解组织建设，取得了一定成效。

各试点地区结合当地实际，探索不同模式的金融消费纠纷非诉第三方调解组织构建途径，主要包括以下两类：一是采用民办非企业（法人）模式，成立在民政部门注册登记的独立性、专业化的调解组织，如2014年和2015年分别设立的上海市金融消费纠纷调解中心和陕西金融消费纠纷调解中心；二是在金融消费权益保护协会等社会团体（行业协会）内部设立调解机构，如黑龙江金融消费权益保护协会设立的金融纠纷调解仲裁中心和广东金融消费权益保护联合会设立的广州金融消费纠纷调处中心。

人民银行济南分行在山东省内各地（市）、县组建金融消费权益保护协会，建立了17家地（市）级协会、56家独立县级协会、

第十一章 金融消费纠纷投诉处理机制理论与实践

14家地（市）协会分会或办事处，于2014年9月底实现协会业务在地（市）、县的全面覆盖。各协会是经地方民政部门登记注册的公益性社会团体法人。协会开展非诉第三方调解，主要是由下设的金融消费纠纷调处中心进行。

在广东省，在人民银行广州分行推动下，依托各地金融消费权益保护社会组织平台，在广州、惠州等10个地（市）金融消费权益保护联合会（协会）内设立金融纠纷调解（调处）中心，其中阳江、梅州等地金融纠纷调解中心还加挂"金融消费纠纷人民调解委员会"牌子。

2017年11月，人民银行在全国全面开展金融消费纠纷非诉第三方解决机制建设，要求各地因地制宜，自主选择适当的模式，稳妥、有序推进，建立与12363电话接听模式相匹配，与投诉处理相适应的ADR机制。2018年以来，福建、海南、贵州、湖南省级金融消费权益保护协会（联合会）挂牌成立。山西、广西、河南省级金融消费权益保护协会，天津、湖北金融消费纠纷调解中心获得民政部门名称核准。江苏省南京、无锡、南通、扬州、宿辽等5家地市级金融消费权益保护协会成立。安徽、云南、重庆、内蒙古、吉林、新疆、山东等省（区、市）也在积极推进省级金融消费权益保护协会的筹建。

2. 中国银监会的金融消费纠纷投诉处理机制

银监会及其派出机构的信访电话为本级消费者投诉受理处理电话。36家银监局的消费者投诉电话设置不尽相同。大部分银监局由办公室的信访投诉电话受理金融消费者投诉，个别银监局开设了专门的消费者投诉热线电话，如北京、深圳、重庆、四川等地银监局依托行业内的社会组织开通了银行业消费者投诉热线。在地（市）一级，各银监分局办公室的电话受理消费者投诉。银监会及下设的三级机构同时也接收来信和来访的投诉。2018年银、保监会合并后，原保监会的12378电话也开始受理银行业的消费者投诉。

在银行业，银行业监督管理委员会在北京、上海、重庆、深圳、湖北、辽宁、浙江等地进行了银行业投诉纠纷调解的试点。各试点银监局的第三方调解机制，一是采用依托银行业组织模式，如2017年1月设立北京秉正银行业消费者权益保护促进中心、2016年5月设立上海银行业纠纷调解中心，2015年11月设立重庆银行业消费者投诉纠纷调解中心；二是采用权益保护类社会团体模式，如深圳成立"深圳市银行业消费者权益保护促进会"。

3. 中国证监会的投资者投诉处理机制

证监会于2013年9月开通了"12386中国证监会热线"，热线由中国证券投诉者保护基金有限公司负责具体建设和运行管理。在北京设立了统一的呼叫中心。

12386热线受理证券期货市场投资者投诉、咨询和建议等。不受理信访和举报。热线同时承接中国证监会网站"我要留言"和"给主席写信"栏目以及中国证券投资者保护基金网站"投资者呼叫"栏目的投资者咨询、建议及投诉事项。

在证券期货业，目前存在4种形式的调解组织处理投诉纠纷：一是行业协会设立调解组织开展调解，如中国证券业协会设立了调解中心；二是证监会设立的专门机构从事调解，如2014年8月成立了中证中小投资者服务中心有限责任公司，其主要职责就是提供证券期货纠纷调解服务；三是成立事业单位性质的调解组织，如深圳证监局和深圳国际仲裁院共同发起，深圳国际仲裁院、深圳证券交易所、深圳市证券业协会、深圳市期货同业协会、深圳市投资基金同业公会和前海股权交易中心联合设立了深圳证券期货业纠纷调解中心，该中心登记为公益性事业单位法人；四是通过人民调解委员会形式开展调解,主要是依托各地方证券业协会调解组织成立证券业纠纷人民调解委员会。

4. 中国保监会的消费者投诉处理机制

保监会主要通过"来信、来访、电话、网络"四种途径受理保险消费者的投诉和咨询。其中,12378投诉热线电话的受理量占比在90%以上。保监会在其官方网站上开通了网上投诉渠道,但受理投诉量不大。

保监会于2012年4月开通"12378保险消费者投诉维权热线",在北京设立了热线呼叫总中心,受理消费者对保险公司法人机构的投诉和对保险公司、保险资产管理公司法人机构及其从业人员保险违法违规行为的举报。各地保监局设立12378热线的呼叫分中心,受理对辖区保险公司分支机构、保险中介机构的投诉和对辖区保险公司分支机构、保险中介机构及其从业人员保险违法违规行为的举报。保监会还整合了信访、内部举报和纪检等部分职能,由12378热线承担。

保监会还在探索深化"属地受理、属地处理"模式,将投诉更多地交由属地受理和处理。

在保险业,保监会自2005年开始在上海、安徽和山东等省市探索建立纠纷投诉的非诉讼快速处理机制。2007年,保监会出台了《关于推进保险合同纠纷快速处理机制试点工作的指导意见》,明确了保险纠纷调解工作原则、机构建设、受案条件和工作程序,要求各保监局在辖区内有条件的地区依托保险业协会试点建立调处机制。2012年保监会要求各保监局所在城市均要建立调处机制,并与最高法院联合下发了《关于在全国部分地区开展建立保险纠纷诉讼与调解对接机制试点工作的通知》,在31个保监局辖区试点建立保险纠纷诉调对接机制。截至2015年底,在全国共建立保险纠纷投诉调解机构 379 个。

(二) 我国金融消费领域投诉处理机制的特点和存在的主要问题

金融消费纠纷外部投诉处理主要由金融监管机关负责，但也开始探索由专业机构处理的方式。目前，12363、12386、12378 等金融领域的投诉电话大多由"一行两会"的金融消费权益保护部门负责运行管理。投诉处理的方式主要是转金融机构，监管部门负责督办。投诉处理上存在结果导向的弊端，即注重纠纷的了结，不关注处理的程序和手段。金融机构为了应对监管部门的考核，有时对投诉人会采取息事宁人、花钱买太平的现象。

"一行三会"也开始探索专业投诉机构处理纠纷，推动设立了上海市金融消费纠纷调解中心、中证中小投资者服务中心等投诉处理机构。

投诉处理的机构存在散、乱、小的现象。目前，"一行两会"都在进行投诉纠纷的调解组织试点，在分业监管的大背景下，由于缺乏协调和统一规划，调解组织设立较为散乱，一些地方存在多个调解组织，业务和功能重叠，一些地区存在空白；大多数设立在地市和县的调解组织基本没有或只有零星的调解业务。在金融业混业经营、金融产品交叉渗透的情形下，金融消费者很难分清和选择对应的投诉处理机构。

沿用传统的人民调解模式，解决效率不高。现有的调解组织大多沿用传统的人民调解关于婚姻家庭矛盾的调解模式，在调解员主持下，由纠纷当事人面对面地磋商、沟通，调解程序由当事人主导，过程冗长，一旦个别当事人不能理性主张自身权利，不愿妥协时，往往使调解劳而无功。最高法院的司法解释，调解协议相当于民事合同，达成调解协议后，如一方违约，另一方当事人不能直接申请强制执行，只能向人民法院起诉，要求人民法院根据协议的约定作出生效裁判来赋予强制执行力。但在法院审理中，原有调解协议只能起到证据效力，且还会遇到利益相关方提出无效、可变更或可撤销的抗辩，不具有稳定性和拘束力。

没有引入裁断机制，无法做到定分止争。现有的调解组织，调解员的作用主要是解释、劝解，纠纷能否和解，取决于当事人是否愿意妥协。调解协议的达成必须是纠纷各方当事人都接受协议的内容，如果纠纷当事人之间分歧较大，或者某一方当事人坚持不合理的诉求，则无法达成调解协议，从而无法定分止争、解决矛盾和纠纷。

调解员在程序中处于被动状态，没有就纠纷提出解决方案的裁断权。这与国际主流的金融纠纷调解机构由调解员主导提出解决方案的模式明显不同。

投诉处理只覆盖了正规金融，类金融纠纷被排斥在外。由监管部门建立的投诉处理机构往往只受理和处理金融消费者与监管对象的纠纷投诉，而大量的影子银行、类金融业务发生的纠纷不被受理。

(三) 域外金融消费纠纷投诉专业机构

目前，国际上的主要经济体，大多建立了处理金融消费纠纷投诉的专业机构。这些机构因具备专业性、独立性、中立性等特点，贯彻公平、合理、专业、及时、经济、便捷的金融纠纷处理理念，在解决金融消费纠纷中发挥了重要作用。

2013年2月至5月，世界银行与国际金融消费权益保护组织就全球金融消费权益保护和金融消费者教育开展了调查。共有114个国家参与。在114个国家中，73%的国家要求金融机构建立机构内部的消费者投诉处理流程。为监控金融机构的投诉处理，监管当局收集金融机构受理和解决投诉的统计数据，从中发现特定机构或产品存在的问题。

75%的国家已建立第三方投诉处理机构（即消费者和金融机构之外的第三方），当金融消费纠纷无法通过金融机构内部程序解决时，由这些机构来受理和处理金融消费者的投诉。这些机构可分为三类，一是独立的法定机构；二是监管当局内设的机构或功能；三是由行业协会或其成员建立的基于行业的机构。

总体上，大约一半国家的第三方投诉受理和纠纷解决机制有权做出具有约束力的裁决，其中独立的金融申诉专员制度占比（63%）略高于基于行业的金融申诉专员制度（41%）。

1. 专业的法定机构受理和处理投诉，且能作出具有约束力的裁决——英国金融申诉专员服务公司（FOS）

英国金融行为监管局（FCA）是英国担负金融消费权益保护职责的行政机关。但其本身也受理消费者投诉。金融消费投诉由专门的机构——英国金融申诉专员服务公司（FOS）受理和处理。

FOS是在合并了英国金融服务领域各个金融申诉专员机构基础上，于2001年成立的。根据《2000年金融服务与市场法》和《2006年消费者信用法》获得权力。FOS直接向FCA负责。FOS受理争议的范围涵盖了所有的金融消费争议，包括银行、证券、保险、信托等行业。FOS受理的消费者包括个人、年营业收入不超过100万欧元的公司或公益团体以及净资产不超过100万欧元的信托。

FOS的争议处理流程具体如下：第一步，FOS要求申请人在申请争议处理之前，应该向金融机构投诉，否则不予受理。第二步，FOS的裁决员受理争议申请。裁决员接手案件后，将根据案情居间调解并提出非正式的解决建议，促使双方当事人达成和解。一般情况下，50%会达成和解。无法达成调解协议时，裁决员就案件作出初步决定。通常，裁决员会在初步决定中确定赔偿数额，双方当事人均接受时，投诉处理完毕。否则，任何一方均可要求将案件提交申诉专员作出最终裁定。这种情况非常少见，通常提交申诉专员处理的投诉案件占比低于10%。第三步，如果争议双方任何一方对裁决不满意，可向申诉专员申请复核。申诉专员作出的裁定为最终裁定，对金融机构具有单方面的约束力。如果消费者不满意，则仍可通过诉讼或者其他手段解决争议。

从运行效果看，据统计，第一阶段中接到的投诉如转给金融机构，约6/7能得到较好解决；第二阶段中通过"裁决员"制度，对投诉的消费者和被投诉机构进行调解，在这一阶段能解决约80%的问题；真正需要申诉专员团队最后进行裁定的案例非常少。2014至2015财年，FOS共受理了1786973件初始咨询和投诉，FOS解决了448387起投诉。

2. 行业组织负责受理和处理金融消费投诉的代表——日本金融纠纷非诉解决机制（Financial Alternative Dispute Resolution System ADR）

2008年，日本对《金融商品交易法》《银行法》《保险业法》等16部法律进行修改，明确规定在银行、证券、保险等行业实行ADR机制。ADR机制的理念是公正中立、简易迅速低成本、高透明度并保证实效性。ADR机制主要是通过金融行业建立投诉处理和争议解决机构的方式设立的。具体来说，第一，金融各个行业的行政主管机关接受本行业内具备相应资质机构的申请，并对其审查，审查通过后指定其成为投诉处理和争议解决机构。因此，在日本，金融各个行业的投诉处理和争议解决机构可能有多个。在投诉处理和争议解决机构的人员组成方面，《金融商品交易法》要求争议解决机构必须包含一名律师和一名消费者专家，这一规定是为了保证 ADR 机制的公正中立。第二，金融各行业的金融机构必须与本行业内的至少一家投诉处理和争议解决机构签订基本契约，并需要将自己签订的投诉处理和争议解决机构告知消费者。金融机构需向选择的投诉处理和争议解决机构缴纳会费，争议解决机构的另一部分收费来源于使用者或金融机构在使用该制度时缴纳的费用，这一部分费用只占据了投诉处理机构收费的很少一部分。第三，当金融消费者与金融机构产生争议后，消费者可以向金融机构签订的投诉处理和争议解决机构投诉。消费者也可以选择其他途径来解决相关争议。在日本，争议分为两类，一类是苦情（即投诉），一类是纠纷，纠纷主要是指没有得到解决的苦情，或者是消费者直接提出纠纷申请。第四，对于苦情申请，投诉处理机构在收到相关申请后，将申请的详细资料转交给相关的金融机构，金融机构提出苦情解决方案，如果消费者满意，则争议解决程序结束。对于纠纷申请，投诉处理机构需要选任争议解决委员，并宣布争议解决程序。最终依据争议性质、当事人意向等对相关争议做出和解方案或特别调停方案。

3. 国际主流金融消费纠纷投诉处理机制的特点

（1）独立性。投诉处理机构为消费者和金融机构外的第三方，一般也独立于监管部门。投诉机构的独立性使其可以公平、公正地处理争议，不会出现偏袒金融机构的情形，有助于保护金融消费者的权益。同时，争议投诉处理机构与监管当局也保持了一定的独立。虽然争议投诉处理机构受监管当局监督，但是监管当局不能直接插手争议处理机构的业务和运作。

（2）综合性。国际主要经济体的金融投诉纠纷处理机构近年来出现了由分业向综合的横向整合的趋势。如英国 FOS 就是在 2001

年整合了金融服务各行业的申诉专员机构后成立的。澳大利亚 FOS 也是受理整个金融领域的金融消费者投诉。我国台湾地区的金融评议中心、香港金融纠纷调解中心都是如此。

（3）组织的非营利性。争议处理机构作为非营利性组织，保证了这些机构可以不受利益的驱使从而做出公平、公开、公正的裁决意见。同时，非营利性组织以服务公众为宗旨，使得更多的消费者愿意选择争议处理机构来维护自身的权益。

（4）专业的争议处理队伍。专业是指争议处理队伍要具备相关争议的专业知识，从而可以做出正确的评判意见，而且也要求投诉处理人员要独立于行业。有的国家规定，这些人员如果曾从事金融业，则必须在离开金融业3至5年后才能担任申诉专员。

（5）对金融消费者实行适度的倾斜保护。相对于金融机构，金融消费者处于弱势地位，因此，争议处理机制需要向金融消费者倾斜保护。主要包括两个方面：一是收费，一般而言不向消费者收费；二是金融消费者可以选择接受或是拒绝争议处理的结果。但金融机构没有选择权。

（6）调解和裁决相结合的处理机制。争议处理机构都会先进行调解，当消费者对调解结果不满意后，将进行裁决，如果消费者接受裁决结果，裁决具有法律约束力。争议处理过程中注重调解，目的是希望消费者和金融机构能够和谐地解决争议，而非对抗式地解决争议，使得消费者在争议解决后依然可以选择该金融机构的服务，同时也很好地保护了金融机构的声誉。

（7）主要采用书面审理的纠纷处理方式。由于这些投诉处理机构受理的大多是小额纠纷，案情简单，法律关系清晰，因此，在争议处理程序上，大多采用书面审理，书面调解和裁决的机制，一般不组织当事人面对面地调解。

(8) 调解的进程由调解员或裁决员主导。无论是调解环节还是裁决环节，争议的解决方案一般都由调解员或申诉专员根据案情提出。

第二节　我国金融消费纠纷外部投诉处理机制的发展方向

（一）设立独立于行政监管机关的专业金融纠纷投诉处理机构

由于行政资源的相对有限和投诉处理的专业性，由行政机关主持金融纠纷的投诉处理并不是最佳的选择。设立独立于行政监管机关的专业投诉处理机构，由其负责金融消费纠纷投诉处理工作，可以使监管部门从具体的纠纷处理事务中解脱出来，专注于政策的制定和监督落实。同时，设立专门的投诉处理机构，强化其独立、专业的特色，为金融消费者提供一条经济、便利的纠纷解决渠道，帮助其更好、更快地维护自身的合法权益，从而有效润滑金融机构与消费者的关系，营造和谐稳定的金融法治环境。独立的金融消费纠纷投诉处理机构是目前世界主要经济体的普遍选择。

（二）对各分专业的投诉处理机构横向整合，构建"投诉—调解—裁决"一站式争议解决机制

国际上现有运行效果较好的金融消费纠纷外部投诉处理，基本上都采用"调解+裁决"结合的模式，调解可以给纠纷当事人提供不伤和气地解决纠纷的选择。裁决机制可以让纠纷当事人理性地主张自己的权利，避免久调不决。

在受理范围上，这些机构大多采用一个口受理各类纠纷，机构内部分设专业处理团队的方式。这可以帮助消费者在金融商品（服务）日益复杂、互相渗透的背景下，正确认识金融商品服务专业分类。如英国金融申诉专员服务公司、澳大利亚金融申诉专员服务机构、新加坡金融争议解决中心、我国台湾地区的金融纠纷评议中心和香港金融纠纷调解中心都是如此。

建议我国横向整合各监管机关、各专业调解组织的投诉处理力量，成立一个综合性的金融业消费者投诉处理专业机构。在收到金融消费者投诉后，投诉处理机构应先审查是否已经过金融机构处理，未经金融机构处理的，先转由金融机构处理。对金融机构处理不满意的，进行管辖权审查，然后决定是否受理该投诉。对于受理的投诉案件，先移交给调解员调解。在调解员接手案件后，将根据案情居间调解并提出解决纠纷的建议，促使双方当事人达成和解。双方当事人均接受时，投诉处理完毕。在未能达成调解协议的情况，任何一方当事人均可要求进入裁决程序，在目前尚无相关立法的情况下，裁决员的裁决相当于专家建议。双方当事人均接受的，可以据此签订和解协议，有一方拒绝的，则作为专家建议供当事人参考。但投诉处理机构将不再受理消费者针对此纠纷的再次投诉。

建议我国立法机关参照国际上的立法实践，尽快立法，赋予投诉处理机关裁决的法律效力。以增强争议处理的公信力。

（三）建立"线上争议解决"和"线下争议解决"相结合，以线上为主的争议解决平台，解决投诉渠道的可得性

我国幅员辽阔，各地社会经济发展和金融活跃度不尽相同。层层设立投诉处理机构既不经济，也无必要。建议人民银行会同"两会"和国家有关部门，先在上海建立中国金融争议投诉处理中心，再在经济金融活跃地区中心城市视情况设立分中心。同时，依托互

联网建立在线纠纷投诉处理平台,覆盖全国。解决广大金融消费者投诉渠道的可得性。

(四)构建以"书面调解"为主,"现场调解"为辅的调解方式

金融消费纠纷大多案情简单、涉及的争议金额小,没有必要采取面对面、对抗式的处理方式。国际经验多是采用简易程序,书面审理。我们也应采用这一方式,在畅通当事人提供证据渠道的前提下,采用调解员、裁决员主导、书面审理的方式。真正贯彻"公正、高效、便民、经济"的原则,适应金融消费纠纷"高发、小金额"的特点。

(五)建立常任制的调解员、裁决员队伍

一个纠纷解决机构的生命力和公信力建立在公正高效的争议解决能力上,其核心是有一支具备良好职业操守、丰富专业知识的专业人员队伍。如英国的FOS,拥有2000多名裁决员,306名申诉专员,且均为全职在岗。我国目前的调解、仲裁组织采用兼职方式的调解员、仲裁员队伍,不适应金融消费纠纷量大、高发、案值小的特点,因此,金融消费纠纷投诉处理机构应建立专职的调解员、裁决员队伍以提高办案的专业水准和效率。

(六)由行业提供运行经费,解决消费者的经济负担

英国FOS不向投诉人消费者收取任何投诉费用。FOS经费并非由政府拨款,来源主要分为两部分,一是金融机构所缴纳年费。根据金融机构的大小和类别不同,年费从100英镑到30万英镑不等。二是案件收费。个案收费标准为550英镑/件(第26件案件起开始收费),涉及支付保护保险投诉的,加收补充案件费350英镑/件

(第 26 件案件起开始收费)。案件费一般在结案后收取,且不论案件处理结果对哪一方有利,均由被投诉金融机构支付。我国台湾地区的金融消费评议中心,金融消费者提起投诉、申请评议,也无须支付任何费用,台湾地区金融消费评议中心依据"金融消费争议处理机构设立及管理办法"按照成员机构的规模和营业额征收运行费用。评议中心每年编制运行费用预算,总额以中国台湾金融服务业前一年营业收入的万分之零点八为上限。其中 5/8 为年费,按各金融机构前一年度营业收入占台湾金融服务业营业收入的比例分摊;3/8 为服务费,按各金融机构前一年度各种属性争议案件数乘以该案件属性所对应权重加总之后的数额,占全台金融服务业前一年度各种属性争议案件数乘以该案件属性所对应的权重加总之后数额的比例分摊。

参照这些经验,建议我国的金融消费纠纷投诉处理机构的经费主要由金融机构提供保障。一是向金融机构收取年费。年费依据金融机构的经营规模和消费者权益保护评价结果,确定年费费率。二是案件处理费。案件处理费原则上由金融机构承担,但可以向败诉消费者收取适当费用,以预防有的消费者动辄无埋起诉的道德风险。

第三节 澳大利亚的金融纠纷解决机制

在澳大利亚,两种常见的争议解决机构是法庭(指特别法庭,以下简称"法庭")和申诉专员。

(一)法庭

在很多情况下,法庭是法定的、独立的法律机构,为解决各种争议提供了平台。最新的数字显示，澳大利亚有54个法庭，每年共解决约395000起争议。

澳大利亚有两种主要类型的法庭：行政法庭，处理政府决策产生的纠纷；民事法庭，处理私人事务引起的纠纷。英联邦法庭的管辖权受澳大利亚宪法第三章的限制，因为司法权是属于法院的。英联邦法庭是有行政管辖权的，但不具有一般的民事管辖权。国家和地区法庭可以兼有行政管辖权和民事管辖权。

与法院一样，法庭必须保持公正；与政府部门脱节；有明确的管辖权；接受索赔或申请；按照正当程序确定索赔；运用相关法律作出合理的决定；并作出最终命令。但是，法院与法庭之间的一个主要区别是：法庭不能制定具有约束力的判例，也不能适用于刑事处罚。

从目的来看，也可以区分法院和法庭。法庭的目的是提供与法院相比更不正式的快速、经济和廉价的司法。他们可以提供案例分析并采用替代性争议解决方法，从而减少了对法律代理和讼费裁决的需求。

虽然在澳大利亚的替代性争议解决框架中，法庭有一定的地位，但与申诉专员制度（下文讨论）相比，法庭存在以下特征：

• 更难接触；可能存在一些使用的相关费用；可能需要填写书面申请表格（与在线申请或电话申请相比）；

• 具有较少的灵活性和动态性；与申诉专员制度里的审问方式相比，他们更像法院的运作，并被指控为"蔓延的法条主义"。如果受到法规管辖，法庭对动态环境的演变和响应可能会比较缓慢，需要立法改变或政府介入以应对行业变化或运营改革；

• 可以运用"公认的基本法律原则"来进行决策：与申诉专员制度相反，这种争议解决方法是建立在更广泛的基础之上的，包括良好的行业惯例和行业准则；

● 专注于对个人纠纷作出决策，而不是更广泛地改进行业惯例（即，没有识别或解决系统性问题的功能）或进行社区外展或利益相关者参与。

（二）申诉专员制度

申诉专员制度是一个独立的组织，主要是接受投诉并进行调查以解决这些投诉。他们有权对自己的动议进行调查。他们还可以在与社会和行业接触过程中发挥更广泛的作用，以提高司法救助度和行业标准。

申诉专员制度主要有两种类型：行业申诉专员制度，处理消费者和服务提供者之间的争端；政府申诉专员制度，处理有关政府机构行为和决策的争议。

澳大利亚经济体系中，有很多行业都有申诉专员。金融体系中有金融申诉专员服务公司（FOS）和信贷和投资申诉专员（CIO）。在电信行业，电信行业申诉专员（TIO）覆盖了全国范围，而公用事业部门有各种各样的州申诉专员，其中包括维多利亚州的能源和水资源监察署（EWOV）和昆士兰州能源和水监察署（EWOQ）。有关TIO、EWOV和EWOQ的更多信息可在附录1中找到。

根据澳大利亚和新西兰申诉专员协会（ANZOA）的说法，申诉专员必须满足以下六项要求：

申诉专员制度的基本特征：

（1）独立性

申诉专员必须以非营利组织为基础，且独立于被调查的组织。

被任命为申诉专员的人员必须按固定任期任命，不能从事于其他机构，也不得成为特殊利益集团、机构或公司的代言人。申诉专员必须无条件地就公司调查结果和引起投诉的问题发表公开报告和声明。申诉专员组织必须以非营利性的方式运作。

（2）司法管辖权

申诉专员的管辖权应在立法或设立办事处的文件中明确界定。管辖权一般应适用于申诉专员管辖范围内组织的行政行为或服务。申诉专员应决定一件事是否属于管辖权范围内仅由法院相反的裁决决定。

（3）权利

申诉专员必须有权调查如下事情：调查管辖范围内的组织是否公正合理地行事；处理系统性问题或展开自己的动议调查；获取信息或检查与投诉有关的组织的记录；酌情决定选择处理投诉的程序，包括使用调解和其他争议解决程序。

（4）易接触性

一个人必须能够直接与申诉专员办公室联系。申诉专员必须决定是否调查投诉。申诉专员对申诉进行调查时，不得向申诉人收费。除非申诉专员公开公布调查细节的合理理由，例如年度报告或其他公益诉讼理由，否则申诉通常是私下调查的。

（5）程序公正

申诉专员调查工作的程序必须体现对程序公正的基本要求的承诺：申诉人，组织投诉和任何直接受到申诉专员的决定或建议不利影响的人员，或者由申诉专员在报告中批评的人员必须有机会在调查结束前作出回应。申诉专员和工作人员的行为不得引起对偏袒、偏见或预判的合理理解。申诉专员必须提供任何决定的理由，向申诉人和申诉主体所在组织寻求或建议。

（6）问责制

必须要求申诉专员公布关于办公室工作的年度报告。如果是议会申诉专员,就必须对议会负责;如果是行业申诉专员,需要对独立的行业委员会和消费者代表负责。

(三) 申诉专员制度和司法救助

申诉专员制度为原告提供了一种替代性方案。通过提供申诉机制来解决低价值纠纷,申诉专员可以按比例方式处理较小的问题,并可以防止他们演变成更大的问题。申诉专员还可以通过帮助投诉人在与大公司打交道时维护他们的权利的方式,来克服权利不平等问题。

传统的法院制度依赖于律师、证据和具体的程序,这些程序对消费者来说可能是复杂的。申诉专员制度的好处是,他们向申诉人提供一个相对简单的过程,由申诉专员牵头,不再需要正式法律代表。此外,申诉专员不再限于解决法律问题;相反,他们要考虑范围更广泛的因素。

如果一个行业存在的问题影响到多个消费者,并且收到了一些关于特定问题的类似投诉,则中诉专员有权进行调查以确定系统性问题。一旦确定并调查了这些问题,申诉专员服务部门就可以提醒利益相关者和监管机构并协助解决问题。这种方法比诉讼更具成本效益,并有可能通过促进良好的行业实践为消费者提供好的结果。

申诉专员制度也能够通过适应外部环境的变化和创新来提高司法救助。这在金融体系中尤其重要,金融产品的销售类型和消费者购买产品的类型发生了迅速的变化。

利益相关者普遍认为,申诉专员制度是一种有效的争议解决机制,可促进司法救助的概率,减轻司法系统的负担。虽然申诉专员制度有明显的好处,但消费者如果没有充足的认识,则可能妨碍他们充分利用这些服务。

金融消费者投诉处理法理分析与研究

许多国际司法管辖区也存在金融服务部门的申诉专员计划，包括新西兰，英国，新加坡和加拿大。表1包含了对这些机构主要特点的比较。

表1　　　　　　　　各国金融申诉专员服务特征比较

	澳大利亚	新西兰	英国	新加坡	加拿大
多种/单个措施	多种措施	多种措施	金融服务投诉方面是单个措施	单个措施	单个措施
融资模式	行业资助	行业资助	行业资助	主要是行业资助	行业资助
消费者支付金额	免费	免费	免费	消费者在裁决阶段支付50澳元	免费
独立审核频率	至少每五年审核一次	至少每五年审核一次	董事会承诺每三年进行一次评审	每三年①审查一次	频率不定，不同的流程和时间表
法定/非法定	法定和非法定	非法定	法定	非法定	法定和非法定
是否有限制性条款	使用行业计划的消费者不受限制；退休金消费者可以就法律问题提出上诉	消费者不受限制	消费者不受限制	消费者不受限制	双方均不受限制
治理模式	治理模式包括董事会和董事长	治理模式包括董事会和咨询委员会	由董事会管理	由董事会管理	治理模式包括董事会和咨询机构
是否有补偿方案	无	无	有	无	有，但有限制②

---

① 尽管这一点可以由监管机构自行决定，但监管者可以随时要求任何其他类型的审查。
② 加拿大投资者保护基金可以在投资公司成员资不抵债的情况下提供赔偿，并代表客户持有财产。

第十一章　金融消费纠纷投诉处理机制理论与实践

(四) 金融体系中的纠纷处理框架的概述

本章追溯了当前框架的演变，提供了三个现有机构的比较，以及关于 ASIC 监督角色的信息。

1. 目前的框架

澳大利亚金融体系目前的金融纠纷解决框架由政府，澳大利亚证券和投资委员会（ASIC），内部争端解决机构（IDR），外部争议解决机构（EDR）——包括金融申诉专员服务（FOS），信贷和投资申诉专员计划（CIO）和退休金申诉法庭（SCT）以及法院组成，如下所示：

• 政府：负责设定框架，任命 SCT 成员和决定给 SCT 的拨款计划；

• 澳大利亚证券和投资委员会（ASIC）：负责行业监察专员计划的批准和监督，向 SCT 提供工作人员和设施以使 SCT 能够履行其职能；

• 内部争端解决机构（IDR）：要求加入 EDR 计划的公司必须拥有 IDR 流程，必须有退休养老基金；

• 外部争议解决机构（EDR）和投诉安排：如果 IDR 不能解决争议，消费者可以通过 EDR，EDR 对消费者是免费的。目前的方案是：FOS，CIO，SCT；

• 法院：可以通过法院系统寻求追索权。

2. 金融纠纷解决框架的演变

（1）行业申诉专员计划

在澳大利亚，金融纠纷的解决框架是有一定的历史渊源的。政府积极支持建立以行业为基础的计划，认识到 EDR 通过改善行业实践，提供消费者补偿并取消政府干预的必要性，并且这也具有良好的商业意义。消费者权益倡导者在澳大利亚建立纠纷解决机构方面也发挥了作用。消费者群体在20世纪80年代和90年代进行的大规模游说行为为建立有效的争议解决流程创造了巨大的压力。[1] 澳大利亚各行各业，包括银行业，电信，保险，公用事业和投资等，都承认了这种日益增长的消费者压力，并自发地制定了针对行业的纠纷解决计划。在20世纪80年代，争议解决方案由自愿建立的行业监察专员计划组成。

20世纪90年代是金融服务业变革和发展的时期，金融产品，行业整合，技术发展和全球化快速增长。与此同时，监管规定是零散而多样的，导致合规成本增加和竞争机会有限。政府担心法律不能跟上金融服务业的变化步伐。[2]

1996年，金融体系调查委员会（沃利斯委员会）成立，旨在分析推动金融体系变革的力量，并提出改善现有监管环境的方法。

沃利斯委员会建议对所有金融产品实行单一的许可制度。协调许可制度背后的思想是，委托人而不是代理人获得许可，以便委托人承担培训成本，这样可以监督和控制其代理和员工。沃利斯委员会的另一项重要建议是要金融机构成为ASIC认可的EDR计划的强制性成员，并认识到行业提供低成本手段以解决消费者认为金融公司没有履行承诺的纠纷的重要性。[3]

《2001年金融服务改革法案》是对沃利斯委员会建议的立法回应。因此，要取得澳大利亚金融服务执照（AFSL），执照持有人必

---

[1] Neave, C 和 Pinnock, J, 2003年，设置场景：基于行业的客户争议解决计划，向悉尼国家替代性争议解决咨询理事会介绍，第4页。

[2] 澳大利亚财政部，金融产品，服务提供商和市场—综合框架，第56页，2016年11月19日查看，http：//www.archive.treasury.gov.au/documents/196/PDF/round 4.pdf。

[3] 澳大利亚分时度假和度假权益委员会与澳大利亚证券和投资委员会 [2008] AATA 62（2008年1月23日）。

第十一章　金融消费纠纷投诉处理机制理论与实践

须符合规定的一套标准，包括（持牌人向零售客户提供服务）有足够的内部争议解决程序，以及 ASIC 批准的外部争议解决方案/机制的成员资格。

1999 年，ASIC 发布了 EDR 方案的政策指导方针：第 139 条政策声明批准外部投诉解决方案，阐明 ASIC 在考虑是否批准外部争议解决方案时应考虑的事项。

从 2001 年到 2004 年，ASIC 批准了七项计划，其中包括银行业务和金融服务申诉专员有限公司（BFSO）；信贷申诉专员服务有限公司（COSL）；信用社争议解决中心有限公司（CUDRC）；金融合作纠纷解决计划（FCDRS）；金融业投诉服务有限公司（FICS）；保险经纪争议有限公司（IBDL）；保险申诉专员服务有限公司（IOS）。2004 年，ASIC 拒绝批准 EDR 申请新的分时 EDR 计划，该计划随后在行政上诉法庭得到确认。

2008 年，FOS 由 BFSO、FICS 和 IOS 合并而成。2009 年 1 月 1 日，CUDRC 和 IBDL 也加入了 FOS。

CIO 于 2003 年 6 月 28 日以按揭业监察专员服务有限公司名义首次成立，并于 2003 年 7 月 1 日开始运作。它于 2004 年 3 月 17 日采用信贷申诉专员服务有限公司（COSL）的名称，在 2014 年 11 月 19 日正式改名为 CIO。①

（2）法律审裁处：退休金申诉法庭

SCT 是在 1993 年澳大利亚引入强制养老制度之后创建的，并先于为基于行业的 EDR 计划建立的共同监管框架。

参议院退休金管理委员会考虑了退休金计划 EDR 的各种模式，其中包括申诉专员计划，具有业务守则和仲裁方法的行业计划，由

---

① 信贷和投资申诉专员网站，2016 年 11 月 22 日，http://www.cio.org.au/about/about-cio/。

部长选定的一个由成员组成的咨询服务部门，商业仲裁和基于法规的审查小组。委员会最终建议了一种法定模式，尽管这种模式与SCT（于1994年开始运作）在所有方面都不同。①

ASIC对SCT没有政策或运营监督的作用。

（3）和现有的纠纷解决机构相比较

表2总结并比较了FOS、CIO和SCT的关键特性。

表2　　　　　FOS、CIO和SCT的关键特性比较

关键特性	FOS	CIO	SCT
争议次数	收到34095件纠纷，解决纠纷32087件②	收到4760件纠纷；解决纠纷4145件③	收到2368份纠纷；解决纠纷1366件④
提出争议的人	个人占94%，小企业占6%⑤	个人占94%，小企业占6%	个人占100%
立法基础	ASIC认可的EDR计划，成立为非营利公司	ASIC认可的EDR计划，成立为非营利公司	根据"养老金（投诉决议）法"（SRC法）设立的法定权力
小型企业管辖权	货币限额：每项争议索赔不得超过50万澳元，如果争议涉及信贷机构，则该机构不得超过200万澳元。补偿上限通常为309000澳元	货币限额：每项争议索赔不得超过50万澳元，如果争议涉及信贷机构，则该机构不得超过200万澳元。补偿上限通常为309000澳元	无
资金管理	对投诉人免费，有FOS成员资助	对投诉人免费，有CIO成员资助	对投诉人免费，预算由政府设定，然后通过部长设定的APRA征收

---

① 澳大利亚退休金基金协会提交EDR审查问题文件第3页。
② 在一个财政年度收到的投诉不一定在同一年结束。
③ 在一个财政年度收到的投诉不一定在同一年结束。
④ 退休金投诉审裁处，提供给EDR审查的数据，2016年10月7日。
⑤ 虽然小型商业纠纷的比例很低可能表明小企业不是EDR的重要用户，但FOS和CIO的管辖范围可能意味着许多小企业不会将纠纷提交给EDR计划。通过这种方式，小企业纠纷的比例可能低估了小企业获得补救的必要性。

续表

关键特性	FOS	CIO	SCT
争议解决的模式	灵活确定诉讼解决程序。通过谈判/调解解决大多数纠纷	灵活确定诉讼解决程序。通过谈判/调解解决大多数纠纷	有限的灵活性来确定纠纷解决过程。纠纷必须从调查到调解再到表决。通过调解解决多数争议
争议解决标准	"在所有情况下都要保证公平"。需要考虑到：法律原则；适用的行业守则；良好的行业惯例和以前的FOS决定（尽管FOS不受这些约束）	争议能够独立和及时解决，考虑到：法律规定的消费者相关法律要求和权利；适用的行为守则；金融服务行业良好的行业惯例；在所有情况下都是公平的	看在这种情况下，受托人的决定是否"公平合理"。如果受托人的决定是公平合理的，SCT必须确认决定
问责体制	ASIC监督FOS，必须符合RG139条规定，每5年进行一次独立评审	ASIC监督FOS，必须符合RG139条规定，每5年进行一次独立评审	议会审查，包括议会提交的年度报告和个人向英联邦申诉专员提出投诉的选项。服从信息自由法。不受独立评论
系统性问题报告	用于监控，解决和报告与金融公司投诉处理有关的系统性问题	用于监控，解决和报告与金融公司投诉处理有关的系统性问题	没有正式要求进行系统性问题报告
上诉权	投诉人不受FOS决定的约束，仍然可以去法庭/调解。受FOS决定约束的金融公司，能够在有限的情况下提起上诉	投诉人不受CIO决定的约束，仍然可以去法庭/调解。受CIO决定约束的金融公司，能够在有限的情况下提起上诉	投诉人仍可在SCT裁决做出之前前往法庭（SCT必须停止调查，如果投诉受法庭程序限制）。退休金受托人（和其他金融公司，例如保险公司）受SCT决定的约束。各方可以就联邦法院的法律问题向SCT提出上诉
与IDR的关系	消费者在访问FOS之前必须尝试过IDR	消费者在访问CIO之前必须尝试过IDR	消费者在访问SCT之前必须尝试过IDR

3. ASIC 的监督角色

拥有经ASIC批准的适当的争议解决机制是所有与零售客户打

交道的金融机构的许可条件。① 不遵守此义务的金融公司违反其许可证，可能受 ASIC 行政行为的约束。②

争议解决机制必须包括：

• 符合标准的 IDR 程序和要求，并涵盖零售客户就提供该许可证涵盖的所有金融服务而对被许可人提出的投诉；

• 由 ASIC 批准的一个或多个 EDR 计划的成员资格，（除 SCT 可能处理的投诉外）③ 该计划涵盖零售客户提出的有关提供所有金融服务的投诉；④

• 外包：将其 IDR 程序外包给第三方服务提供商的金融公司仍有责任确保其 IDR 程序符合 RG165。

• "投诉"和"争议"的定义：金融公司需要在其 IDR 程序中采用以下"投诉"的定义，其中包含澳大利亚标准 AS ISO 10002－2006：表达对组织的不满，与其产品或服务有关的表达或投诉处理过程本身，其中明确或隐含的预期响应或解决方案。

• 时限：对于大多数投诉，金融公司应在最多 45 天内向消费者提供最终答复。

• 最终答复必须包含以下信息：投诉或争议的最终结果；向 EDR 提出申诉或争议的权利；以及有关 EDR 计划的名称及联络资料，而该人士可就此事采取行动。

• 多级 IDR 程序：解决争议的 45 天时限也适用于多层程序，

---

① 2001 年公司法第 912A 条（Cth）和 2009 年国家消费者信用保护法（Cth）第 47 条。此义务适用于所有澳大利亚金融服务持牌人，无执照产品发行人，无牌二级卖家，信贷提供商和信贷代表。养老基金受退休金投诉法庭管辖的独立安排和管辖。

② "2001 年公司法"（Cth）第 915C 条。

③ 在 SCT 可以处理所有零售客户对被许可人提供的金融产品和服务的投诉的情况下，无须加入 ASIC 批准的 EDR 计划：澳大利亚证券和投资委员会，提交至 EDR 审核问题文件，第 24 页，25；"2001 年公司法"（Cth）第 912A（2）（b）（ii）节。

④ "2001 年公司法"（Cth）第 912A（2）节。

第十一章　金融消费纠纷投诉处理机制理论与实践

这些程序包括内部上诉或升级机制。

• 记录 IDR 程序：需要记录 IDR 程序以使工作人员了解并遵循程序，促进程序的问责制和透明度，并且便于消费者对程序的理解和提升可访问性。

RG 165 中规定的原则和要求包括：（1）定制 IDR 程序：在审查或建立 IDR 程序时，金融公司应考虑业务规模；（2）所提供的产品范围；其客户群的性质；以及投诉或争议的可能数量和复杂性。

IDR 程序的覆盖范围：金融服务提供商至少必须能够处理"零售客户"提出的投诉，如"2001 年公司法"第 761G 部分所界定，其中包括小企业。对于与信贷相关的活动，IDR 程序必须至少能够处理由信贷许可证持有人或其代表或无执照的结转工具借出方从事的活动。

金融公司还必须遵守 AS ISO 10002－2006 的以下部分：第 5.1 节承诺，第 6.4 节资源，第 8.1 节收集信息，第 8.2 节投诉的分析和评估。

IDR 程序与 EDR 计划之间的联系：IDR 程序必须确保如果事件仍未得到解决或未在适当时限内得到解决，相关工作人员将通知消费者他们有权利用 EDR 计划追究其事宜并提供有关如何访问相关 EDR 计划的详细信息。

与 IDR 和 EDR 相关的是审查和补救流程。审查和补救流程是在金融公司内设立的一系列活动，以便：

• 审查提供给客户的服务，在这些服务中发现了由于不当行为或与这些服务有关的其他违规行为而引起的系统性问题；

• 修复因此而遭受损失或损害的客户（无论是货币还是非货币）。

补救过程与 IDR 和 EDR 密切相关。系统性问题通常通过 IDR

投诉趋势或公司 EDR 计划处理的纠纷来确定。如果修复过程中的消费者对 EDR 的进展或结果不满意，EDR 计划也可能要求公司为遭受损失的消费者类别提供补救措施。

4. ASIC 的有关行业申诉专员制度的作用

（1）批准 EDR 方案

如上所述，ASIC 具有批准 EDR 方案的权力。[①] ASIC 的批准标准记载于"监管指南"139 条中"批准和监督外部争议解决计划"这一章。[②] 考虑是否批准 EDR 方案时，ASIC 需要采取以下原则：可访问性；独立性；公平性；问责制；效率；有效性；及其相关的任何其他事项。[③]

虽然 RG 139 条陈述了如何获得初始批准的方案，但 ASIC 的影响大部分停留在最初批准的位置。例如，在批准的方案没有达到批准标准之一的情况下，ASIC 的权力仅限于改变批准，例如强加批准条件，或撤销批准。[④]

（2）EDR 方案的监督

在 ASIC 的共同监管方式下，行业计划在政府制定的框架内有灵活的发展自己的安排，对已批准的 EDR 方案的初步监督是董事会的责任。[⑤] 董事会的职能包括：任命方案的决策者；同意与相关行业代表的方案预算；推荐和促进对方案的参考条款的拟议变更的

---

① 经批准的计划必须能够处理零售客户与提供许可证所涵盖的所有金融服务有关的投诉；《公司法》第 2001 条第（2）（b）(ii) 和《国家消费者信用保护法》第 2009 条第 47 条。
② 澳大利亚证券和投资委员会 2013，监管指南 139 批准和监督外部纠纷解决方案，近年来已多次更新，以处理新产品，新成员，并解决行业中出现的问题，例如，DEA。与财务困难的申请：见澳大利亚证券和投资委员会，提交给 EDR 审阅问题论文，第 17－18 页；财务监察员服务，提交给 EDR 审查问题的论文，第 16 页。
③ 这些考虑是基于以行业为基础的客户争议解决方案的基准原则，该方案最初由当时的工业、科学和旅游部公布，并在 2015 年后由英联邦消费者事务咨询委员会审查。
④《公司条例》第 2001 条第 18 条第 7.6 条（4）。
⑤ 澳大利亚证券和投资委员会，提交给 EDR 审阅问题论文，第 18 页至 19 页。

第十一章 金融消费纠纷投诉处理机制理论与实践

咨询。①

在现有的框架下，ASIC 具有有限的监督权力，并且不能用一些行业计划中的手段方法来解决问题，例如通过强迫参与某些行动的方案，包括进行有针对性的文件审计。相反，ASIC 的作用是从这个计划中接受有关他们成员的特定信息，并且和他们的独立审查一起发挥作用。

根据规定，通过的计划需要有规律地向 ASIC 报告，报告内容与该计划解除合作的成员信息，其中包括可能已辞职（或已不再经商）、已迁往另一计划或因不符合计划而被驱逐的公司。② 这有助于 ASIC 监控被许可方遵守 EDR 方案成员的要求。如果有成员与计划终止合作或者将要加入别的计划，ASIC 都要要求金融机构在三个工作日内发布通知。③

ASIC 与批准的计划举行季度会议，并监督和登记消费者与行业成员对该计划的投诉。2015—2016 年，在 FOS 向 ASIC 提出的 100 起投诉中，14 起投诉与 CIO 有关。对计划决策的不满是 ASIC 接收的最常见类型的投诉，然而，ASIC 不能审查计划做出的决定。④

EDR 计划要求每五年对其操作和程序进行独立审查，除非有特别指定更短的时间。⑤ 该计划须与 ASIC 协商有关审查条款和审议的约定。审查一般包括定性和定量的评估计划的性能。审查结果必

---

① 澳大利亚证券和投资委员会 2013，监管指南 139 批准和监督外部争端解决方案，第 23 页 [RG 139.98]。
② 澳大利亚证券及投资委员会，提交 EDR 审阅问题论文，第 21 页。
③ 2016 年 11 月 26 日，澳大利亚证券及投资委员会，http://asic.gov.au/regulatory - resources/financial - services/dispute - resolution/。
④ 澳大利亚证券及投资委员会，提交 EDR 审阅问题论文，第 19 页。
⑤ 澳大利亚证券和投资委员会 2013，监管指南 139 批准和监督外部争端解决方案，第 32 页 [139.156]。

须提供给 ASIC 和其他利益相关者。① 结果也要不同程度地公开用以回应和实施审查建议。②

（3）法规指南 139 条：EDR 方案的批准和监督

ASIC 法规指南 139 条中规定的关键要求是：

• 争端解决机制必须通过免费提供服务，促进自身的公平竞争，从而使消费者和投资者意识到其存在，从而提高其可及性；

• 该方案必须符合管辖权要求，至少包括"零售客户"的投诉，如《公司法》第 2001 条 S761G 和相关规定所规定的，该方案的条款涵盖了绝大多数的争端；方案也应寻求重新界定，以减少消费者投诉，其中投诉或纠纷涉及多方多个持牌人和/或信用代表；

• 方案决定对金融公司具有约束力，但对消费者没有约束力，除非他们在 EDR 过程结束时选择接受该方案的决定，并且（当适用补偿上限时）放弃他们的索赔，这确保消费者可以拒绝 EDR 结果并通过法院系统进行投诉；

• 该计划必须独立于提供资金并构成其成员的行业，其中独立监督委员会需要拥有同等数量的消费者和行业代表以及独立主席；

• 该计划必须有足够的资源来履行其推广的职能，并考虑在起草和提交投诉或争议时向消费者提供援助，但这不应损害投诉处理程序的公正性；

• 该计划必须具有符合自然正义原则的争议处理程序，并且为了确保公平对待当事人的利益，计划应该就任何关于申诉或争议的实质的决定提供书面理由；

• 该计划必须：向 ASIC 报告系统问题和涉及严重不当行为的

---

① 澳大利亚证券和投资委员会 2013，监管指南 139 批准和监督外部争端解决方案，第 33 页 [RG 139.160]。
② 澳大利亚证券及投资委员会，提交 EDR 审阅问题论文，第 22 页。

事宜，并且该计划不需要识别计划成员，ASIC 可强制提供信息；收集并向 ASIC 报告有关季度和年度报告中收到的投诉和纠纷；除另有规定外，每五年进行一次独立定期审查；并向 ASIC 报告退出计划，切换计划或被逐出计划的成员名单；

● 计划必须具有处理成员不遵守情况的程序，并且在成员不遵守规定后，可以向 ASIC 提供一系列行政答复，包括施加或变更许可条件或暂停或撤销执照；

● 该计划必须至少能够赔偿由于违反提供金融或信贷产品或服务而承担的任何义务而造成的任何直接损失或损害，不包括惩罚性损害赔偿金。

5. ASIC 在退休金申诉法庭上的作用

由于 SCT 是一个独立的法定仲裁机构，ASIC 不对 SCT 进行任何监督或拥有任何权力。

ASIC 根据 1993 年退休金（投诉决议）法案第 62（2）款有法定义务为 SCT 提供工作人员和设施，以便 SCT 履行其职能。

由于 SCT 没有公司合法身份，实际上这意味着 ASIC 代表 SCT 签订所有合同，并支付所有款项，包括员工工资，向仲裁员，第三方提供商或 ASIC 付款（租金和公司服务，由 ASIC 提供）。SCT 的工作人员是 ASIC 员工，根据 ASIC 企业协议受雇，SCT 与 ASIC 的墨尔本办事处共处。

（五）现存的外部争议解决机构

本章针对 FOS、CIO 以及退休金投诉法庭三个机构进行详细的阐述，其中使用到的数据主要来自三大机构提供的数据，以及公开信息（包括机构的年报）。

1. 金融申诉专员服务公司（FOS）

FOS 是一个独立的行业监督争议解决系统，也是一家非营利的有限责任担保公司。它的主要运作机制是在保持极少形式性和技术性的条件下，以一种合作的、有效的、及时的、公平的方式解决争议，同时注重信息的透明度。①

FOS 的建立是 2008 年中期行业兼并的结果，它的前身是澳大利亚证券与投资委员会（ASIC）批准建立的三大行业监督机构：银行和金融业督查服务机构、金融业争议解决服务机构和保险督查服务机构，2009 年 1 月 1 日信用联盟争议解决中心以及保险经纪争议解决有限责任公司（也是由澳大利亚证券与投资委员会批准建立的）也合并进来。这五家机构在合并前已经运营了超过 20 年。

(1) 成员构成

FOS 的成员包括：银行、保险公司（包括寿险和一般保险）、放贷机构、信用联盟、财富公司、经纪公司、征信机构、会计师事务所，以及其他一些提供金融产品和服务的公司。

与 2010—2011 年的 9915 名会员数量相比，2015—2016 年 FOS 的会员数量为 13576 名，图 1 显示了机构会员数量从 2010—2011 年到 2015—2016 年间的变化情况。②

在 2015—2016 年的 5540 名许可会员中，FOS 将 78% 的会员（4340 名会员）定义为"规模极小"，将另外 10% 的会员（555 名会员）定义为"规模小"。③ 这种分类会影响会员费的多少。④

---

① 金融申诉专员服务 2015，职权范围（2015 年 1 月 1 日修订），1.2 条款 "增强机构运营过程的机制"。
② 金融申诉专员服务 2016，提供给外部纠纷解决机构复审的数据，2016 年 10 月 7 日。
③ 金融申诉专员服务 2016，数据于 2016 年 10 月 7 日提交给外部纠纷解决机构审查。FOS 使用一系列变量来判断成员的规模大小。其中使用到的变量包括：总费用收入；年均人寿保险费（生效）；客户总保险费；客户贷款资产组合；客户管理贷款；客户存款；客户咨询基金；客户管理基金和代表人数（金融申诉专员服务 2016，于 2016 年 11 月 28 日提交给外部纠纷解决机构审阅）。
④ 金融申诉专员服务 2016，数据于 2016 年 11 月 28 日提交给外部纠纷解决机构审阅。

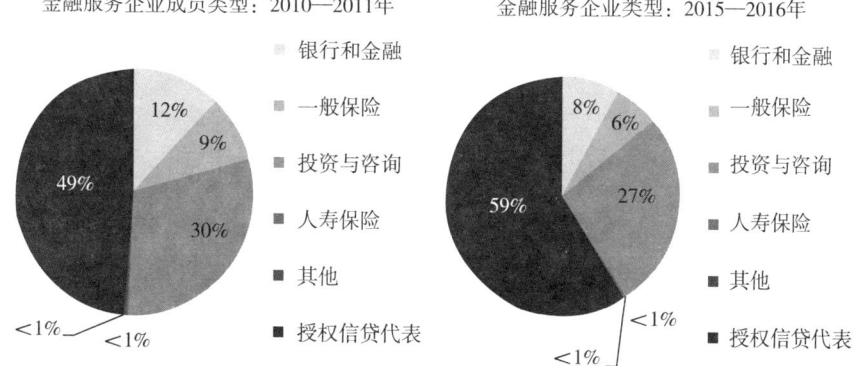

图1 FOS 成员类型分布及变化情况

2015—2016 年，FOS 下的 141 名会员转由 CIO 进行监管。①

（2）争议接收机制

2015—2016 年，三个 EDR 实体（FOS、CIO 和 SCT）共收到 41223 个争议投诉，其中 FOS 就处理了其中的 83%，而行业监管计划（即 FOS 和 CIO）收到的 38855 个投资中，FOS 解决了其中的 88%。②

2015—2016 年，FOS 共收到 34095 个争议投诉，与 2014—2015③ 年的 31895 个争议投诉相比增加了 7%，其中 94% 的会员没有收到任何投诉。

自从 2009—2010 年到 2011—2012 年争议投诉数量大幅上涨以

---

① 信贷和投资申诉专员服务2016，数据于2016年10月7日提交给外部纠纷解决机构审阅。FOS 和 CIO 之间签订了谅解备忘录，备忘录协调两者之间的信息交换，包括成员之间的转移。谅解备忘录的目的之一是降低消费者的相关风险，比如违规风险。
② 比例计算基于以下数据，FOS 收到 34095 个争议投诉（FOS2016，2015—2016 年刊，第 22 页），CIO 收到 4760 个争议投诉（CIO2016，2015—2016 年报，第 2 页），SCT 收到的 2368 个争议投诉（SCT2016，2015—2016 年报，第 34 页）。
③ 金融申诉专员服务2016，年度回顾2015—2016，第 22 页。

来，过去几年FOS收到的争议投诉数量保持平稳。① 2015—2016年争议投诉数量的上升主要是由一般保险的行业特定问题所引起的。2015—2016年，FOS成功处理了32871件申诉。②

从数据上来看，2010—2011年到2015—2016年之间的争议投诉类型结构大体相同。信用纠纷大约占45%到50%，一般保险纠纷占26%到30%，2015—2016年一般保险纠纷同比大幅增加。③ 剩余的争议投诉是关于存款机构，支付系统，人寿保险，投资理财以及其他类型。④

2015—2016年，争议投诉中的大部分（94%）是由私人提出的，剩余的部分是小企业。私人申诉中的81%是直接申诉（即没有通过代理人）。间接申诉中最常见的代理人是亲属或朋友（34%），紧接着就是私人或付费消费者权益代理机构，比如信用修复或其他费用消费者权益代理机构（17%）。⑤

申诉人可以通过多种途径进行申诉，途径如图2所示。其中在2015—2016年最常用的申诉途径是网上申诉，数据显示有77%的申诉人通过网络进行申诉，与2010—2011年的数据相比（57%的申诉人通过网络申诉）大幅增长。⑥

---

① 金融申诉专员服务2016，数据提供给EDR审查，7 October 2016。2008年至2009年，cfo共收到22392起纠纷；2011年至2012年，这一数字升至6099起的峰值。
② 金融申诉专员服务澳大利亚2016，年度回顾2015—2016，第4页。
③ 金融申诉专员服务2016数据于2016年10月7日提交给EDR审阅。2015—2016年FOS收到一般保险争议投诉数量10588条，同比增长19.4%（2014—2015年收到一般保险争议投诉数量为8867条）。
④ 金融申诉专员服务2016，数据于2016年10月7日提交给外部纠纷解决机构审阅。
⑤ 金融申诉专员服务2016，数据于2016年10月7日提交给外部纠纷解决机构审阅。申诉代理人类型数据详见FOS提交给EDR审阅报告的第二部分，第4页。
⑥ 金融申诉专员服务2016，数据于2016年10月7日提交给外部纠纷解决机构审阅。2015—2016年数据详见FOS提交给外部纠纷解决机构审阅报告的第二部分，第4页。

第十一章 金融消费纠纷投诉处理机制理论与实践

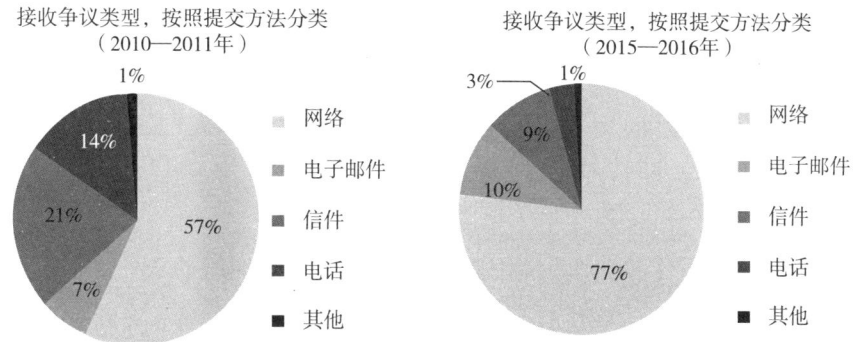

图 2　FOS 接收争议业务类型及变化情况

如图 3 所示,从 2010—2011 年到 2015—2016 年间,申诉人的地理位置分布保持相对稳定,这种申诉地理位置分布与澳大利亚人口分布较为类似。①

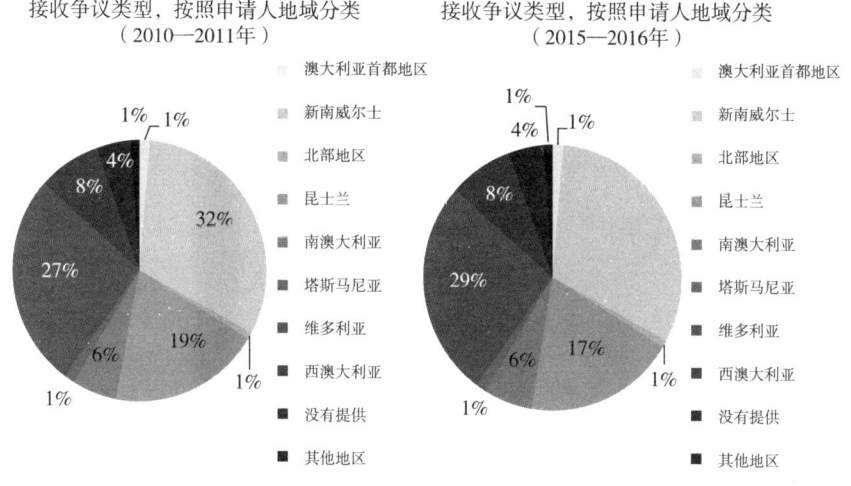

图 3　申诉人所在地分布及变化情况

（3）争议处理

---

① 金融申诉专员服务 2016,数据于 2016 年 10 月 7 日提交给 EDR 审阅。2015—2016 年数据详见 FOS 提交给外部纠纷解决机构审阅报告的第二部分,第 4 页。

与前几年相比，2015—2016年的申诉解决所耗时间长度在缩短，尤其相比较2010—2011年。2015—2016年FOS所处理的申诉中43%可以在30天内解决（同比增长22%），77%的申诉可以在60天内解决（同比增长61%），85%的申诉可以在90天内解决（同比增长72%）。[1]

90%的公开纠纷时间不超过180天，财年所受纠纷的98%在180天内解决。[2] 平均争议解决时间从2014—2015年95天大幅下降到2015—2016年的62天。[3]

与2010—2011年相比申诉解决时间缩短了近乎一半（2010—2011年平均申诉解决时间为122天）。[4] 2010—2011年，只有10%的申诉能够在30天内解决，50%的申诉在60天内解决，60%的申述在90天内解决，甚至有21%的申诉解决时间超过180天。[5]

员工方面，2015—2016年FOS共有351名员工，全职人力工时达到317人次，而2010—2011年共有员工357名，全职人力工时只有283人次。争议解决操作工作人员基本具有相关行业的工作经验。超过60%的工作人员具有法律资格证书，大部分员工都接受过调解方面的工作培训。FOS有14名检查员，10名审判员，31名委员会成员。员工流失率从2012—2013年的15.6%下降到2015—2016年的13.9%。[6]

（4）争议解决方式

FOS在争议解决方式上有高度的自由裁量权，能够针对不同的

---

[1] 澳大利亚FOS2016，2015—2016年报，第56页。
[2] 澳大利亚FOS2016，2015—2016年刊，第15页。
[3] 澳大利亚FOS2016，2015—2016年刊，第56页。
[4] 金融申诉专员服务2016，数据于2016年10月7日提交给EDR审阅。
[5] 澳大利亚FOS2016，2015—2016年刊，第22页。
[6] 金融申诉专员服务2016，数据于2016年10月7日和11月15日提交给外部纠纷解决机构审阅。FOS提示2010—2011年和2011—2012年员工流失率数据无法获取。

第十一章　金融消费纠纷投诉处理机制理论与实践

事件选择合适的争议解决方式。FOS 争议解决方式的目的是以一种合作、有效、及时、公平以及最低的形式性来解决争议。①

FOS 作出的决定包括决定申诉人的损失程度，主要依据标准是"什么是在所有情况下的公平"，还要考虑法律规范（包括普通法，重要先例，适用的相关法，金融公司与申诉人之间的任何合同条款），行业行为准则，行业惯例以及相关的 FOS 判决前例（虽然 FOS 并不受此限制）。②

FOS 的职权范围操作指南主要是提供更多的解释细节。③ FOS 尽管在处理争议时考虑法律，但是不必严格遵守法律条款，甚至在必要条件下，为了取得特定条件下的公平可以偏离一定的法律条款。④ 在应用行业行为准则和行业惯例时，FOS 不受特定行业行为准则最低标准的限制。FOS 作出对双方都公平的判决可能要求金融公司满足更高的标准。同时 FOS 还会考虑 ASIC 或者其他相关监管机构的优秀监管实践。

FOS 应股东的反馈和 2013 年的独立评估意见，提出了一项新的争议处理机制并于 2015 年 7 月 1 日开始执行，这项新的机制包括：

- 一项新的注册和推荐流程，在新的流程中，金融公司在 FOS

---

① 金融申诉专员服务，提交给外部纠纷解决机构审阅报告第二部分，第 3 页。
② 金融申诉专员服务 2015，参考条目（2015 年 1 月 1 日修订），8.2 条款"争议解决标准"；符合证券与投资委员会规范指引 139 条的要求（在 RG 段落 139.225）。
③ FOS 的"职权范围操作指南"（2015 年 1 月 1 日）第 8.2 段提供了关于遵守法律、行业准则和 FOS 判例的指导意见。FOS 方法文件提供了关于特定类型争议在所有情况下公平处理的额外指导意见。[详情请见 https://www.fos.org.au/publications/our-approach/，循环案件研究（请见，https://www.fos.org.au/the-circular-4-home/fairness-case-studies/)]。
④ 金融申诉专员服务 2015，职权范围操作指南（2015 年 1 月 1 日）第 8.2 段。根据这一段，这一方法得到类似措辞的金融业投诉服务规则的批准（见于财富管理金融计划有限公司金融业投诉服务有限公司以及 Ors [2009] VSC7）。

金融消费者投诉处理法理分析与研究

介入调查前可以获得一次处理争议的机会。① FOS 将其注册的每一个争议②重新发回给相关的金融公司,给予金融公司最后一次直接与客户处理争议的机会(无论此项争议是否经过金融公司的内部争议处理过程)。③ 如果发回给金融公司的争议此前通过公司的内部争议处理过程处理过,那么金融公司必须在 45 天内将结果反馈给申请人和 FOS,而如果争议没有经过内部争议处理过程处理过,那么必须在 21 天内进行反馈。如果在时间限制内争议没有解决或者金融公司没有反馈,那么 FOS 将进行处理并将争议转移到"事件管理"阶段。在2015—2016年,共有 11342 条争议(占所收到的全部争议 34095 条的 33%)发回给金融公司后通过内部争议处理过程妥善处理,而没有升级到下一步,另外的 19794 条争议(占总体的 58%)没能通过内部争议处理过程进行处理,又重新提交给外部纠纷处理机构。④ 该项机制具有以下特征:

- 简单和低价值争议的快速处理机制
- 争议过程早期提供相关专业知识,降低多点接触和阶段数量
- 更有效的困难金融争议解决过程,特点是定期的电话回访和

---

① 处理过程分为三个阶段:注册与推荐、事件管理、判决。见于 FOS,争议处理过程详见(2016 年 11 月 25 日), https://www.fos.org.au/resolving-disputes/dispute-resolution-process-in-detail/。2015 年 7 月 1 日之前,登记部分争议并提交给会员直接与其客户进行解决,其余的部分则立即接受并进行到事件处理阶段。这一变更影响接受并进入"事件处理"阶段的争议数量和结构;比如,注册阶段就已经处理完毕的争议数量从 2014—2015 年 8645 条增加到了 2015—2016 年的 12316 条(2016 年 10 月 7 日 FOS 提交给外部纠纷解决机构审查的数据)。前一流程也是线性的,但是对于直接争议没有快速跟踪机制,不同的工作人员在流程的不同阶段处理争议。

② 除非争议不在 FOS 的职权范围内,否则 FOS 将记录其收到的每一项争议。

③ 在一些情况下,FOS 可能会决定不将争议发回给金融公司,而是直接进入 FOS 的"事件处理"阶段。这些情况包括可能因为家庭暴力或医疗状况等原因导致争议特别紧急而需要直接介入的情况,或者是金融公司要求 FOS 进行处理的情况。

④ 金融申诉专员服务 2016 年,提交给外部纠纷解决机构审阅的数据,2016 年 10 月 7 日。剩余部分(2959 条,占 9%)是提交给内部争议处理过程的争议,并在年终开放。

第十一章 金融消费纠纷投诉处理机制理论与实践

更具针对性的争议处理方法

• 通过新的决策机制，将争议结果更为有效地传达给争议双方。①

如果争议在第一阶段仍未得到解决，并处于 FOS 的管辖范围内，那么 FOS 将安排一名事件处理专员进行相关的调查。它采用专门的事件管理流程来调查和解决争议，并将争议的性质和复杂性考虑在内。争议解决技术包括联席电话会议，谈判和调节会议。如果争议不能通过协议解决，事件处理专员可以对争议的优点提出初步看法（或建议），以鼓励双方达成一致。

如果争议无法通过双方之间的早期协议，或者通过由 FOS 提出初步意见的方式进行解决，那么争议将通过"判决"方式进行解决。该判决被称为决定，是由申诉专员、审判员或者专家组构成。专家组由一名 FOS 申诉专员，一名行业代表和一名消费者代表构成，他们是根据需要从潜在小组成员中选出的，对涉及某些（但不是全部）金融产品的特别复杂的争议进行决议。

申诉人（而不是金融公司）可以在收到判决后的 30 天内接受或者拒绝。如果申诉人接受该决定，则对争议双方具有约束力;②如果申诉人对流程结果不满意并拒绝该决定，那么决定对于金融公司不具有约束力，同时申诉人可以采取其他方式对金融公司进行投诉，包括通过法律系统。

2015—2016 年，在 32871 条纠纷中，约有 37% 在"注册和推

---

① 金融申诉专员服务，新争议处理程序，2016 年 11 月 25 日审阅。https://www.fos.org.au/resolving-disputes/our-new-process/.

② 金融申诉专员服务 2015 年，职权范围（2015 年 1 月 1 日修订），第 8.7（b）条"建议和决定"和第 8.8 条"申请人接受建议书或决定书"。条款 8.8 规定，如果金融公司要求申请人接受判决决定（或建议），那么它必须针对所涉及事件提供解除责任的约束条款。责任解除约束条款必须是索赔的全部价款，即便超过了由 FOS 判决的救济金额。

荐"阶段得到解决，有8%（2680条纠纷）进入判决/决定阶段。尽管2680项争议进入判决阶段，但由申诉专员、专家小组或审判员发出判决的只有2680条纠纷，其余争议在判决阶段得到解决，但并未作出决议。①

2015—2016年，61.2%的争议通过协议解决（由金融公司通过谈判或协议解决）；FOS的判决或评估解决了15.2%的问题；17.3%的争议不在FOS的职权范围内；6.3%的纠纷停止进程（或者因为申请人决定不再进行申诉或者决定通过其他方式进行申诉）。2015—2016年度发生的争议超出职权范围的最常见原因是转介给其他争议解决机构，尤其是信贷和投资监察专员或退休投诉法庭。②

判决是对争议的最终判决，FOS内没有进一步的上诉或审查程序。

然而，由于FOS的权力是契约性质的，所以它可能会因违反契约而受到质疑（例如，如果某家金融机构认为FOS的工作超过其职权范围）。这可能导致对判决的上诉，但是以有限的理由提出上诉，迄今为止没有任何一方在法庭上成功推翻FOS的判决。③

此外，对于金融公司、行业组织或消费者组织（不是申诉人）来说，有非正式和正式的机制使其可以对FOS判决（而不是特定决定）中所采取的方法进行评估，以决定是否应该修改以应对未来的

---

① 金融申诉专员服务2016年，提交给外部纠纷解决机构审阅，2016年10月7日和2016年11月15日。
② 金融申诉专员服务2016年，提交给外部纠纷解决机构审阅，2016年10月7日和2016年11月15日。
③ 金融申诉专员服务2016年，提交给外部纠纷解决机构审阅，2016年10月7日。

争议判决。① 如果申诉人对于 FOS 处理争议的方式不满意,他们也可以向 FOS 或证券与投资委员会进行申诉。

在 2015—2016 年,FOS 收到对其服务不满意的投诉共 360 件(占所有争议解决数量的 1.1%)。在收到的 360 个投诉中,83.6%(301 条投诉)来自消费者,8.1%(29 条投诉)来自金融公司,8.3%(30 条投诉)来自第三方机构。② 投诉的原因主要是:不同意停止争议处理,以及对事实或法律错误评估的决定。

FOS 有内部投诉程序来调查和处理投诉。FOS 的管理层成员向董事会报告争议解决机制的运行情况。在 2015—2016 年,审查投诉的最常见结果是 FOS 重申了最初的判决决定或者方法并解释处理过程。③

此外,作为 FOS 整体质量保证框架的一部分,其对处理完毕的争议进行审核(现在每季度至少 700 条,而 2015—2016 年为每季度 150 条),并对这些争议的质量目标进行评估。同时编制季度报告供董事会和高级管理层审议,以指导过程改进和工作人员技能培训。④

正如职权范围所述,FOS 的判决方法在很多案件中影响司法判决。在这些案件中法院确认职权范围赋予了 FOS 广泛而灵活的权

---

① 非正式审查机制涉及金融公司、行业机构或消费者组织,它们可以直接或者在公开论坛或利益相关方会议上向首席申诉专员提出它们的质疑。FOS 内部审查判决方法,然后以书面形式向利益相关方进行答复。正式的审查机制载于"2015 年金融监察专员服务"第 19A 章"职权范围操作指南"(2015 年 1 月 1 日)。在下列情况下,行业机构(代表其成员)或消费者组织可以使用正式审查机制:非正式审查机制已经首次使用;利益相关方已经获得法律意见,认为在做出决定时,FOS 犯了法律错误;如果它没有对方法进行更改,将会对消费者、行业或特定金融公司或一组金融公司产生重大的不利影响。其他正式审查机制包括案件测试程序[详见 FOS 2015 年,职权范围(2015 年 1 月 1 日修订),第 10 条"案件测试程序"]。

② 金融申诉专员服务 2016 年,数据提交给外部纠纷解决机构审阅,2016 年 10 月 7 日。

③ 金融申诉专员服务 2016 年,数据提交给外部纠纷解决机构审阅,2016 年 10 月 7 日。

④ 金融申诉专员服务 2016 年,数据提交给外部纠纷解决机构审阅,2016 年 10 月 7 日以及 11 月 15 日。

力，以在双方之间伸张正义。①

（5）管辖权

FOS 的管辖权在其职权范围中有详细说明。② 职权范围阐明在 FOS 权力范围之内和之外的争议类型。FOS 只会处理如下争议，即争议发生在作为会员的金融服务提供商和第 4.1 款所列的零售客户之间，③ 包括个人，由个人组成的合伙企业，自营养老基金的公司受托人（SMSF）或者是小型企业（指的是员工人数少于 20 人，或者是员工人数少于 100 人的制造企业）。

随着计划成员的增加，职权范围也已经修改以适应新成员和更广泛地受监管的金融和信贷服务。FOS 能够处理更为广泛的争议，包括大部分金融服务提供商提供的各种投资、保险、信用支付系统以及存款产品和服务。

职权范围的变更（除非非常微小的变更）需要咨询证券和投资委员会、相关董事会咨询委员会以及适当的个人和组织（包括核心消费者、社区和行业组织），并且必须经过证券和投资委员会的批准。④

证券和投资委员会的 RG 139 规定了批准的外部纠纷解决机构方案的最低管辖要求，并鼓励方案超出最低要求。超过最低管辖权的一个例子就是 FOS 对"金融服务"的定义，该定义比 2001 年公

---

① 乌托邦金融服务诉 FOS [2012] WASC 279；财富管理计划有限公司诉金融业投诉服务以及 Norris [2009] VSC 7；财富保证有限公司 诉 金融申诉专员服务有限公司 [2013] FCA 292。

② 金融申诉专员服务 2015 年，职责范围（2015 年 1 月 1 日修订），B 部分 "FOS 的管辖权"。2010 年 1 月 1 日为合并后的实体颁发了新的职权范围；并于 2015 年 1 月 1 日进行了最终修改。

③ 安全系数也可以考虑一个纠纷如果金融服务提供者是当时争议提出了安全系数即使它不是一个成员当时引起争议的事件 [见参考条款（2015 年 1 月 1 日修改），条款 4.2（c）]。

④ 金融申诉专员服务 2012 年，宪法（截至 2012 年 11 月 9 日），第 14 条 "职权范围"。

司法中的法定定义更为宽泛。① 这为 FOS 提供了更大的灵活性，以便可以接受在其他方面处于边缘，但是又涉及成员发布的产品或服务的争议。其他例子包括 FOS 的对小企业支持贷款纠纷的处理方法，审议有关非监管贷款纠纷的能力，② 以及处理非零售消费者纠纷的酌情权。

FOS 在其管辖范围内适用一系列排除条款。③ 2015—2016 年，共有 5692 条争议（占 17%）不在其管辖范围之内，最常见的原因是：争议更适于用另外的方式解决（如法院、民事法庭或者其他争议解决机制）；争议类型不在 FOS 的管辖范围（例如，它不是由金融公司向申请人提供金融服务而产生的）；由一般的自由裁量权所排除的争议（例如，调查不合理或者争议以前已经解决）；该金融公司不是 FOS 的成员；或者争议之前已经由 FOS、另一个外部纠纷解决机构或者法院/民事法庭处理过。④ 除此以外，FOS 有权酌情排除它认为是琐屑无聊、无理取闹或者缺乏实质内容的纠纷，⑤ 这些

---

① FOS 第 20.1 条中"金融服务"被定义为以下产品或服务：(a) 具有金融属性，包括是下列之一或者与之相关的产品或服务：贷款或任何种类的信用交易、存款、保险单、金融投资、风险管理便利（例如，衍生品合同）、个人非现金支付便利（例如，直接借记安排）、租赁和足够安排、金融或投资建议或者传统受托人公司服务；或者 (b) 保管服务。

② 由于 FOS 职权范围的第 5.1 (c) 条款所规定的管辖权，其能够处理有关贷款管理不善的争议。"管理不善"在职权范围第 20.1 条款中被定义为"违反或不符合法律规定的责任或义务，或者不遵守合同条款（明示或暗示）"。管理不当的管辖权使用于管理和无管理信用。

③ 金融申诉专员服务 2015 年，职权范围（2015 年 1 月 1 日修订），第 4.2 条款"争议类型范围"，第 5.1 条款"管辖权豁免"和第 5.2 条款"争议排除的自由裁量权"。还包括提交争议的时间限制以及与金融公司做出适当商业决策有关的一些具体例外情况。

④ 金融申诉专员服务 2015 年，职权范围（2015 年 1 月 1 日修订），第 4 条"服务范围内的争议"和第 5 条"服务范围以外的争议"；FOS2016 年，提交给外部纠纷解决机构的数据，2016 年 10 月 7 日。

⑤ 金融申诉专员服务 2015 年，职权范围（2015 年 1 月 1 日修订），第 5.2 条款"排除争议的自由量裁权"。

无法处理的纠纷由证券与投资委员会进行处理,① 尽管在实际中基于这种理由排除的争议数量很少。

FOS 对索赔金额进行限制：一条争议下的每件索赔的最高赔偿金额为500000澳元。FOS 认为单条争议可以包含多项索赔，这一立场已由联邦法庭在财富安全有限公司诉金融申诉专员服务有限公司 [2013] FCA292 的裁决中予以确认。此案件涉及财务规划建议，该项建议由三项建议声明构成。在此项争议发生时，FOS 职权范围的索赔限额是150000澳元。基于此，该金融公司试图将争议排除在FOS 的职权范围以外。但是，FOS 认为争议由每个财务建议所产生的三个独立索赔组成。

如果各方和 FOS 同意，那么它就能够处理索赔金额超过500000澳元的纠纷。该项协议可以针对特定争议，或者广泛涉及某一类争议的公司可以放弃金额限制。

除了涉及财务困难申请、不公平交易或者国家信用法典规定的不合理利益和其他费用的投诉外，FOS 所处理的争议应该是在申请人意识到其利益受损后的六年内以及收到金融公司内部争议处理的回复后的两年内提出的。②

除了索赔金额限制外，FOS 还对其所能决定的赔偿金额做出了最高限额的规定。目前，对于2015年1月1日及以后向 FOS 提交的大多数争议所能获得的最高赔偿金额为每件309000澳元（尽管赔偿下限适用于其他一些争议；如，对于一般保险经纪人的索赔限

---

① 金融申诉专员服务2015年，职权范围 [2015年1月1日修订，第5.1 (n) 条款"管辖范围排除条款"]。在2015—2016年，有四条争议以此为依据被排除在外。"职权范围操作指南"（2015年1月1日）第5.1 段32页指出，如果证券和投资委员会正在处理同一方之间的争议并提出相同的事件和事实，那么申请人可以选择继续通过证券和投资委员会进行处理或者结束其进行处理转而提交给 FOS 进行处理。

② 金融申诉专员服务2015年，职权范围（2015年1月1日修订），第6.2条款"时限"。

第十一章　金融消费纠纷投诉处理机制理论与实践

额为166000澳元，对于收入流人寿保险的索赔限额一般为上限每月8300澳元，比如收入保障计划）。①

在公众咨询过程中，随着时间推移赔偿限额的上限会有所增加，并且自2012年开始，方案要求每三年调整一次上限，调整比例为前三年CPI增长比例和男性总平均周收入增长比例中的较高者。② 除此以外，FOS的董事会也将与金融公司和包括主要消费者、社区、行业组织等在内的其他利益相关者进行磋商，定期进行审查，并在其认为合适的情况下对相关条款进行修改。③

> **相关链接：FOS的小企业管辖权**
>
> 2016年4月，澳大利亚政府宣布在涉及小企业纠纷案件时，扩大FOS的管辖权限将会有优势。
>
> 2016年8月16日，FOS发布资讯文件，征求利益相关方对增加小企业管辖权提议的建议，以便其能够：
>
> 1. 考虑涉及较大索赔金额的争议（从50万澳元到200万澳元）；
> 2. 规定更高的赔偿金额（从30.9万澳元到200万澳元）；
> 3. 考虑与大型小企业信贷融资有关的债务相关争议（第一贷款合同从200万澳元到1000万澳元。

（6）权力

FOS提供多种补救措施，包括支付一笔款项，赔偿金融或非金

---

① 金融申诉专员服务2015年，职权范围（2015年1月1日修订），附表2。
② 澳大利亚证券和投资委员会2013年，监管指南139：批准和监督外部争议解决计划，第RG 139.191段。另见于金融申诉专员服务2015年，职权范围（2015年1月1日修订），第9.8条款"审查补救措施的货币价值"。
③ 金融申诉专员服务2015年，职权范围（2015年1月1日修订），第9.8（b）条款"审查补救措施的货币价值"。

融损失，免除或变更债务，解除债务担保，还款，免除或变更费用或支付给金融公司的金额，以及在财务困难情况下信用合同条款的变更。FOS还可以要求金融公司给消费者支付相应的利息以及支付消费者在争议处理过程中所产生的法律或交通费用（通常最高为3000澳元）。①

如果申请人接受了判决决定，那么FOS所作的裁定对于会员就具有约束力。自2010年1月1日以来，有35家金融公司一直不愿意或无法遵守143份有利于约203名消费者的判决决定。截至2016年10月30日，这些未决裁定的价值超过1700万美元。② 拒绝或者故意不遵守裁定的金融公司可能会被FOS的董事会决定剔除出去。③ 事实上，自2010—2011年以来没有成员因未能支付相关决定而被开除出去。这是因为那些可能被剔除的成员要么破产解散，要么与其他客户有公开争议。④

FOS的公司章程规定了董事会可以全权酌情将成员驱逐出去的其他情况。这些情况包括：未能遵守FOS或"任何其他的证券和投资委员会批准的争议解决方案"（即目前的信贷和投资监察专员）的要求；未能遵守其他任何证券和投资委员会批准的争议解决方案的决定，或者被这些方案排除在外；不再被许可为金融公司；或者破

---

① 金融申诉专员服务2015年，职权范围（2015年1月1日修订），第9条"补救措施"。
② 金融申诉专员服务2016年，数据提交给外部纠纷解决机构审议，2016年11月15日。
③ 金融申诉专员服务2012年，宪法（截至2012年11月9日），第3.10（a）条款"停止会员资格"。
④ 金融申诉专员服务2016年，数据提交给外部纠纷解决机构审议，2016年10月7日和2016年11月17日。在2010—2011年，一名成员因未能支付相关决议被开除。在2015—2016年共有149名成员被剔除出该计划，原因都是未能支付会员以及其他费用，并且一名申请成为会员者因其先前已被驱逐出CIO而被拒绝入会，另外其还有欠款。

产。① 同时将相关驱逐意图上报给证券与投资委员会。

虽然FOS不具有类似法院的强制权力，但是其职权范围规定它可以要求争议的当事人提供信息或做某些事情，并且该当事人必须在要求的时间限制内遵守要求。② 如果一方未能遵守请求，那么FOS可能会从该方不遵守的情况中得出不利推论。金融公司不遵守相关要求可能构成违反FOS章程规定的成员义务，进而导致提交给董事会审议。申请人不遵守相关要求可能导致FOS决定不继续处理其争议。③

FOS加入争议的其他方面的权力一般仅限于加入其他成员。④ 如果这样做将导致更有效地解决争端，FOS可能会允许或要求另一个成员作为一个争端的缔约方加入进来。⑤

（7）治理

在治理安排方面，FOS由一家上市公司根据其公司章程及职权范围和董事会章程运作。它由董事会和首席申诉专员管理。

根据ASIC RG 139的要求，董事会由四名消费者董事、四名行

---

① 金融申诉专员服务2012年，宪法（截至2012年11月9日），第3.10条款"停止会员资格"。
② 金融申诉专员服务2015年，职权范围（2015年1月1日修订），第7.2条款"争议各方提供信息"和第7.3条款"争议各方的其他义务"。
③ 金融申诉专员服务2015年，职权范围（2015年1月1日修订），第7.6条款"任何一方不遵守要求的后果"；和金融申诉专员服务2015年，职权范围操作指南（2015年1月1日），第7.6段。金融申诉专员服务章程（第3节）规定每名成员同意接受职权范围的约束，并且拒绝或不遵守章程条款或职权范围规定的将构成董事会做出成员剔除的理由。
④ 权力是指加入"金融服务提供商"，条款20.1中定义的条款参考：（a）金融服务的提供者，是一个成员；或（b）为了一个争端涉及传统的受托人公司服务（如2001年公司法案中定义），所有共同托管人的联合进行论争的主题，提供至少一个共同受托和所有其他成员的共同托管人同意安全系数处理争端。
⑤ 金融申诉专员服务2015，职权范围（2015年1月1日修订），第7.4条"加入其他各方"。

业董事和一名独立主席组成。① 董事会的任命,包括主席的任命,由董事会与利益相关者协商后作出。

董事会的职能包括:任命决策者,② 包括首席申诉专员和确保独立决策;监察财务主任的表现;根据 RG139 进行独立审查;就政策事宜向总申诉专员提供指引;设置预算;并不时检讨和咨询职权范围的改变,包括司法管辖权的限制。有两个委员会协助其发挥作用:财务和风险管理委员会和提名和薪酬委员会。

董事会不会向 FOS 提供争议细节,因为这会损害申诉专员和其他决策者的独立性。

管理层的角色是执行董事会提供的战略方向,并确保 FOS 在 ASIC 批准的范围内提供其 EDR 服务。

FOS 最新的独立调查是在 2013 年进行的,并提出了 33 个建议。③ 原则上,FOS 接受了 30 条建议,表示它将就一项建议进行磋商,表示不会将一项建议视为优先事项,也不接受一项建议。FOS 理事会公开报告独立审查建议的落实情况。

(8) 融资安排

FOS 的资金来源于对其成员的收费,采用年度收费和"用户付费"相结合的安排。FOS 根据成员的规模和资源的不同,并根据他们使用的 FOS 服务向成员收费,涉及更多纠纷的成员应支付更多费用。因此,该模式奖励那些争端较多或无争端的成员,鼓励成员尽可

---

① 财政司章程第 4 节"董事"和财政司章程第 9 至 16 条规定了董事会的组成。该组成符合 ASIC RG 139(第 139.94 段)的要求。

② 金融申诉专员服务 2012 年,章程(截至 2012 年 11 月 9 日),第 12 条"申诉专员"和第 13 条"小组成员、裁判员";此外,财务申诉专员服务 2015 年,职权范围(截至 2015 年 1 月 1 日),第 2.1 条"任命监察员",2.3"委任小组成员"和"委任审裁官"。

③ Cameronralph Navigator 2014,2013 独立审核:向金融监察官服务委员会报告,2016 年 11 月 25 日查看 https://www.fos.org.au/custom/files/docs/independent-review-final-report-2014,PDF 格式。

能通过 IDR 解决争端。这种融资模式还试图确保 FOS 的收入能够满足支出，但不会产生过多的累积资金。①

财务总监委员会决定资金安排并定期审查。②

费用包含会员征收（基于规模和类型的业务，每年增加了 CPI 和支付的所有成员），用户收费（基于纠纷的数量和支付比例的成员有两个或两个以上的纠纷关闭前一年超出了"登记 & 推荐"阶段）和争端解决费用（基于案件的复杂性和解决阶段达到）。

该表说明了 FOS 收入来源的比例。③

表3　　　　　　　　　FOS 收入来源及占比

收入项目		2014—2015 年		2015—2016 年	
总收入（百万澳元）		46.55		46.87	
收入来源	会员征收	4.63	10.0%	5.06	10.8%
	用户收费	2.00	4.3%	5.00	10.7%
	争端解决的费用	37.40	80.3%	34.47	73.5%
	代码监测	1.51	3.2%	1.57	3.3%
	利息收入	0.56	1.2%	0.55	1.2%
	会员申请费用	0.13	0.3%	0.10	0.2%
	会员大会	0.19	0.4%	—	
	其他收入	0.12	0.3%	0.13	0.3%

注：百分比是指本年度总收入的比例。

根据"用户付费"原则，FOS 的大部分资金来源于纠纷解决费用。这意味着资金可能会逐年变化，因为它取决于争端的总体数量和有争端的成员的情况。

---

① 财经事务监察专员公署，第2部分呈交文件《经济发展检讨》，第17页。
② 金融申诉专员服务 2012 年，章程（截至2012年11月9日），第5.4 至 5.10 条"征税"。
③ 金融申诉专员服务，截至2016年6月30日的年度财务报告，第28页，见2016年11月8日 http://fos.org.au/events/2016/11/17/531/fos-annual-general-meeting-2016/。

在2015—2016年期间，有6%的FOS成员（835名）提出了争议，其中42%的成员只有一项针对他们的争议。在过去一年内，47名财务主任委员共提出一百多宗投诉。①

用户费用池由董事会设定，只根据董事会的决定而有所不同。从2015年7月1日起，它从200万澳元增加到500万澳元。个别金融公司对这一资金池的缴款每年都可能因按缴款要求交付的成员数目而有所不同。绝大多数会员不支付用户费用。

对于符合某些标准的金融公司，每个财政年度提供一个自由的决定（初步意见或决定）。

（9）改善行业的行为

FOS在IDR和EDR中使用了许多机制来改进用户行为和实践。财政司司长定期与业界及消费者团体联络会议，讨论重要议题，并就改善公司内部资料记录程序及改善财政司的服务进行合作。FOS还举行季度行业论坛来讨论FOS的决策和方法。利益相关方可以访问：实时争议数据（通过会员安全服务门户）、月度和季度基准报告（目前提供给前42名用户成员）和年度比较报告（详细列出关于FOS成员的争议统计数据，并在FOS的网站上公布）。②

系统问题和严重不当行为的实例将被提交至ASIC和澳大利亚信息专员办公室（OAIC）③。在2015—2016年度，FOS发现了1635个可能的问题，其中58个问题被评估为明确的系统性问题，在寻求成员提供更多的信息后，FOS要求成员们采取行动解决问题。在这58个问题中，有11个与处理错误有关，8个与信用清单中的错

---

① 数据由2016年金融申诉专员服务提供给EDR审查，2016年10月7日。
② 数据由2016年金融申诉专员服务提供给EDR审查，2016年10月7日和2016年11月17日。
③ FOS是一个管理局认可的EDR计划，目的是根据《1988年隐私法》处理与隐私相关的投诉。

误有关。在此期间 FOS 解决了 64 个明确的问题。① 在 2015—2016 年度（2014—2015 年为 14 次）发现和报告了 5 起严重不当行为，其中 4 起未作出裁定，1 起与授权代表的行为有关。②

FOS 通过外联活动及其电子学习系统问题模块向其工作人员和外部利益相关者提供有关系统问题的培训和信息。③

FOS 在 2013 年和 2016 年对利益相关方（其成员，行业协会和消费者代表）进行了全面调查。76% 的受访者表示 FOS 达到或超过了预期。④

（10）确保可访问性

FOS 的网站为消费者、企业和成员提供了一系列的信息，包括计划本身的材料，以及关于如何提出争议和提供特别援助的信息。随着时间的推移，FOS 网站的访问有所增加：在 2010—2011 年，网站访问量达到 441016；在 2015—2016 年，这一数字增至 600046。⑤

FOS 也收到大量的电话查询。在 2015—2016 年度，FOS 收到 214439 个电话查询，而 2010—2011 年度为 230874 个。自 2015 年 7 月 1 日起，FOS 开通了免费电话号码。⑥

FOS 还设有专门的自然灾害热线，为极端天气事件带来的经济

---

① 2016 年金融申诉专员服务，数据提供给 EDR 审查，2016 年 10 月 7 日。在 2010—2011 年，只有 114 个可能的问题被确定，其中 42 个问题被确定。在此期间有 20 个问题得到解决。
② 数据由 2016 年金融申诉专员服务提供给 EDR 审查，2016 年 10 月 7 日。
③ 数据由 2016 年金融申诉专员服务提供给 EDR 审查，2016 年 10 月 7 日。
④ 财务申诉专员服务，第 20 页 EDR 审查问题文件提交的第 2 部分。
⑤ 2016 年金融申诉专员服务，数据提供给 EDR 审查，2016 年 10 月 7 日。FOS 表示，对网站的一次访问可能包含多个页面视图、搜索动作等。
⑥ 数据由 2016 年金融申诉专员服务提供给 EDR 审查，2016 年 10 月 7 日。

困难，保险索赔和其他财务问题提供帮助和信息。① FOS 收到了 255 个对这条线路的来电。②

FOS 积极地进行社区外展。这包括 14 种语言的宣传手册、配套动画和 Auslan 视频。FOS 在 2016 年 7 月至 8 月期间以英语以外的 13 种语言开展了为期四周的 SBS 广播活动，并在 2015—2016 年度参加了 27 个社区外展活动。③

FOS 在 2012—2013 年实施了消费者参与战略，以改善弱势消费者的处境。该战略的核心组成部分是由财务顾问和法律支持者组成的消费者联络小组，该小组与 FOS 合作寻找改善该计划有效性和可用性的机会。FOS 还赞助了参与 EDR 的消费者代表的教育活动。④

此外，在提出争议时，申请人有机会录求翻译。如果需要的话，FOS 会安排并支付服务费用。在 2015—2016 年度，FOS 表示有 625 名申请人（占所收到争议总数的 1.8%）要求翻译/口译员，比 2014—2015 年增加 6%。⑤

FOS 亦会询问申请人在提出诉讼时是否需要额外的协助。根据 2010—2011 年和 2015—2016 年的信息，此类协助由申请者自行报告。据统计，申请者自我申请心理健康治疗的比例急剧增加（从 2%增至 39%）。⑥

支持弱势申请人的程序包括：1800 个免费电话号码；一个在线

---

① 金融申诉专员服务，洪水援助，已于 2016 年 11 月 6 日生效，https://www.fos.org.au/news/news/flood‐assistance/。
② 数据由 2016 年金融申诉专员服务提供给 EDR 审查，2016 年 10 月 7 日。
③ 数据由 2016 年金融申诉专员服务提供给 EDR 审查，2016 年 10 月 7 日。
④ 数据由 2016 年金融申诉专员服务提供给 EDR 审查，2016 年 10 月 7 日。
⑤ 2016 年 10 月 7 日向 EDR 审查提供的数据；另见财务申诉专员服务，提交给 EDR 审查问题文件的第 2 部分，第 12 页。
⑥ 数据由 2016 年金融申诉专员服务提供给 EDR 审查，2016 年 10 月 7 日。

第十一章　金融消费纠纷投诉处理机制理论与实践

纠纷形式；如有需要，在递交申请后的两天内，优先回电，要求财务部提供更多协助；财务状况表的电子声明；短信沟通；以及免费的翻译服务。① 如果申请人已通知 FOS 他们需要额外的帮助，这将被标记在争议上，FOS 将调整其对争议的处理以适应申请人的特殊需要。这可能包括通过电话交流，安排书面材料的翻译或使用口译员，延长反应时间框架或与适当的支持机构合作以协助申请人。

2. 养老金（退休金）申诉法庭（SCT）

SCT 是一个独立的法定行政法庭，为消费者提供免费服务，以解决与养老金基金、核准存款基金、退休储蓄账户提供商、保险公司和年金提供商提供的产品或服务有关的投诉。SCT 的管辖权由法令决定。养老基金受托人同意遵守 SCT 决定为注册养老金实体（RSE）许可的条件。

1993 年的"养老金（解决投诉）法"（SRC 法）要求 SCT 追求提供"公平，经济，非正式和快速"争议机制的目标。②

（1）争议接收机制

SCT 收到的纠纷数量已从 2004—2005 年的 1907 次增加到 2014—2015 年的 2688 次（在此期间增加 41%）。③ SCT 在 2015—2016 年收到 2368 份投诉，但应注意其中的 326 件本应被归类为争议的事项被归类为咨询。④

投诉人以多种方式提出争议。在 2015—2016 年最常见的纠纷投递方式是电子化（35% 通过电子邮件和 20% 在线），与 2010—

---

① 数据由 2016 年金融申诉专员服务提供给 EDR 审查，2016 年 10 月 7 日。
② SRC 法第 11 条。
③ 退休金申诉法庭 2016 提交 EDR 审查问题文件的第 7 页。SCT 建议分类更改的原因是为了改善消费者的服务体验并允许更好地分配资源。
④ 退休金申诉法庭 2016，2015—2016 年度报告，第 34 页。

2011年度的情况相比,通过电子邮件提交的纠纷数量几乎是双倍增长。①

(2) 解决争端

在2015—2016年度,SCT解决了1366起争议,111起争议未经解决撤销,886起争议在管辖范围之外。② 在2010—2011年度,SCT解决了1376起争议,79起争议未经解决撤回,1007起争议在管辖范围之外。③

SCT预测,由于人口压力,金融知识水平提高以及澳大利亚人对养老金的参与程度不断提高,未来投诉量将会增加。④

长期以来,延迟和纠纷解决积压问题一直是SCT的一个问题。SCT指出,如果争议在退休前未退出或与退休养老金提供者协商解决,至少需要12个月的时间才能进行审查,届时SCT将对投诉作出正式决定。⑤ SCT目前正在采取行动来缩短这一等待期。

据统计,2010年,解决纠纷从投诉到裁决的平均时间为635天。在2015—2016年度,这一数字已增至796天。SCT就争议是否在其管辖范围之外作出决定的时间也从2010—2011年度的17天增至2015—2016年度的26天。⑥

一般来说,投诉应由提出投诉的个人提交上报。投诉人可以要求在SCT程序的任何阶段出席代理,但该请求必须经SCT批准。

除了投诉人有残疾或被认为"在所有情况下都是必要的"之

---

① 退休金申诉法庭提供给EDR审查的数据,2016年10月7日。
② 退休金申诉法庭2015,2014—2015年度报告,第19页。
③ 退休金申诉法庭提供给EDR审查的数据,2016年10月7日。
④ 退休金申诉法庭提交至EDR审查问题文件的第21页。
⑤ 退休金申诉法庭网站,2016年11月27日,http://www.sct.gov.au/faqs/frequently-asked-questions。
⑥ 退休金申诉法庭提供给EDR审查的数据,2016年10月7日。

外，SCT 对 SRC 法案中所包含的代表进行推定,① 与 SCT 提供"公平，经济，非正式和快捷的"投诉解决方案的目标相一致。②

（3）解决争议的方法

图 4 介绍了 SCT 争议解决流程。③

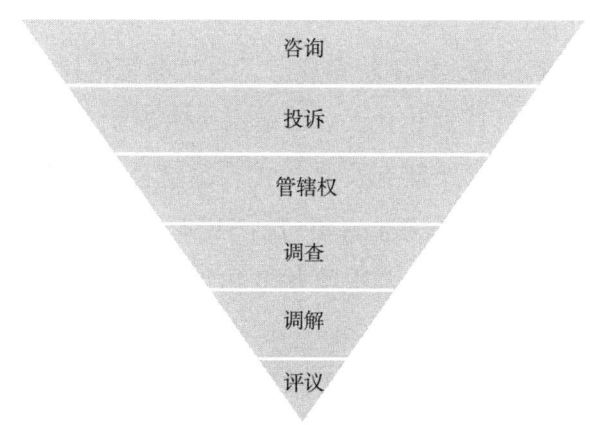

图 4　SCT 争议解决流程

投诉的解决可以在该过程的任何阶段进行。在 2015—2016 年度，在 SCT 管辖范围内的投诉中，有 87% 在调查或调解期间得到解决，13% 通过裁决得到解决。

评议以纸质的方式呈现。主席通过选择一至三名法庭成员处理特定申诉以组成法庭。SCT 目前有 13 名兼职成员，法庭的组成并非一项可委托的职能。

一旦投诉计划进行审查，双方之间就会进行文件交换，并为每一方提供提交书面材料的机会。意见交换后，各方将有机会在确定聆讯日期之前作出回应，以确保程序公正。投诉分析师对文件进行

---

① SRC 法第 23 条。
② SRC 法第 11 条。
③ 退休金申诉法庭提交至 EDR 审查问题文件的第 15 页。

审查，以确保在组成法庭审理此事之前没有提出任何新问题。

SCT 在自身网站以及澳大拉西亚法律信息研究所网站（www.austlii.edu.au）上发布匿名版本的决定。当然其不会在上诉或无法保证当事人匿名的情况下作出裁决。

（4）管辖权

作为法定的法庭，SCT 法案规定了 SCT 的管辖权，权力和时间限制。与行业监管计划相比，SCT 根据决策者的身份提出了管辖权。因此，SCT 可以处理有关受托人、保险公司、退休储蓄账户（RSA）提供者、受监管基金（不包括 SMSF）的退休金提供者、批准的存款资金管理者、人寿保险基金和年金政策的决定和行为的投诉。[①]

SRC 法案明确排除了 SCT 管辖范围内的 SMSF。由于 SMSF 的受托人也是基金的成员，除了在有限的情况下（例如成人 SMSF 成员的子女），SMSF 成员没有理由要求对受托人进行外部争议解决（因为他们自己是受托人）。此外，一般而言，由于非 APRA 受监管资金不向 APRA 支付费用，因此他们不知道该规定提供的利益，包括获得外部争议解决方案的权利。

SRC 法案规定了管辖权和常设条款。当养老金供应商受到 1993 年养老金行业（监管）法（SIS Act）的监管时，养老金供应商将受 SCT 的管辖。SCT 可以处理各种与退休金有关的投诉，但不包括与 SMSF 有关的投诉。如果养老金供应商提供的产品或服务不在 SCT 的管辖范围之内，则他们必须属于 ASIC 批准的 EDR 计划。[②]

一般来说，向 SCT 提出的投诉属于以下类别之一：

[①] 1993 年"养老金（投诉决议）法"第 4 部分。该法第 5 部分从 SCT 管辖范围中剔除了 SMSF。

[②] 澳大利亚证券和投资委员会 2016 年提交 EDR 审查问题文件的第 25 页。

死亡赔偿索赔［2015—2016 年度共 635 次投诉（26.8%）］；

全部或永久伤残赔偿［2015—2016 年度共 519 次投诉（21.9%）］；

基金管理投诉［2015—2016 年度共 1214 次投诉（51.3%）］。①

SCT 对投诉没有金钱限制，包括涉及人寿保险的争议。此外，除 SRC 法案规定的某些情况下，例如死亡抚恤金分配索赔（一般为 28 天）和永久性残疾索赔总额（一般为四年）外，也不适用时间限制。②

当受托人分发死亡福利时，它会对受益人进行调查，并向识别出的潜在受益人提供有关其如何分配福利的信息，称为"索赔"。潜在的受益者可以反对拟议的分配。受托人在作出最终决定前考虑所有异议，将决定通知给潜在受益人，协同受托人决定的理由以及向 SCT 提出投诉的规定时限（目前为 28 天）。如果没有提出投诉，受托人将分发死亡福利。③ 如果 SCT 提出死亡赔偿申诉，受托人必须在 28 天内进行"合理调查"，并在 SCT 作出决定前请已确定的当事人申请加入争端讨论。

在 2015—2016 年度，SCT 收到的投诉中有 35% 不在其管辖范围之内。通常地，SCT 无法处理某些投诉的主要原因是，在提交给 SCT 之前，该投诉并未通过受托人的 IDR 程序进行审议。另一个关键原因是事件本质上是消费者咨询而并非投诉。在 2015—2016 年度，SCT 发起了一项新举措，将某些事项重新归类为咨询，以改善

---

① 基金管理涉及一系列争议。在 2015 年至 2016 年，主要类型涉及以下争议：扣除保险费、延迟支付利益或转移/冻结资金、账户余额；退休金申诉法庭提供给 EDR 审查的数据，2016 年 10 月 7 日。

② 时间限制确实有所不同。欲了解更多信息，请参阅 SCT 网站的时间限制板块：http://www.sct.gov.au/pages/make-a-complaint/time-limits。

③ 退休金申诉法庭提交给 EDR 审查中期报告的第 11 页，脚注 13。

消费者的服务体验并更好地分配资源。

表4列出了SCT收到的不属于其管辖范围的投诉的细目。①

表4　　　　　　　　不属于SCT管辖范围的投诉

争端种类	2015—2016年度
争端未首先通过IDR审议	65%
消费者咨询	11%
超过时间限制	6%
根据SRC法案第15（1）（a）条不存在利益关系或不是会员或不是受益人	4%
争议跟受托人决策无关	4%
争议跟雇主有关	3%
豁免公共部门计划	2%
其他［包括SMSF（<1%）在内的投诉］	6%

SCT只能接受消费者已经通过IDR机制与养老金工作者进行过合理努力争取解决后仍存在的争议。② 如果消费者没有试图通过受托人的IDR程序解决争议（根据SIS法，需要长达90天），③ 则SCT不考虑该争议。在2015—2016年度，近三分之二（65%）的争议被认为在SCT的管辖范围之外（即约占所有争议的23%），原因是消费者尚未向其基金投诉。④ SCT的确不追踪提及IDR的纠纷。

根据SRC法案第22A条，当另一个投诉解决机制（scheme）满足解决某类纠纷所必需的条件时，SCT也有权利向该类机制转交该类纠纷。在这种情况下，SCT必须获得投诉人的同意才能提交争议。在过去五年中，只有四起纠纷被SCT转交给另一个投诉处理机构（FOS），每年平均有一起争议被移交。在2015—2016年度，

---

① 退休金申诉法庭，2015—2016年度报告，第38页。
② SRC法案第19节。
③ SIS法第101条要求养老金提供者建立处理查询和投诉的安排。
④ SCT 2015—2016年度报告。

SCT 还建议 15 位消费者联系 FOS 解决他们的争议，同时 SCT 收到了 119 个来自 FOS 的引荐。

(5) 权力

SRC 法案概述了 SCT 的法定权力。一般来说，SCT 作为受托人，可以根据契约，养老金和其他相关立法以及信托法律行使受托人可以享有的所有权力和自由裁量权。

在做出决定时，SCT 必须考虑受托人的决定在这种情况下是否"公平合理"。如果 SCT 认定一项决定是"公平合理"的，那么 SCT 必须承认该决定。如果 SCT 认定某项决定不公平合理，则只能行使其权力，将投诉人尽可能地维持在原决定前的状态。如果没有不利的实际结果或经济损失，SCT 不能给予成本或损害赔偿以及提供补救措施。①

SRC 法案对什么是"不公平或不合理"没有提供一般性指导，尽管在 SRC 法案中规定的某些特定情况下，SCT 应考虑某些事项。当投诉涉及非自主决定时，如果该决定违反法律，则该决定被认为是不公平和不合理的。在缺乏 SRC 法案的指导时，SCT 可以以普通法（即法院判决）为指导。

SCT 不能对与基金设计有关的投诉提供补救措施。② 在进行审查时，它也无法以违反相关信托契约或保险政策的方式行使其权力。③

SCT 有权参加争议，这对解决许多退休金投诉至关重要。

由于受托人通过与保险公司一起开出集团人寿保单，提供保险利益，因此 SCT 能够加入保险公司作为纠纷的一方，从而有效地将

---

① 养老金投诉裁决 2015 年，2014—2015 年度报告，第 3 页。
② SRC 法案，第 14 条第 6 款。
③ SRC 法案，第 37 条第 5 款。

受托人和保险公司的决定视为单一纠纷。如果对于与投诉人的争议相关的保险公司存在分歧，SCT可以加入纠纷中多家保险公司。

死亡抚恤纠纷可能会影响多方（其他潜在受益人），SCT也有能力加入已申请加入投诉的潜在受益人。

根据养老行业规则第13.17B条规定的运营标准，受托人在法律应遵守SCT裁决，如不遵守可能面临被APRA采取强制执行。①

对于SCT而言，其没有法定义务审理"测试案例"。然而，SCT主席的指导原则和程序规则允许在SCT或纠纷中一方通知SCT存在问题或原则需要确定的情况下，建立多人专家组。纠纷只能由成员/前成员和受益人提出，他们不能由金融公司发起。SCT的决定并不是具有法律约束力的先例。

只有针对SCT判决中的法律问题，纠纷中的一方才可以向联邦法院提出上诉。②

联邦法院不能针对没有对纠纷中另一方的上诉进行辩护的消费者提出不利的费用指令。③

在过去的十年中，纠纷中一方已向联邦法院提起88次上诉，其中69次是针对SCT裁决。④ 过去五年来，向联邦法院提出的上诉中有89%是由消费者（包括受益人）发起的，而不是金融公司。⑤

（6）治理

SRC法案概述了SCT的组织和治理安排。该法规定，SCT由一名主席，一名副主席和至少七名其他成员组成。

当前的结构区分了主席和副主席的角色。主席是SCT的执行官，

---

① 退休金行业（监管）条例1994，应被遵守的养老金投诉法庭条例13.17B命令等。
② SRC法案，第46条。
③ SRC法案，第46条第5款。
④ 澳大利亚证券和投资委员会，提交EDR审查问题文件，第26页。
⑤ 养老金投诉法庭，提供给EDR审查的数据，2016年11月25日。

根据其法定目标对 SCT 的权力和职能进行全面运作和管理。ASIC 负责 SCT 的日常管理,并为 SCT 提供所有行政资源,包括员工雇用、账单支付、IT 支持和租赁。

SRC 法第 6 条和第 7 条限制了主席的权力和授权。例如,主席根据 2013 年公共治理,业绩和责任法案(简称"PGPA 法案")没有财务授权,并且无权作出单方面的人员配置或预算决定。主席也无权委派某些职能,例如,为审理投诉而组建法庭。

与行业巡视员体制不同,SCT 没有董事会。SCT 成立了一个咨询委员会,由六名行业代表,一名消费者代表和一名独立主席组成。① 理事会的作用是维护和加强 SCT 的治理,并为利益相关者提供一个向 SCT 提供定期反馈和高层次战略建议的平台。在会员自愿的基础上,会员通过 SCT 主席邀请获得理事会成员资格。

主席和副主席由总督任命。法庭成员是部长级的被任命人,其中两名经与消费者事务部长磋商后任命。② 除专职主席和副主席外,目前 SCT 共有 21 名兼职成员,其中包括 13 名新任命和 2 名连任。

(7) 融资安排

政府在每个联邦预算中为 SCT 提供年度拨款。这笔拨款将由部长确定并由 APRA 以收取的年度金融部门税款的形式,从澳大利亚审慎监管局(APRA)监管的退休金中收回。APRA 所收取的税额中分配给 SCT 的份额,由 SCT 的联邦预算分配决定,而不是直接取决于 SCT 预估的纠纷数量。此外,作为政府拨给公共部门实体的 SCT 资金,受到政府效率措施的限制,包括年度效率红利措施。

表 5 列出了年报中报告的 SCT 支出情况:③

---

① SCT 网站,查看于 2016 年 11 月 26 日,http://www.sct.gov.au/pages/about-us/advisory-council。
② SRC 法案,第 6 条和第 7 条。
③ 养老金投诉法庭年度报告 2011—2012 至 2015—2016 年度。

表5　　　　　　　　　SCT 支出情况

财政年度	支出（单位：百万澳元）
2010—2011	6.32*
2011—2012	6.02*
2012—2013	6.10
2013—2014	6.64
2014—2015	5.92
2015—2016	5.24

注：* 包括所有的运行费用以及审理委员会的报酬。

在2016—2017年度预算中，政府为SCT拨付了额外的520万澳元非持续性资金。① SCT的2015—2016年度报告指出，这笔额外资金将有助于SCT增加运营资源以解决投诉，并在未来继续改进系统和程序。②

表6列出了SCT自2010—2011年度以来的员工水平：③

表6　　　　　　　　　SCT 员工水平

SCT人员配置	2010—2011	2011—2012	2012—2013	2013—2014	2014—2015	2015—2016
全体职员	44	45	42	45	39	32
固定职员人数	43	44	41	36	35	30
临时雇员人数	1	1	1	9	4	2
专职职工人数	38	41	40	43	35	26
兼职职工人数	6	4	2	2	4	6
人员流失率	20.69%	13.33%	14.89%	17.20%	16.67%	33.80%

自2010—2011年以来，SCT的总人员配置人数每年都在下降。在2010—2011年度，SCT共聘用了44名员工，而2015—2016年度

---

① 养老金投诉法庭2016，媒体发布-法庭欢迎520万澳元的资金增加，链接：http://www.sct.gov.au/latest-news/tribunal-welcomes-52-million-funding-increase。
② 养老金投诉法庭，年度报告2015—2016年度，第3页。
③ 养老金投诉法庭年度报告2011—2012至2015—2016年度。

第十一章　金融消费纠纷投诉处理机制理论与实践

则为32名。专职人员与兼职人员的比一直在下降。2010—2011年度至2015—2016年度间，员工流失率目前为33.8%，平均为19.43%。

（8）监督

作为澳大利亚政府机构，SCT受到议会、法院和多个联邦实体机构的外部审查和监督。

议会通过立法程序，以及通过制定法规和SCT的年度报告来审查SCT的业务。根据参议院第12号常设命令，SCT还每年两次提供由参议院讨论的文件索引清单。SCT还在需要时回应部长级询问和议会通告。

SCT的司法管辖权，权力和运作通过上诉和法院的司法审查的方式，向司法监督开放。

额外监督由联邦巡视专员提供。联邦巡视专员是负责调查与SCT和1982年信息自由法案有关的投诉，该法规定了获取SCT文件的权利。从2010—2011年至2015—2016年期间，49项有关SCT的投诉已向申诉专员提起。过去五年来，对SCT的投诉一直在下降，从2010—2011年的16项减少到2015—2016年的4项投诉。投诉的主要原因是：不及时处理消费者纠纷和SCT决定拒绝其管辖范围外的投诉。在迄今为止的所有投诉中，联邦巡视专员没有发现行政缺陷，也没有要求SCT采取进一步行动。

（9）改善行业的行为

SRC法案第64条要求SCT主席在任何有关投诉的法律，管辖规则或条款和条件可能遭到违反的情况下向ASIC和/或APRA提供详细资料。① 自2006年以来，SCT主席提供的这些通知中有82份

---

① SRC法案，第64条。

提交给 ASIC，19 份提交给 APRA。① SCT 主席向 ASIC 提供的详细资料主要涉及以下问题：受托人履行退休金的选择义务和受托人不履行提供书面理由的要求。②

在 2015—2016 年度，SCT 向 ASIC 及（或）APRA 移交 13 起违规投诉。③ 过去五年来，转交数量有所增加。

在 2015—2016 年期间，有一起不遵守 SCT 裁决的纠纷，SCT 主席已向 ASIC 和 APRA 转交。在向 ASIC/APRA 报告的过程中，受托人启动了实施 SCT 裁决的措施。④

第四节 日本的金融纠纷解决机制⑤

2009 年 6 月 17 日，《关于修订金融商品交易法等法律的修正案》正式通过，该修正案因其增设了纠纷解决实施的制度安排被称为"金融 ADR（Alternative Dispute Resolution）法"。截至 2017 年，日本共有 8 家指定纠纷解决机构，分别是全国银行协会、信托协会、人寿保险协会、日本财产保险协会、保险投诉调查协会、日本小额短期保险协会、日本贷金业协会及指定证券金融商品斡旋咨询中心。这些机构由日本金融厅对申请者进行审查，最终由内阁总理指定。日本金融厅每半年公布一次 8 家机构投诉、纠纷受理、处理程序实施情况。

---

① 养老金投诉法庭 2016，提供给 EDR 审查的数据，2016 年 10 月 7 日。
② 澳大利亚证券和投资委员会，提交 EDR 审查问题文件，第 26 页。
③ 养老金投诉法庭 2016，提供给 EDR 审查的数据，2016 年 10 月 7 日。
④ 养老金投诉法庭 2016，提供给 EDR 审查的数据，2016 年 11 月 28 日。
⑤ 本部分由人民银行沈阳分行白地供稿，特此致谢。

第十一章 金融消费纠纷投诉处理机制理论与实践

日本纠纷解决机构的立法规制

1. 指定纠纷解决机构的设立条件

根据日本《金融商品交易法》第 156 条 38 至 42 款规定，成为金融纠纷解决机构需要具备以下条件：第一，须为法人。另外，社团以及被认可的其他代表机构和管理机构也可成为纠纷解决机构，但依据外国法律设立的法人机构、团体除外。第二，具备纠纷解决业务的管理能力和技术基础。管理能力主要是指为纠纷解决业务的平稳、顺利进行，提供相关收支计划等准备工作的行政业务能力；技术能力是指纠纷解决实施的相关经验及准备工作。第三，不存在影响纠纷解决业务公正实施的障碍。以保护金融消费者利益为导向的金融 ADR 机制，其本身的公正性和专业性非常重要。为此，《金融商品交易法》规定纠纷解决委员会至少要含有律师、消费者专家各一人，此外还具体规定了纠纷解决委员的选任方法，以及和纠纷有利害关系的纠纷解决委员的回避规则等。第四，具有完善的业务规程等制度。机构自身要设有关于业务流程、纠纷解决委员的人选等方面非常详细的业务规程，这些规程同时要符合《金融 ADR 法》《金融商品交易法》等上位法的规定。第五，金融机构对指定机构的制度不存在异议。金融 ADR 制度规定了金融机构的异议确认制度，即对于指定纠纷解决机构的相关制度和规则，如果一定比例以上的金融机构对纠纷解决程序的相关内容持有异议，那么该指定纠纷解决机构的指定申请将不被受理。

2. 纠纷解决主体的权利义务

（1）金融机构须与指定纠纷解决机构签订《基本契约》。设定金融机构配合纠纷解决的强制性义务，加快纠纷解决进程。《金融商品交易法》第 37 条规定：金融机构必须至少与其中一个机构签订基本契约，并须将选择的纠纷解决机构告知金融消费者。签订契约后，金融机构必须服从纠纷解决机构的调解程序，接受纠纷解决机构的调解结果。若金融机构不遵守其缔结的基本契约，将构成对纠纷解决机构的违约行为。

（2）金融消费者对纠纷解决方式具有选择权。与金融机构强制性义务相对应，金融消费者在与金融机构产生纠纷时，可以选择向已获认证的纠纷解决机构申请解决纠纷，也可以自由决定通过其他纠纷解决机制解决，如诉讼及国民生活中心和消费者中心的相谈、调停制度等。当消费者既利用金融 ADR 机制又进行诉讼时，要向纠纷解决机构告知其诉讼情况，纠纷解决机构将终止相关纠纷解决程序。

3. 纠纷解决程序

根据金融 ADR 制度规定，各指定纠纷解决机构按照苦情处理和纠纷解决两个程序进行投诉纠纷的解决。

（1）苦情处理程序。苦情即投诉，指金融消费者对金融商品、服务以及其他营业活动等相关内容的不满而进行的投诉。消费者向指定纠纷解决机构提出投诉，纠纷解决机构受理后，将详细记录与纠纷相关的内容，并将该信息传达给金融机构。必要时，纠纷解决机构将对纠纷进行调查，要求金融机构提供纠纷解决方案，而后将该方案通报消费者，表明自己关于方案的意见。若消费者同意该方案，则纠纷解决机构将对该解决方案予以确认，纠纷解决程序即告结束。若投诉未得到解决，将根据情况选择进入纠纷解决程序。

（2）纠纷解决程序。纠纷处理程序的启动一部分来源于消费者或金融机构申请，另一部分来源于投诉处理程序直接移交。当消费者的投诉申请不能得到解决或者是其中一方（消费者或金融机构）向纠纷解决机构提出纠纷处理申请时，"纠纷解决程序"启动，纠纷解决机构将按照相关规定选任纠纷解决委员。纠纷解决委员可要求被申诉的金融机构提供与纠纷有关的资料,并在听取双方当事人以及其他相关人员的意见后,提出和解方案或决定进入特别调停案。和解方案旨在推动双方当事人达成和解,更高效地解决双方当事人之间的纠纷,但其依赖于双方当事人自愿接受和履行,缺乏一定的约束力。而特别调停案基于程序实施基本契约,纠纷解决委员认为能够依照纠纷的性质、当事人的意向以及其他已有的情况来客观认定纠纷,作出公正决断时,委员会便可以做成特别调停案,金融机构方对于调停方案必须原则性接受,该方案对其具有单方拘束力。如果金融消费者也不接受该调停方案,或者之后金融机构提起了诉讼,则该调停方案自动失效。当金融机构接受后却不履行和解方案或特别调停案时,基于先前金融机构与纠纷解决机构缔结的《基本契约》,其将被认为是对契约债务的不履行,纠纷解决机构有权将该金融机构履行义务的情况公布于众,同时上报主管机关,给金融机构施加舆论压力,来促进金融机构改善服务并履行承诺,以实现纠纷解决的实效性。

可以看出,在不接受特别调停案的情况下,除了诉讼,金融机构并没有其他选择,这样的安排有利于金融纠纷最终获得解决。可以说,特别调停案的制度安排,是在公平与效率间进行最大限度努力的表现。

第十二章 2018年人民银行金融消费者投诉形势和典型案例

2018年,人民银行进一步畅通投诉渠道,截至12月29日,全国36家副省级城市中心支行以上分支机构12363投诉咨询电话全部实现"以省(市)为单位一点接入、设立呼叫中心"。全年共受理金融消费者投诉33824笔,较上年增加56.52%,投诉办结率达97.87%。各地因地制宜推进金融消费纠纷非诉解决机制建设,取得积极进展。银行业金融机构金融消费者投诉统计分类及编码行业标准全面实施。

第一节 金融消费者投诉基本情况

(一)人民银行受理金融消费者投诉量显著增长

2018年,人民银行各级分支机构共受理金融消费者投诉33824笔,较上年增加12214笔,增幅为56.52%。2018年第四季度,人民银行各级分支机构共受理金融消费者投诉11121笔,较上一季度增加1608笔,增幅为16.90%;较上年同期增加5620笔,增幅为102.16%。

其中,人民银行法定职责范围内的投诉29458笔,占比87.09%;涉及跨市场、跨行业类交叉性金融产品和服务的投诉

1562笔，占比4.62%；其他类投诉2804笔，占比8.29%。

从各省（自治区、直辖市）情况看，2018年受理金融消费者投诉量排名前三位的是上海市、广东省和湖北省，分别受理投诉9970笔、4959笔和2783笔，以250个工作日计算，日均受理投诉量分别为39.88笔、19.84笔和11.13笔。

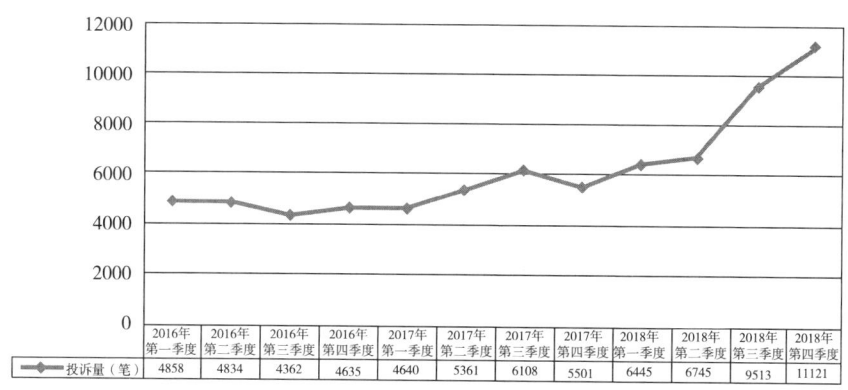

图1 人民银行受理金融消费者投诉量季度变化

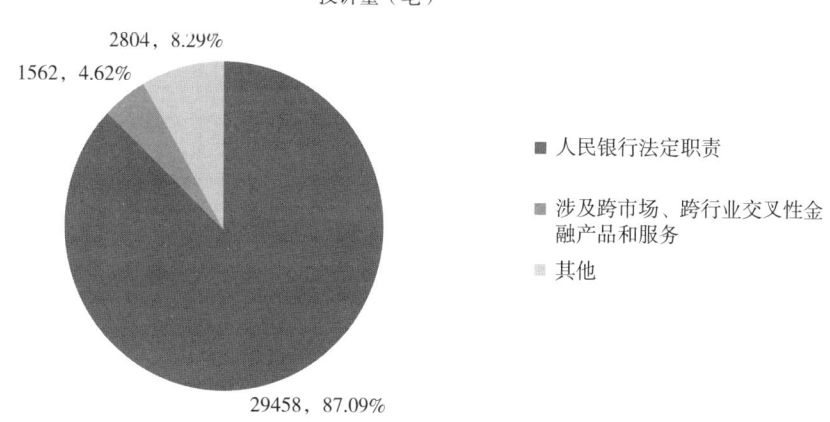

图2 2018年金融消费者投诉受理范围分布图

2018年，人民银行各级分支机构共受理金融消费者咨询144285笔。

(二) 银行业金融机构投诉有所增长, 非银行支付机构投诉增长较快

从被投诉机构类型看,针对银行业金融机构的投诉22030笔,较上年增长4558笔,增幅为26.09%,占投诉总量的65.13%,占比较上年下降15.72个百分点;针对非银行支付机构的投诉9555笔,较上年增长6352笔,增幅为198.31%,占投诉总量的28.25%,占比较上年上升10.65个百分点;针对证券期货业、保险业金融机构的投诉265笔,占投诉总量的0.78%;针对其他类型机构的投诉1974笔,占投诉总量的5.84%。

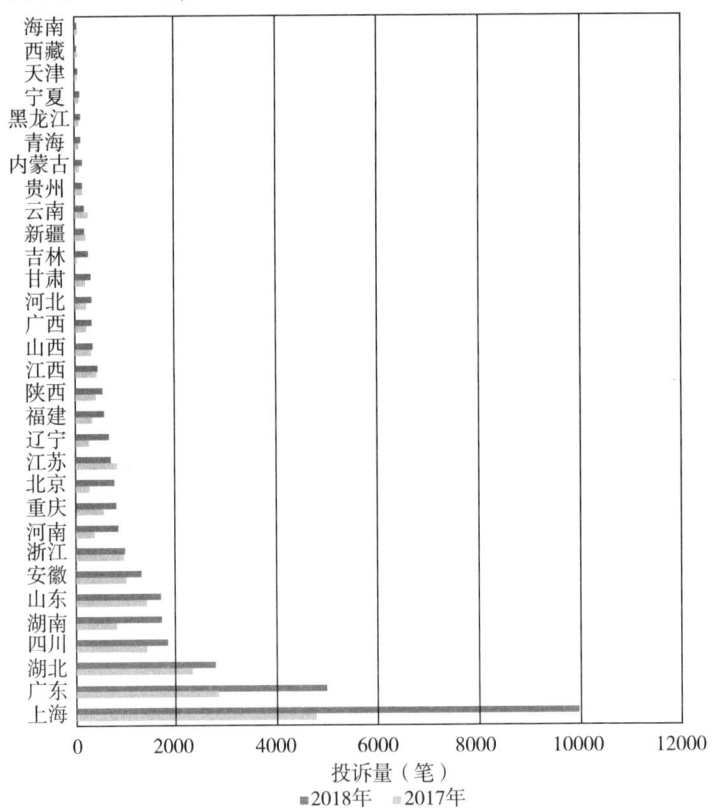

图3 2018年各省(自治区、直辖市)投诉情况同比变化

从涉诉机构看,每百网点投诉量排名前三位的银行业金融机构分别为平安银行(59.27笔)、广发银行(55.63笔)、中国光大银行(46.82笔)。

投诉量前三位的非银行支付机构分别为杉德支付网络服务发展有限公司(2320笔)、支付宝(中国)网络技术有限公司(1722笔)、迅付信息科技有限公司(1072笔)。

表1　　2018年国有商业银行、股份制商业银行投诉情况

法人机构名称	每百网点投诉量(笔)
平安银行	59.27
广发银行	55.63
中国光大银行	46.82
上海浦东发展银行	46.25
中信银行	44.76
招商银行	41.08
交通银行	34.27
浙商银行	28.13
兴业银行	26.43
华夏银行	24.27
渤海银行	22.44
中国民生银行	19.52
中国银行	15.12
中国工商银行	13.24
中国建设银行	12.10
恒丰银行	8.09
中国农业银行	7.66
中国邮政储蓄银行	2.81

表2　　2018年非银行支付机构投诉情况

法人机构名称	投诉量(笔)
杉德支付网络服务发展有限公司	2320

续表

法人机构名称	投诉量（笔）
支付宝（中国）网络技术有限公司	1722
迅付信息科技有限公司	1072
财付通支付科技有限公司	560
上海银生宝电子支付服务有限公司	520
付临门支付有限公司	263
广州市汇聚支付电子科技有限公司	197
通联支付网络服务股份有限公司	159
快钱支付清算信息有限公司	143
宝付网络科技（上海）有限公司	143

（三）支付结算管理和银行卡是全年投诉热点领域

从投诉领域看，金融消费者投诉主要集中在支付结算管理（占比38.58%）、银行卡（占比26.30%）、贷款（占比8.13%）、征信管理（占比4.12%）、储蓄（占比3.88%）、电子银行（占比1.98%）、人民币管理（占比1.96%）等业务领域。其他类投诉占投诉总量的10.63%。

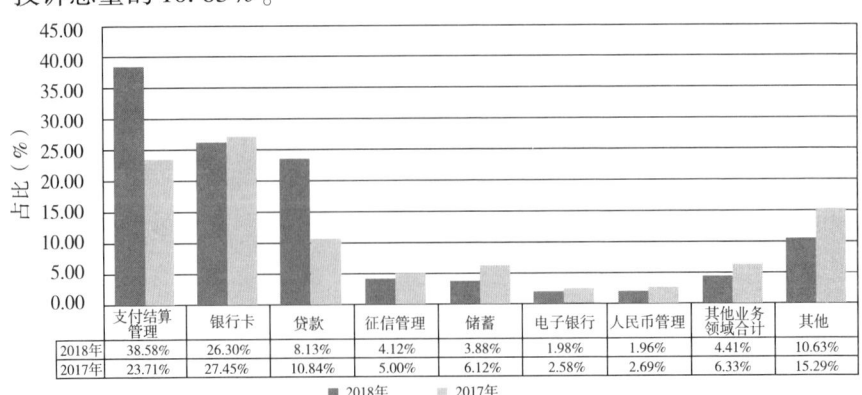

图4 2018年金融消费者投诉业务领域分布同比变化

2018年，金融消费者投诉原因主要集中在产品或服务缺陷、服务质量、推诿拒办、涉嫌违法违规、信息披露和定价收费等方面。

(四) 投诉办结率达97.87%

2018年，人民银行各级分支机构受理的33824笔投诉中，已办结33105笔，办结率为97.87%。其中，人民银行转给金融机构后直接处理办结22031笔，占投诉总量的65.13%；人民银行转交其他监管部门处理办结502笔，占投诉总量的1.48%；人民银行直接处理办结9436笔，占投诉总量的27.90%；需要人民银行介入调解的投诉共1187笔，占投诉总量的3.51%，其中经人民银行调解后未办结的投诉有51笔，占投诉总量的0.15%；另有668笔投诉在第四季度未办结，仍在处理过程中，占投诉总量的1.97%。

(五) 金融消费纠纷非诉解决机制建设取得积极进展

2018年，上海市金融消费纠纷调解中心共受理金融消费纠纷1198件，完成调解845件，调解成功609件，调解成功率72.07%。其中，通过金融消费纠纷调解网完成在线调解193件；共完成中立评估35件。广东省各地金融消费纠纷调解（处）中心受理调解申请127件，成功调解97件，调解成功率76.38%。山东省各地金融消费权益保护协会调解金融消费纠纷101件，调解成功90件，调解成功率89.11%。陕西金融消费纠纷调解中心成功调解金融消费纠纷32件。黑龙江金融争议调解仲裁中心成功调解金融消费纠纷15件。

2018年，福建、海南、贵州省级金融消费权益保护协会（联合会）成立。山西、湖南、河南省级金融消费权益保护协会获得各省民政部门名称核准，相关筹备工作正在稳步推进过程中。在地市层面，江苏省南京市、扬州市、无锡市金融消费权益保护协会召开成立大会；安徽省阜阳市金融消费权益保护协会已获当地民政部门批准成立，将适时召开会员大会。

（六）金融消费者投诉统计分类及编码行业标准全面实施

2018年9月4日，人民银行和银保监会联合制定的《金融消费者投诉统计分类及编码 银行业金融机构》行业标准以银发〔2018〕211号文发布。10月12日，人民银行和银保监会联合下发《中国人民银行 中国银行保险监督管理委员会关于实施银行业金融机构金融消费者投诉统计分类及编码行业标准的通知》（银发〔2018〕243号）。为推动标准应用实施工作，11月9日，人民银行金融消费权益保护局和银保监会消费者权益保护局在北京联合召开标准应用实施动员部署暨业务培训电视电话会议。会议全面总结了金融消费者投诉分类标准化体系建设工作，深入分析了当前银行业金融消费者投诉处理形势和所面临的挑战，全面部署了标准应用实施工作，有效开展了标准应用实施业务培训。会议要求各银行金融机构全面实施银行业金融机构金融消费者投诉统计分类及编码行业标准，明确各银行业金融机构是标准应用实施和业务培训工作的主体，要规划组织好本机构标准应用实施和业务培训工作，切实履行好主体责任。

第二节 2018年第四季度投诉典型案例

【案例1】为老年客户办理黄金定投业务引发投诉案

2018年11月19日，人民银行苏州市中心支行收到金融消费者俞某的投诉，反映其近期打印银行卡流水发现有两笔不明情况的交易，交易商户显示为中国建设银行苏州市高新区支行营业部。俞某反映，由于本人不懂金融业务，害怕不明风险，因此所持银行卡仅用于代发工资，未开通手机银行、网上银行等任何服务，更未办理过理财投资等业务，近期唯一做过的一笔交易是银行卡取款。俞某担忧他人操作了其银行账户，影响资金安全，故向人民银行投诉求助。

接到投诉后，人民银行苏州市中心支行及时向中国建设银行苏州市高新区支行进行调查核实。经核实，俞某有疑问的两笔流水实际为黄金定投业务，一笔显示为定投买入，金额280元，另一笔为定投赎回，金额为265.5元，均发生于2018年5月29日。当时，俞某至中国建设银行苏州市高新区支行办理取款业务，银行工作人员向其推荐办理"易存金"业务，并介绍其体验买入卖出1g黄金交易，获得其同意，随后为其补上了14.5元的交易亏损。

尽管根据银行提供的材料，当时的两笔交易确实得到了俞某同意，交易密码和身份识别也是其本人配合完成，也未产生实质的经济损失。但是中国建设银行苏州市高新区支行向俞某推荐"易存金"业务的行为本身并不恰当：一是俞某已年近七旬，经济来源有限且本身为风险厌恶型，而"易存金"业务是与黄金价格挂钩的投资性产品，具有一定的风险；二是俞某文化程度不高，对金融业务所知不多，柜面工作人员向其推荐体验"易存金"业务时，尽管在程序上获得了客户同意，但实质上并未使客户明白该项金融业务的真实含义，客户的交易行为很大程度上是对金融业务的误解所致。鉴于此，人民银行苏州市中心支行要求中国建设银行苏州市高新区支行立即为俞某关闭贵金属账户，同时加强对一线业务人员的培训和管理，规范营销行为。

【案例2】充值话费100元变50元导致纠纷案

2018年11月29日,金融消费者魏某通过12363投诉咨询电话向人民银行贵阳中心支行投诉,称其于2018年11月22日通过中国银联云闪付APP为名下手机号码充值话费100元,但实际仅到账50元。魏某向中国移动贵州有限公司核实话费充值情况,客服告知其参加了名为"感恩回馈"的活动,活动内容为充值50元送100元话费,故其充值的话费金额为50元。11月23日魏某拨打中国移动客服热线,客服告知其11月充值的话费只有1笔,金额为50元,并建议其向中国银联反映。11月23-29日,魏某多次拨打中国银联客服热线及中国银联贵州分公司咨询投诉电话,均无人接听,遂投诉。

收到魏某投诉后,人民银行贵阳中心支行立刻转办中国银联贵州分公司,要求及时予以核查处理。在人民银行贵阳中心支行督办下,中国银联贵州分公司积极向中国银联总部汇报。经查,中国银联云闪付APP话费充值业务并未直接与中国移动搭建充值缴费平台,而是委托"浙江开心果网络科技有限公司"(以下简称"浙江开心果公司")提供话费充值服务,而浙江开心果公司又有多个供应商为其提供多种充值方案。浙江开心果公司在获取话费充值支付信息后,未直接根据支付指令转中国移动进行话费充值,而是通过其供应商提供的成本最小化的充值方案向中国移动进行充值。该案例中,浙江开心果公司为降低其充值成本,擅自为魏某选择"感恩回馈"活动"满50送100元话费"的充值方式充值话费,导致魏某实际支付100元,只收到50元通用话费和活动赠送的100元专款话费充值(专款话费必须在2018年底前用完),严重侵害了消费者合法权益。中国银联就此问题责令浙江开心果公司进行整改:一是要求其取消该种充值方式,不允许套用低成本资源侵害消费者利益，否则将撤销其中国银联供应商资格；二是要求浙江开心果公司为魏某进行退款处理。魏某对处理结果表示满意。

金融机构应加强对供应商等合作方的准入管理和履约管理。同时，应充分履行告知义务，特别是对于与供应商等合作开展的业务，有义务提示或告知金融消费者其购买、使用的商品或者接受的服务的真实情况，充分尊重并切实保障金融消费者知情权和自主选择权。

【案例3】信用卡额度调零后继续收取年费导致纠纷案

2018年12月20日，人民银行白山市中心支行收到金融消费者邹某投诉，称其在中国工商银行白山分行开立的信用卡额度被调零后，仍被收取年费。经了解，邹某于2008年9月22日办理了中国工商银行信用卡，信用额度为2万元，年费为50元，每年刷卡消费5次后可以减免当年年费。该信用卡于2017年4月至7月连续4个月出现违约，被银行监测到后将其信用额度调整为零，但邹某仍继续使用该卡。由于其在2017年12月至2018年12月期间仅消费2次，因此产生年费。邹某向人民银行投诉，认为信用卡额度为零，不应再收取年费。

人民银行白山市中心支行接到投诉后，立即联系中国工商银行白山分行进行调查核实。经了解，邹某所持信用卡在2017年连续4个月违约，并且邹某在中国工商银行无其他资产。银行依据信用卡章程，将其信用额度调整为零。同时，信用卡年费是由中国工商银行总行系统自动扣收，收费情况也在其总行网站上进行过公示。经人民银行调解，双方同意以"刷卡消费减免年费"方式解决此纠纷。

银行业金融机构出于风险控制考虑，依据监管规定在持卡人出现资信恶化情况时采取调减授信额度等风险管理措施无可厚非，但不应简单地"一调到底"。如果客户的资信状况持续恶化，调减一定额度后仍存在风险时，还可以采取止付、冻结或落实第二还款来源等风险管理措施。此外，根据《银行卡业务管理办法》（银发〔1999〕17号）的规定，信用卡是具有银行授信额度和透支功能的银行卡，如果授信额度为零或不具备透支功能，则不再具备信用卡的基本功能，继续按照信用卡标准收取年费是否合理也存在一定争议。

第三节 投诉管理提示

（一）充分认识到人民群众对金融服务有更高要求

2018年，针对人民群众反响强烈的"银行卡解绑手机号陷'三不管'怪圈""银行收取'睡眠卡'小额管理费等未明确提示持卡人""银行卡异地销户难""银行允许贵宾客户在普通窗口任意插队问题"等金融服务问题，人民银行督促相关商业银行及时予以处理，并要求结合问题所涉及的金融消费者财产安全权、知情权、自主选择权、公平交易权、信息安全权等基本权利，有针对性地从制度、系统、业务规则及流程、人员管理及培训等方面予以改进。银行业金融机构应充分认识到人民群众对金融服务有更高要求，不断提高服务意识，持续改进金融服务，充分认识金融消费权益保护工作的紧迫性和重要性，将相关法律法规和监管规定贯彻落实到位，主动查找纠正问题，有效保障金融消费者合法权益。

（二）关注信用卡逾期及相关债务催收和征信问题

2018年，受宏观经济金融形势影响，信用卡逾期问题较为突出。因信用卡逾期而产生的投诉主要包括以下几类：一是金融消费者个人财务状况恶化，无法正常还款，与银行协商调整还款计划但无法达成一致；二是产生逾期后，银行或其委托的第三方债务催收公司的催收方式方法不当，比如向借款人通讯录内亲属好友或其单位同事进行催收、采取短信、电话轰炸威胁甚至进行暴力催收等；三是因逾期产生不良征信记录，对金融消费者再次融资产生影响。银行业金融机构应加强信用卡审批及贷后管理，在出现逾期情况时，积极引导持卡人协商调整还款计划；应当注意债务催收的方式方法并加强对合作第三方债务催收公司的管理，避免因催收不当导致矛盾激化；确保金融消费者个人信用信息的准确性，避免因信息错误或不完整不准确引发纠纷。

小　结

下一步，人民银行系统将继续以习近平新时代中国特色社会主义思想为指导，全面贯彻党的十九大和十九届二中、三中以及中央经济工作会议精神，坚持稳中求进工作总基调，坚持以人民为中心的发展思想，认真贯彻落实人民银行工作会议部署要求，全面提高金融服务与金融管理水平，继续做好金融消费权益保护各项工作。持续优化投诉管理工作，全面推进银行业金融机构金融消费者投诉统计分类及编码行业标准应用实施，积极推进金融消费者投诉数据库建设，稳步开展非银行支付机构金融消费者投诉分类标准和金融机构投诉处理指引试点和制订工作，持续深化金融消费纠纷非诉解决机制建设。各银行业金融机构和非银行支付机构应认真履行好金融消费纠纷处理主体责任，积极配合人民银行做好各项工作，持续提高金融服务与金融消费权益保护工作水平，切实保护金融消费者合法权益。

第十三章　推进金融消费者投诉分类标准的国际经验与我国的实践

高效便民的金融消费者投诉受理、处理机制是保护金融消费者合法权益的重要手段，也是完善的金融消费权益保护体系不可或缺的组成部分。金融消费者投诉数据能及时有效地反映金融消费者对金融产品和服务的意见和需求，也能较为充分地反映金融监管政策和金融机构内控制度的落地和执行情况。世界上主要国家的金融管理部门都非常重视对金融消费者投诉数据进行深度挖掘和分析。人民银行和银保监会联合制定的《金融消费者投诉统计分类及编码 银行业金融机构》行业标准的发布实施，标志着在我国金融行业首次建立了科学、统一的金融消费者投诉分类标准。标准的出台和实施，将有利于金融消费者维护其合法权益，增强其对金融产品和服务的获得感和满意度；有利于金融机构提高管理水平和提升服务质量，增强市场竞争力；有利于金融管理部门汇总统计分析全行业投诉数据，增强金融监管和金融风险防控能力；有利于促进银行业持续健康发展，满足人民群众日益增长的金融服务需求。

第十三章　推进金融消费者投诉分类标准的国际经验与我国的实践

第一节　建立和实施金融消费者投诉分类标准具有重要的现实意义

（一）建立和实施金融消费者投诉分类标准是坚持金融为民工作理念的直接体现

在党中央、国务院领导下，人民银行、银保监会深入贯彻落实习近平新时代中国特色社会主义思想和党的十九大精神，坚持以人民为中心的金融发展观，牢固树立金融为民的工作理念，着力解决发展不平衡不充分的问题，做人民群众的服务者，人民群众利益的守护者。金融消费者投诉是社会主要矛盾在金融领域的具体反映，是金融消费者意见和需求的直接表达。建立金融消费者投诉分类标准，对提高投诉处理效率和投诉数据分析的准确性至关重要，是切实保障金融消费者合法权益，加强金融为民的具体行动。

（二）建立和实施金融消费者投诉分类标准是加强金融风险防控的重要举措

党的十九大报告提出"健全金融监管体系，守住不发生系统性金融风险的底线"。中央经济工作会议指出，打好防范化解重大风险攻坚战，重点是防控金融风险。第五次全国金融工作会议也提出"服务实体经济、防控金融风险、深化金融改革"的金融工作主题。金融消费者投诉分类标准相关工作是认真贯彻落实党的十九大、中央经济工作会议、全国金融工作会议精神的具体举措。建立全行业统一的金融消费者投诉分类标准，可以使金融机构对投诉分类的界定以及投诉数据的报送口径形成统一理解，有利于汇集全行业、全口径投诉数据,通过加以深度挖掘分析,能更加准确地把握金融市场整体运行和风险情况,为相关工作决策做好数据支撑。

(三)建立和实施金融消费者投诉分类有利于金融市场各方参与者构建良好金融生态

从金融消费者角度看,科学、合理、准确的金融消费者投诉分类可以精准地反映金融消费者诉求,提高投诉处理效率,提升消费者满意度。金融机构可以根据标准分类逐步向社会公布投诉数据,提振社会公众对银行业的信心;可以针对投诉反映出的金融消费者意见和需求,增加有效、高效金融供给,推动金融业供给侧结构性改革,更好地满足金融消费者需要,切实加强金融便民、金融利民、金融惠民。从金融机构角度看,建立科学、统一的金融消费者投诉分类标准,将促使金融机构实现投诉处理流程、管理模式的规范化、标准化、程序化,降低投诉管理的复杂性和难度,提升金融机构风险管理水平。同时,有利于金融机构全面、合理、准确地对金融消费者投诉数据进行统计分析,发现问题和潜在风险点,对金融产品和服务、业务流程和管理模式等进行有针对性的改进,促使金融机构进一步完善内部管理,提升服务质量,加强金融消费者保护,提高市场竞争力。从金融监管角度看,金融机构根据统一的金融消费者投诉分类标准向金融管理部门报送投诉数据信息,有利于金融管理部门汇总掌握行业整体情况,及早识别、预警、发现、处置全行业共性问题和风险;有利于消除信息壁垒,推动不同金融管理部门间数据共享和业务协同;也有利于金融管理部门全面及时掌握金融机构工作动态和特点,分析摸清工作规律,便于对金融机构相关工作进行有针对性的指导和督促。

（四）建立和实施金融消费者投诉分类标准是全面推进金融消费权益保护各项工作的重要抓手

从金融消费权益保护工作形势与需要看，建立统一的金融消费者投诉分类标准是建立投诉统计监测制度和相关数据库的基础和关键，可以服务于金融消费权益保护工作的多个方面。通过对金融消费者投诉数据进行深度挖掘和分析，可以使投诉受理与处理工作更加精细、高效和深入；可以为监督检查工作提供线索和指引；可以发现金融消费者知识、能力、意识等方面的薄弱环节，提高金融消费者教育工作的针对性和有效性；也可以反映金融消费者对金融产品和服务的意见和需求，为普惠金融相关工作提供参考。

（五）建立和实施金融消费者投诉分类标准是借鉴国际通行做法和良好经验的基本实践

世界银行《金融消费者保护的良好经验》指出，功能完善的金融消费者保护体制，"对消费者投诉的事项，包括这些投诉所涉及的违规行为，要定期编纂并由金融督察机构或金融监管机构公开。投诉应当依据产品类型编制，便于识别以帮助改进相应服务"，"监管机构有法定义务公开其金融消费者保护活动的统计信息和分析，并对改变监管方式和金融消费者教育方式提出建议，以从源头上避免发生系统性的消费者投诉。"[1] 世界上主要国家的金融管理部门均十分重视对投诉数据的深度挖掘和分析。建立统一的金融消费者投诉分类标准，加强对投诉数据的汇总统计分析，助力金融消费权益保护工作，是金融消费者保护国际通行做法和良好经验在我国的具体实践。

---

[1] 世界银行：《金融消费者保护的良好经验》，第二章《金融消费者保护的通用良好经验》，第27、第28条。

第二节 域外金融消费者投诉分类标准的实践经验

（一）英国金融行为监管局（FCA）及申诉专员服务公司（FOS）的投诉分类实践

2012年，英国对其金融监管体制进行改革，设立金融行为监管局（Financial Conduct Authority，FCA），负责银、证、保等各类金融机构的行为监管，促进金融市场竞争，保护消费者（投资者）合法权益。FCA不直接受理金融消费者投诉，但将报送投诉数据作为其监管报告制度的一部分，要求所有受其监管的金融机构都必须报送投诉数据，原则上一年报送两次。在相关报表模板中，FCA根据金融产品或服务类型将金融消费者投诉分为银行及信贷类、抵押贷款和房屋金融类、一般保险类、支付保障保险（Payment Protection Insurance，PPI）类、养老金类和投资类等6大类，分类较为笼统。在英国，负责处理金融消费者投诉纠纷的机构是金融申诉专员服务公司（Financial Ombudsman Service，FOS）。FOS依据《2000年金融服务与市场法》设立，提供覆盖全部金融业的"一站式"投诉纠纷处理服务，力求公平、合理、快捷地处理金融消费者投诉纠纷。FOS根据金融产品或服务类型对投诉进行分类，分类较为详细。FOS的投诉分类可大致与FCA的分类相对应，可以看作是对FCA投诉分类的细化。

（二）美国金融消费者保护局的投诉分类实践

2010年，美国根据《多德—弗兰克华尔街改革和消费者保护法案》（以下简称《多德—弗兰克法》）成立金融消费者保护局

（Consumer Financial Protection Bureau，CFPB），加强对金融消费者的保护。根据《多德—弗兰克法》有关规定，收集、调查和回应消费者投诉是CFPB工作的重要组成部分。CFPB对金融消费者投诉的分类是从消费者的角度出发，分为两个维度：一是按照金融产品或服务类型不同进行划分；二是在第一维度下，按照金融消费者反映的不同问题再进行划分。根据CFPB消费者反馈办公室（Office of Consumer Response）发布的《消费者投诉表格产品和问题选项》，[1]以金融产品或服务为标准，CFPB将投诉分为9大类、48子类。9大类投诉分别为住房按揭、债务催收、征信、信用修复服务和其他消费者个人报告、信用卡或预付费卡、支票或储蓄账户、车辆贷款或租赁、学生贷款、发薪日贷款、（车辆）所有权贷款和个人贷款、汇款、虚拟货币和货币服务。其中大类又分别细分为若干子类。

在第一个维度下，以金融消费者反映的不同问题为标准，CFPB将投诉分为大类问题和子类问题，每个大类问题根据情况细分为若干子类问题。以学生贷款为例，学生贷款（产品）分为联邦学生贷款（子产品）和私人学生贷款（子产品）。对应的问题包括贷款获取、与贷款人或服务商打交道、还款困难、信用报告或信用评分。其中与贷款人或服务商打交道、还款困难两个问题又细分为若干子问题。

CFPB以金融产品或服务的类型为主、以消费者反映问题为辅的分类标准，能够准确反映消费者投诉的集中业务领域和问题，有助于金融机构快速找到并解决问题。同时，将每一种投诉类别都通过"大类+子类+问题+子问题"的方式进行细分，提高了消费者投诉分类的准确性。

---

[1] 2017年4月正式更新生效。

第三节 我国金融消费者投诉分类标准试点工作取得初步成效

我国金融管理部门和金融机构均建立了金融消费者投诉受理、处理机制，并对金融消费者投诉进行分类。

（一）人民银行的投诉分类实践

2014年，人民银行在对国外金融消费者投诉分类经验和国内金融管理部门及金融机构分类实践进行深入分析研究的基础上，结合我国国情现状，形成了《金融消费者投诉分类标准（试行）》。该标准从金融消费者投诉业务渠道、业务类别和原因三个维度，采用多层级体系，实现一定时间跨度内金融消费者投诉的分类统计。

为检验该标准与金融机构业务、内部流程和系统的匹配程度，确保其具备可行性和可操作性，人民银行先后分三批在中国农业银行、交通银行、中国银行、中国建设银行等4家国有大型商业银行，中信银行、中国光大银行、华夏银行、中国民生银行、招商银行、兴业银行、广发银行、上海浦东发展银行等8家全国性股份制银行，汇丰银行（中国）1家外资法人银行和全国31个省（自治区、直辖市）的108家地方法人银行业金融机构开展了该标准应用试点工作。

各试点银行业金融机构积极推进试点工作，在本单位全面推行金融消费者投诉分类标准。中国农业银行整合全行客服热线、信用卡客服渠道、微博和电子邮件等渠道试用投诉分类标准。交通银行优化升级客户服务工单系统，在全行范围正式执行投诉分类标准。

第十三章　推进金融消费者投诉分类标准的国际经验与我国的实践

中国建设银行对客户服务系统进行了升级完善，全面试用投诉分类标准。

人民银行成都分行、重庆营业管理部每月按分类标准报送辖内试点银行的投诉统计数据；重庆营业管理部指导辖内试点机构开发建成投诉管理电子信息系统，试点银行实现了投诉数据网点全覆盖；人民银行西宁中心支行、银川中心支行要求辖区所有银行业金融机构，包括试点和非试点单位，按投诉分类标准定期报送投诉统计数据。

总体来看，各试点银行业金融机构系统运行平稳流畅，按照规定的频次和要求报送的投诉分类统计信息更加贴合实际。从金融机构的反馈看，金融消费者投诉分类标准较为全面地涵盖了银行业金融机构受理的投诉事项，各类别和子类划分清晰合理，有利于银行业金融机构全面、科学和准确地对客户投诉情况进行统计分析，提高投诉管理的标准化和规范化水平。从金融监管角度看，各试点银行业金融机构根据金融消费者投诉分类标准报送的投诉分类统计信息及时、完整、准确，有利于为金融管理部门相关工作决策提供参考。试点工作达到预期目标，为标准在全行业的推广应用奠定了坚实的基础。

（二）银监会的投诉分类实践

银监会将推动银行业金融机构加强消费者投诉管理作为保护消费者权益的重要内容，2007年就提出要加强消费者投诉统计工作，并要求银行内部建立定期报告制度，定期向高级管理层报告投诉处理情况，对于重大的投诉问题要及时向监管机构报告。2012年，银监会开始要求银行业金融机构定期向监管部门报送投诉统计数据，并逐步细化完善统计要求。

银监会对银监会系统受理和银行业金融机构受理消费者投诉数据进行统计分析,消保局每月统计原银监会系统受理消费者投诉情况,每半年汇总全国银行业金融机构受理投诉情况。自2018年初以来,银监会将健全完善投诉分类统计、强化投诉数据分析运用作为银行业消费者权益保护工作的重点内容,要求银行业金融机构加强投诉统计工作,指导银行业金融机构开展投诉统计管理自查评估,结合采用以案倒查的方式,推动银行业金融机构理顺投诉统计管理机制,提高投诉统计数据质量及报送的时效性、规范性。

从统计分类要求看,银监会对银行业消费者投诉按照3个维度进行分类:一是按业务领域分类,包括信用卡、银行理财、存款业务、转账汇兑、个人贷款、代理保险、代理基金、其他代理业务、服务设施及环境、外汇黄金业务、电子银行、其他等12类;二是按原因分类,包括虚假宣传、信息披露不足、服务设限、服务收费、服务态度及服务水平类、服务流程或系统、其他等7类;三是按投诉渠道分类,包括书面投诉、电话投诉、现场投诉、网络投诉、其他等5类。

(三) 我国商业银行的投诉分类实践

商业银行服务于广大人民群众,受理、处理的金融消费者投诉数量更庞大、内容更复杂。在投诉界定方面,不同商业银行存在一定差异。有的商业银行按照责任认定情况,仅将经认定属于本单位责任的金融消费者诉求界定为投诉,也有商业银行从全面反映金融消费者诉求的角度出发,明确将通过各种渠道表达的对产品和服务的意见、抱怨及不满均纳入投诉的范畴。在投诉分类方面,商业银行在业务类型、优先程度、责任认定等方面的投诉分类标准大同小异,同时不同商业银行由于规模大小、业务种类、服务范围等存在差异，在投诉分类标准的设计上也有所区别。

投诉界定的模糊性和投诉分类的多样性给金融管理部门汇总统计和挖掘分析全行业投诉数据，以及各商业银行与其他同业进行横向比较等工作带来一定障碍。在全行业建立和实施科学、统一的金融消费者投诉分类标准有利于从根本上解决这一问题。

（四）行业标准发布实施

在前期工作基础上，人民银行金融消费权益保护局会同银保监会消费者权益保护局牵头制定了《金融消费者投诉统计分类及编码　银行业金融机构》行业标准。自2017年12月起，经标准起草、征求意见、审查报批等环节，该标准于2018年9月4日发布实施。下一步，人民银行将会同银保监会积极推动银行业金融机构应用实施该标准，并以此为契机进一步做好投诉管理工作，加强金融消费者权益保护。

第四节　全面实施金融消费者投诉分类标准，切实加强金融消费权益保护工作

（一）进一步促使金融机构提高认识，提升投诉管理水平

妥善处理金融消费者投诉，是坚持和贯彻金融为民理念的直接体现。金融机构应正确认识金融消费投诉管理工作在金融机构整体工作中的地位。金融消费者投诉管理并非独立于金融机构的经营活动，而是整体经营链条的有机组成部分；并非单纯的事后补救，而应从纠纷处理中吸取经验教训，补齐业务短板；并非避之唯恐不及的麻烦事，而是宝贵的"纠错本"。

（二）进一步畅通投诉受理处理渠道，便利金融消费者合法维权

"无救济则无权利"。金融消费投诉的受理处理渠道，事关金融消费权益保护的质量。如果这一渠道不完善、不畅通，金融消费者的权利在受到侵害时就难以得到有效保护，金融消费权益保护也就无从入手。畅通投诉受理处理渠道对金融消费权益保护工作而言，具有基础性意义。金融管理部门及各金融机构将金融消费者投诉分类标准嵌入咨询投诉电话或网上咨询投诉平台，便于金融消费者准确地反映问题，提出诉求，提高投诉处理质量和效率，提升投诉管理的精细化水平。

（三）进一步推进投诉数据库建设，提升数据分析挖掘能力

借助金融投诉分类标准的推广实施，进一步推进覆盖范围更广、统计频次更合理、分类更科学的全行业、全口径投诉数据库建设。同时，不断提升对投诉数据的分析挖掘能力，并着力提升运用大数据技术分析投诉数据的能力，加强对投诉多发机构和业务的风险提示、对投诉呈现苗头和趋势的提前预警、对投诉揭示问题和风险的有效处置，将投诉数据用好、用深、用活，不断提升监管水平和权威。

（四）推动建立金融消费权益保护金融标准体系，助力金融消费投诉纠纷处理工作再上新台阶

在银行业金融消费者投诉分类标准的基础上，推动建立金融行业统一的消费者（投资者）投诉分类标准。可结合人民银行、银保监会履职范围，研究制定非银行支付机构、保险业等行业消费者投诉分类标准。在远期，待各分领域消费者投诉分类标准逐渐成熟，

并逐步为金融机构所采用,可研究整合各自分领域的金融消费者投诉分类标准,建立全行业、标准化的消费者投诉分类体系。同时,为加强标准制定的系统性,发挥协同效应,研究制定金融机构投诉受理、处理流程指引或规范,金融机构投诉管理评估指南等金融标准,推动建立金融消费者权益保护金融标准体系,通过金融标准助力金融消费权益保护工作再上新台阶。